玉山好人传

主编 ◎ 王起水

图书在版编目(CIP)数据

玉山好人传/王起水主编.--南昌:江西高校出版社,2022.9(2024.9重印)

ISBN 978-7-5762-3200-4

Ⅰ.①玉… Ⅱ.①王… Ⅲ.①人物—先进事迹—玉山县—现代 Ⅳ.①K820.856.4

中国版本图书馆 CIP 数据核字(2022)第 145745 号

出 版 发 行	江西高校出版社
社 　　　址	江西省南昌市洪都北大道96号
总编室电话	(0791)88504319
销 售 电 话	(0791)88522516
网 　　　址	www.juacp.com
印 　　　刷	固安兰星球彩色印刷有限公司
经 　　　销	全国新华书店
开 　　　本	700mm×1000mm　1/16
印 　　　张	15.5
字 　　　数	240千字
版 　　　次	2022年9月第1版 2024年9月第2次印刷
书 　　　号	ISBN 978-7-5762-3200-4
定 　　　价	68.00元

赣版权登字 -07-2022-931

版权所有　侵权必究

图书若有印装问题,请随时向本社印制部(0791-88513257)退换

《玉山好人传》编委会

名誉主编：汪美玉

主　　编：王起水

副 主 编：翁贤杰　李　寅　黄利红

编　　委：陈元武　封立君　曾宏坤　郑琼琳
　　　　　胡明乾　吴德强　邱荣忠　陈锦霞
　　　　　罗舒庆　毛传寿　王耀忠　叶琳利

执行主编：王耀忠

全国道德模范提名奖获得者熊文清

全国道德模范提名奖获得者周林香

全国文明家庭成员虞元顺

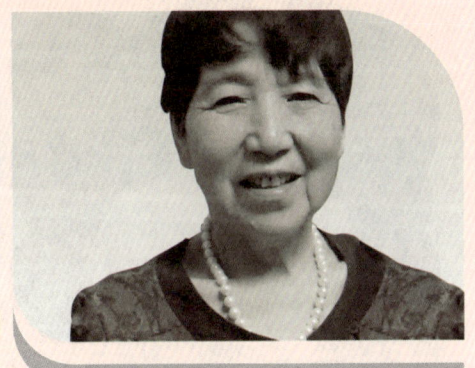
时代楷模钟文花

最美警嫂王学英

中国好人郏海发

中国好人胥亦龙

中国好人王谷卫

中国好人许丰敏

中国好人吴令

中国好人祝钦龙

江西好人胡洪高

江西好人胡昌礼

江西好人饶春林

江西好人毛鹏建

江西好人柯平亮

江西好人董佳俊

上饶市道德模范徐日花

上饶市道德模范夏爱群

上饶市道德模范汪静红

上饶市道德模范徐林树

上饶市道德标兵陈新平

无偿捐献儿子器官的毛乾明

上饶好人方新华

上饶好人叶艳英

上饶好人欧阳东

上饶好人钱少彬

上饶好人黄宏伟

上饶好人封凡礼

上饶好人罗满堂

上饶好人周冬兰

上饶好人林伟宏

上饶好人袁丰福

玉山好人黄晓鹤

玉山好人周合金

玉山好人王水芹

玉山好人罗嗣善

玉山好人邱国标

玉山好人聂冬仙

玉山好人张磊

玉山好人祝莲艳

玉山好人罗来寿

玉山好人缪德贵

玉山好人胡安飞

玉山好人周仓富

玉山好人何群

玉山好人刘仙芹

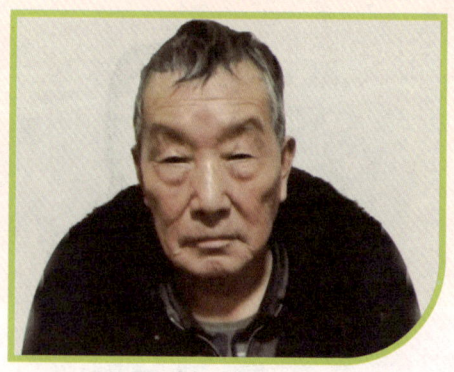

玉山好人杨金旺

序一

弘扬"好人精神",凝聚奋进力量

平凡的人们,深厚的情怀,总是书写着不平凡的故事。读完《玉山好人传》一书,我深为玉山好人感动!

好人,就在我们身边!近年来,玉山涌现出一批道德模范和身边好人,有全国道德模范、时代楷模、中国好人、江西省道德模范、江西好人、上饶好人和玉山好人。凡人善举,一件一桩折射着美德光辉,一点一滴汇聚着榜样力量。一个个助人为乐、见义勇为、诚实守信、敬业奉献、孝老爱亲……层出不穷的"好人",是"全国文明城市"精神文明的真实写照。

一个走向复兴的民族,离不开价值追求的指引;一段砥砺奋进的征程,需要有精神力量的支撑。党的十八大以来,党中央高度重视社会主义核心价值观建设,采取了一系列重大举措,广泛推动和弘扬社会主义核心价值观。崇德向善、见贤思齐、德行天下的风尚,成为整个中国大地最亮眼的风景。

近年来,玉山高度重视传承家风、传承美德,深入开展社会主义核心价值观教育,精神文明创建、道德教育实践活动深入基层、深入群众,荣获第六届"全国文明城市",好人精神在人们思想和情感上产生了交流和共鸣。虞元顺几十年如一日地把收入用于支持乡村建设;周林香二十多年如一日地照顾瘫痪儿媳而毫无怨言;"代理妈妈"

钟文花几十年如一日地为山区留守儿童撑起一片爱的蓝天,临终叮嘱家属把平时积攒的11581.5元"特殊党费"交给南山乡党委;王登国见义勇为不惜牺牲自己的生命……他们只是玉山众多好人的一部分。在2021年度全县"十大最美"颁奖大会上,一个个日常生活里看上去普普通通的"身边好人"走上舞台,接受台下观众的掌声和敬意。人们在情感共鸣中汲取了道德养分,从心底迸发着对善的敬重、对美的向往……他们可亲、可敬、可学,朴实生动、真切感人的经历,奏响了一篇篇美德乐章。

好人,是一个地方的文明底色。古人云:"德不孤,必有邻。"这些年,玉山道德模范、身边好人不断涌现,正能量无处不在。他们的美德善行、高风亮节,闪耀着时代的光辉,在玉山大地上立起了一片生机盎然的"道德森林"。

玉山好人层出不穷,源于玉山人文历史的积淀和社会环境的孕育,源于对思想道德建设的常抓不懈,也源于玉山儿女对社会主义核心价值观的自觉践行。《玉山好人传》里介绍的近50位"身边好人",让我们明白"勿以善小而不为",赠人玫瑰,手有余香,帮助他人不仅可以为别人的生活送去一片阳光,也可以找到属于自己的充实与快乐。让善行义举上榜、为凡人善举立传,将推动玉山"人人做好人、好人做好事、好事就上榜、好人有好报"的"好人氛围"更加浓郁。正是这些榜样的树立,逐渐形成了强大的正能量、影响力。

发掘好人,宣传好人,褒奖好人,争做好人,建设和弘扬好人文化,对于提升"江西东大门"形象,推动我县党风、政风、民风持续好转,凝聚向上、向善、向廉正能量,营造干事创业、勇于担当的良好环境,具有重大意义。要大力弘扬好人精神,擦亮好人品牌,让人们领悟到社会主义核心价值观的精髓,在对比中明确自己行动的方向。要不断深化身边好人内涵,放大好人品牌效应,让好人根植于心、外化于行,传递道德精神,推动全县形成"发现好人、推荐好人、崇尚好人、争做好人"的良好风尚,为打造创新开放东大门、建设现代化美好玉山凝聚强大的精神动力,提供坚实的道德支撑。

中共玉山县委书记:郑国良

二〇二二年五月

序二

赓续玉山好人精神　擦亮城市文明名片

为文明树碑，为好人立传。我县编纂《玉山好人传》是对玉山千年好人文化的弘扬与赓续，更是对玉山新时代社会主义精神文明建设的一次总结与提炼。它也将成为玉山文化历史中的一篇盛世华章、玉山文明发展中的一颗璀璨明珠。

玉山好人文化源远流长。"家在故林吴楚间，冰为溪水玉为山。"自武周证圣年间立县以来，玉山人一直以诗书传家，孝老敬亲、助人为乐、睦邻友好的好人在民间层出不穷，好人故事广为流传。明朝王姓好儿媳，因孝顺公婆、爱护子女的高尚妇道被誉为"姒姆"，成为如今必姆镇镇名的由来。清嘉庆年间，四位姑娘为解群众过河难捐资建桥的善举，成就了如今四股桥乡的美名。一个县城两个乡镇因纪念好人善举而得名，足见玉山对好人文化的推崇。

玉山好人文化历久弥新。进入新时代以来，尤其是在创建全国文明城市和巩固创建成果工作中，玉山县好人好事不断涌现，先后有周林香、虞元顺、钟文花、郑海发、王登国、王学英、胥亦龙、吴令、许丰敏、王谷卫、祝钦龙等一大批先进人物荣获全国道德模范提名奖、时代楷模和中国好人等荣誉，在赣鄱大地乃至华夏神州刻下了属于玉山的文明印记。《玉山好人传》收集整理了这些玉山先进典型的点滴事迹，让读者走进好人，感受他们平凡朴实生活中的精神闪光点，汲

取前行的力量。

　　玉山好人文化方兴未艾。一位好人的出现或许是偶然，一批批好人的出现则源于玉山始终坚持对好人的礼遇和尊崇。我县长期以来不断健全完善"好人"褒扬机制，坚持精神鼓励、物质奖励、社会保障、志愿服务"四位一体"，连续举办身边好人、凡人善举、新时代最美等颁奖盛典，让好人精神激励人心。《玉山好人传》这本书，以著书立传的方式把好人的事迹记录下来、传扬开来，同样也是一种有效的激励方式，用文字为他们树起一座精神的丰碑，也必将鼓舞更多的后来者，继续传承玉山好人文化，践行新时代社会主义核心价值观，让玉山"全国文明城市"名片更加闪亮。

中共玉山县委副书记、县长：

二〇二二年五月

CONTENTS
目　录

全国道德模范

守平凡岗位　铸不朽风采 …………………………… 严若虚　叶琳利(1)
　　——记全国道德模范提名奖获得者熊文清

道德魅力闪耀光芒 ………………………………………………… 杨永旺(8)
　　——记全国道德模范提名奖获得者周林香

全国文明家庭

虞元顺：抗战老兵六十载热心公益 ……………………………… 王耀忠(14)

时代楷模

感天动地　"代理妈妈"最后的党费 ……… 胡小军　胡明乾　陈新平(21)

最美警嫂

王学英：用心让警徽更闪亮 ……………………………………… 王耀忠(26)

中国好人

王登国：草根英雄泣动浙赣两地 ………………………………… 王耀忠(33)

一位退伍老兵的红色情怀 ………………………………… 胡明乾(39)
　　——记"中国好人"郏海发

现代仁医　悬壶济世 …………………………………… 杨永旺(43)
　　——记"中国好人"胥亦龙

勇救落水者的平民英雄 ………………………………… 杨卫琴(48)
　　——记"中国好人"王谷卫

杏林骄子 ………………………………………………… 刘树桢(53)
　　——记"中国好人"许丰敏

危难时刻凸显退役军人大爱情怀 ……………………… 杨卫琴(56)
　　——记"中国好人"吴令

十四载悉心照顾孤寡老人暖乡村 ……………………… 吴德强(61)
　　——记"中国好人"祝钦龙

江西好人

鼓浪屿大海救人英雄 …………………………………… 王耀忠(65)
　　——记"江西好人"胡洪高

生命的托举 ……………………………………………… 张和海(68)
　　——记"江西好人"胡昌礼

再次面临危险，我还会上前施救 ……………………… 封凡礼(72)
　　——记"江西好人"饶春林、毛鹏建

一道亮色充满正气 ……………………………………… 杨七芝(76)
　　——记"江西好人"柯平亮

替父还债　用行动书写信用人生 ……………………… 吴慧敏(81)
　　——记"江西好人"董佳俊

上饶市道德模范

照顾软骨病养女二十余年的"最美妈妈" …………… 王耀忠(84)
　　——记上饶市道德模范徐日花

历尽苦难再前行 …………………………………… 陈新平(91)
　　——记上饶市道德模范夏爱群

美丽的山茶花 ……………………………………… 叶琳利(96)
　　——记上饶市道德模范汪静红

无悔青春一腔热，一路成全一路歌 ……………… 王春香(102)
　　——记上饶市道德模范徐林树

心底光明天地宽 …………………………………… 查福春(109)
　　——记上饶市道德标兵陈新平

捐献儿子器官挽救新生命　天降福报再添新丁 … 陈　磊(115)
　　——记无偿捐献儿子器官的毛乾明

上饶好人

黑暗中擎灯的人 …………………………………… 邱晓兰(118)
　　——记"上饶好人"方新华

"最美护士"演绎生死急救 ………………………… 胡明乾(122)
　　——记"上饶好人"叶艳英

一朝感慨萌念想　年年岁岁忙奉献 ……………… 陈　磊(125)
　　——记"上饶好人"欧阳东

奋斗在守护平安的路上 …………………………… 颜吉长(129)
　　——记"上饶好人"钱少彬

让爱心顺着电网流淌 ……………………………… 吴慧敏(134)
　　——记"上饶好人"黄宏伟

身边好人的发现者 ………………………………… 陈新平(138)
　　——记"上饶好人"封凡礼

一位脱贫户的"小康情结" ………………………… 叶琳利(142)
　　——记"上饶好人"罗满堂

十八年如一日照顾瘫痪丈夫传佳话 ……………… 胡明乾(147)
　　——记"上饶好人"周冬兰

救死扶伤医者心 …………………………………… 杨业大（150）
　　——记"上饶好人"林伟宏

遭人生变故，悟世间真情 …………………………… 罗来寿（154）
　　——记"上饶好人"袁丰福

玉山好人

不畏风雨泥泞　只为他人顶起艳阳天 ……………… 陈　磊（159）
　　——记"玉山好人"黄晓鹤

不计个人得失的村民理事长 ………………………… 邱荣燕（162）
　　——记"玉山好人"周合金

三十七载悉心照料大伯哥的好弟媳 ………………… 姚丽春（167）
　　——记"玉山好人"王水芹

忠诚之子力耕赣鄱大地 ……………………………… 刘双珠（173）
　　——记"玉山好人"罗嗣善

甘当孺子牛的"活"雷锋 ……………………………… 邱晓兰（177）
　　——记"玉山好人"邱国标

心善女子不计前嫌照顾前夫 ………………………… 顾梦芽（181）
　　——记"玉山好人"聂冬仙

敬业民警只身入火场 ………………………………… 顾梦芽（185）
　　——记"玉山好人"张磊

大爱无垠 ……………………………………………… 刘树桢（188）
　　——记"玉山好人"祝莲艳

退役不褪色　彰显军人风采 ………………………… 陈新平（191）
　　——记"玉山好人"罗来寿

烈火之中见真情 ……………………………………… 杨卫琴（197）
　　——记"玉山好人"缪德贵

党徽警徽耀光辉 ……………………………………… 胡利水（200）
　　——记"玉山好人"胡安飞

涵管洞中的生死交锋 …………………………………… 胡利水(205)
　　——记"玉山好人"周仓富

用行动践行善与爱 …………………………………… 杨业大(209)
　　——记"玉山好人"何群

二十年塑就一颗善良之心 …………………………… 杨业大(212)
　　——记"玉山好人"刘仙芹

不离不弃,谱写爱的赞歌 …………………………… 邱晓兰(216)
　　——记"玉山好人"杨金旺

代 跋

好人之风山高水长　好人之德泽被四方 ……………… 汪美玉(219)

全国道德模范

守平凡岗位　铸不朽风采
——记全国道德模范提名奖获得者熊文清

严若虚　叶琳利

人物档案：熊文清，1983年1月出生，中共党员。曾是国家二级运动员，在江西省第十届、十一届运动会上分别荣获62公斤级、77公斤级举重冠军。2003年3月退役后被分配到江西公路开发总公司梨温高速公路公司玉山管理处工作。

主要荣誉：获"全国五一劳动奖章"、"中国青年五四奖章"、首届"江西青年五四奖章标兵"、全国道德模范提名奖等多项荣誉。

危急关头出手相救

2006年7月9日，骄阳似火，省道昌万公路路面热浪滚滚。正值休假的江西公路开发总公司梨温高速公路公司玉山管理处职工熊文清，骑着摩托车前往南昌市区的姐姐家接母亲。下午4点30分左右，在南昌县塘南镇渡口村路段，距熊文清仅50米处，一辆旅游大巴因避让一辆突然拐弯的农用车，一头栽入了路边2米多深的水沟。

"不好，车祸！"熊文清一惊，加大油门飞驶到出事地点。

现场一片狼藉，客车车头因与路边水泥电杆相撞，已被挤压得变形，挡风玻

璃直接"吻"上了沟沿,被撞得粉碎。熊文清一边掏出手机拨打急救电话,一边用力推开车尾的一扇窗子钻进车厢。眼前的景象惨不忍睹:由于剧烈的撞击和惯性,车厢里的座椅全被连"根"拔起,夹裹着旅客在车厢的前端被挤压成一堆。有的乘客被断骨戳穿皮肉,血流如注,呻吟不息,大部分旅客已不省人事。

刹那间,熊文清感到一阵从未有过的战栗袭遍全身。他是一名司机,但也是第一次亲眼看到这样惨痛的场景,而且汽油味越来越浓了,那是油箱在渗漏。他的心在剧烈地颤抖。但"救人要紧"的念头迅即占据了熊文清的全部思维,救人的信念战胜了恐惧。他迅速展开了施救,一个、两个、三个……快速地将伤员从后窗抱了出去。

盛夏的骄阳,把旅游车晒成了一个烤箱。有人喊:"别进去了,车会爆炸的!"可是,几十个面临死亡威胁的生命容不得熊文清有丝毫的犹豫,个人的生死被他抛在了脑后。经过半个多小时的抢救,被他抱出的伤员在路边躺成了一排。这时的熊文清已精疲力竭,然而,被牢牢卡在车头的司机和导游还未获救。他深知,多耽误一分钟,受伤旅客就会增加一分生命危险;而多争取一分钟,受伤旅客就会增加一分生还的希望。他要与死神做最后的斗争!

导游的生命危在旦夕。左额、鼻子、嘴全都裂开,血流如注,熊文清决定先救她。在一位轻伤旅客的协助下,他搬开了导游身后的铁架子。然而挤压在她身上的座椅却怎么也扳动不了。他发力,一次,两次,座椅纹丝不动。正在这时,昏迷着的导游突然苏醒过来,用一种让熊文清至今无法忘记的眼神看着他。那是一种怎样的眼神啊!那眼里有一个年轻生命与死神做最后斗争时的绝望和痛苦,还有击穿灵魂的最后一丝生命之光!他大吼一声:"嗨!"椅背在他手中"啪"地折断了。可是,当他一抱,导游发出一声虚弱而痛苦的呻吟。熊文清暗叫不好,她的腿被卡死了!他知道此时光靠自己的力量已经无能为力了,但死神正在一点一点地吞噬年轻导游的生命,他不能停下。他一边不断地和她说话,一边依然不停地对她进行施救。终于,进来了两个消防队员,开始切割车前面的扶手。他要来了一名消防员的衣服,为导游挡着火星。这时,又进来几名交警和消防战士。导游和驾驶员得救了。

"我们得救了!"经历了生死劫难的受伤旅客与同车亲人紧紧地拥抱在一起,失声痛哭。看到眼前这感人的一幕,熊文清的眼睛湿润了。他从车窗里爬出来,躺在地上恢复一点体力,然后骑上摩托车悄然离去……

回到家里,母亲和姐姐看到他满身血迹、一脸疲惫,向他焦急地询问原因;回到单位,同事在电视上看到他救人的背影,向他"试探"地打听,但熊文清只是笑笑,什么也不肯说。他借给旅客报平安的手机,还是"泄露"了他的身份;27名获救的受伤旅客联合署名的感谢信送到了单位,揭开了"谜底"。而我们的英雄——熊文清,面对获救者感恩的话语和同事们敬佩的目光,在来自全国各级新闻单位的话筒和摄像机前,憨厚地摸着后脑勺,连声说:"没什么,没什么呀,我只是做了件我应该做的事。"

英雄本自平凡来

一个普通人,因为一次突发事件中的所作所为,被人们热烈地传颂,被媒体争相报道,是偶然,还是必然?我们从熊文清成长的足迹中找到了答案,从他的壮举背后看到了这个普通人临危时的必然选择。

1983年1月,熊文清出生在南昌市五星垦殖场一个普通农民的家中。从小,他就常常帮着父母干农活。上学离家前或出去工作时,他都会再三叮嘱父母,把一些重活累活留到他回家时来做。他常说,父母年纪大了,自己多干一点,二老就可以少累一点。儿子的孝顺懂事,让双亲感到非常欣慰和骄傲。熊妈妈自豪地说:"文清这个孩子从小就很会为人着想,替人分忧。"熊文清家隔壁有位80多岁的老太太,出门遇到上坡下坎,走起路来很不方便。那时熊文清才八九岁,只要遇见,他就会立刻跑过去搀扶她,直到老人走上了平地才肯放手。2002年9月,熊文清的父亲在干农活时被小推车压断了几根肋骨,需住院治疗。当时正值农忙时节,母亲一个人忙着家里、田里的活,在医院照顾父亲的担子就压在了熊文清的肩上。那时,作为运动员的熊文清正处在备战省运会的关键时刻,他一边照顾父亲,一边加紧训练,晚上就住在病房,守候在父亲身旁,整整7天,人瘦了7公斤。

12岁时,熊文清进入南昌市体校,14岁进了江西省体校。他主修举重专业,曾在1998年和2002年的省运会分别获得62公斤级、77公斤级的举重冠军。在体校期间,熊文清训练非常刻苦,比赛成绩优异,是队友们的标杆、崇拜的榜样。

郑乐阳是熊文清的小师弟,训练时不小心导致腰部严重受伤。熊文清每天训练结束,都要背他去康复中心治疗,直到伤好。后来,郑乐阳因训练被耽误,

一度对未来失去信心。熊文清又常开导鼓励小师弟,并毫无保留地传授举重的心得和技巧,帮助他提高成绩。队友李云辉在训练时把鹰嘴骨打碎了,熊文清闻讯立即送他去医院,跑前跑后,如他的亲人一般。出院后,熊文清一直照顾他,帮他打饭洗衣服,直到他完全康复为止。

熊文清为人正直果敢,是队友吴小海心目中的英雄。一次,吴小海和另一个同学外出,在回校的路上碰到四个歹徒持刀抢劫。他们非常害怕,一时不知所措。熊文清正巧路过,见此情景,二话没说就冲了过去,奋不顾身地夺下了歹徒的刀,还抓住了一个歹徒。有人问熊文清,为什么面对四个歹徒还敢出手?他说:"坏人总是怕好人!无论什么时候,遇到这种情况,我都会站出来制止。"

2003年12月,熊文清从省体校退役,被分到江西公路开发总公司梨温高速公路公司玉山管理处工作。这是一个刚组建的单位,熊文清开始被安排在玉山收费站做收费员。三个月的岗前培训期间,熊文清刻苦学习,踏实认真。他因憨厚的个性、兢兢业业的工作态度很快得到了领导的信任、同事的赞许,被直接选派为广丰收费站的收费班长。2005年,熊文清又被调到玉山管理处担任驾驶员。在单位,无论是从事收费还是驾驶工作,熊文清都虚心好学,不仅很快从一个门外汉变成业务娴熟的能手,而且把平凡的工作做得有滋有味、有声有色,因此,他多次被评为先进工作者。

对待单位的事,熊文清比谁都细心。收费站刚开通时,极个别心存侥幸的司机会把围堤搬开,从匝道溜走,偷逃国家规费。熊文清机敏地注意到了这一点,一旦发现情况异常,哪怕在深更半夜,他都会一个人跑去把沙包重新叠起来。

驻守广丰站期间,熊文清和同事们的主要任务是看守站房和设备。当时站房刚修建,站区内堆放着未及时清理的建筑垃圾。因为没有更多的工具可用,熊文清便利用自己练就的举重特长,将建筑垃圾一块块搬开,硬是整出了一个平整干净的站区。之后,熊文清又在站区挖鱼塘、整菜地,和大伙儿一起搞"三种一养",站区环境日渐秀美。

调至驾驶员岗位后,熊文清每晚都要到收费站接送票款。为了确保票款安全,他总是提前半个多小时到站,先在收费岗亭四周巡逻,确认安全后才放心去接收票款。工作以来,不论刮风下雨、白天黑夜,他从没有耽误过一次交接班,也从没有发生过一次事故。

由于工作的特殊性和远离市区，收费站职工过的都是"单身"生活。因此，熊文清把收费站看作是一个"大家庭"，是自己日夜相守的"第二个家"。熊文清待人热心在收费站是有口皆碑的，大伙都亲切地叫他"黑子"。2003年4月的一天，同事柳森突发高烧，熊文清第一时间把他送进医院，挂号、付钱、拿药，各种手续办得妥妥当当。"打吊针的时候，因为一时找不到热水袋，怕我的手冻着，他就把我的手贴着他的胸膛取暖。医生都以为他是我的兄弟。"至今回想起来，柳森都感觉有一股暖流在心中涌动。

当了收费班长，熊文清对班员的生活更加关心。每逢下零点班后，他都会帮其他没起床的班员打好饭，放在床头，让他们醒来就可以吃饭。刚开始一些新同事还以为是大家约好轮流买饭，后来才发现每次都是熊文清主动在做。

收费站是高速公路上一扇服务的窗口，每天迎送数千辆南来北往的车辆。就在这极为平凡的工作中，熊文清以自己的真心和热诚赢得许多司机的称赞。

2003年3月，有位司机因为钱包掉了，没有钱交规费，在广丰收费站里急得团团转。这时，熊文清正好来给值班收费员送午饭。了解情况后，他立即从口袋里掏出钱来帮司机把钱垫上。有人好心提醒他："他走了不一定会还你钱呢！"熊文清淡然一笑。

2005年3月，一辆江铃皮卡由于水温过高，驶入玉山站收费车道时突然熄火，不能启动。熊文清发现后，立即上前帮助司机把车推出车道，并忙前忙后——帮助车主提水、借修车工具。临行时，车主拉着他的手感激地说："我走南闯北这么多年，觉得你们收费站服务态度真是好啊。"

在玉山县收费站的办公室里，悬挂着一面锦旗，上面写着"文明服务、扑救大火"几个大字。这是上饶市出租车司机熊文茂送来的。原来，春季的一个晚上，熊文茂开车送几位客人到玉山。汽车行至梨温高速玉山匝道处时，车子底部突然起火并越烧越大。他和乘客一时间手足无措，便将汽车开至玉山收费站

求救。熊文清见状二话没说，冒着汽车随时可能爆炸的危险，提着岗亭里的瓶装灭火液冲向汽车，不顾一切地喷射，直至用完了三瓶灭火液才扑灭了汽车的大火……

这样的事多得不胜枚举。主动帮助他人，真心关爱他人，对熊文清来说，已经成为一种习惯、一种乐趣、一种幸福。英雄熊文清正是这样，从平凡中一步一步成长起来，用平日热爱集体、乐于助人、任劳任怨、敬业奉献的优秀品质，熔铸出关键时刻奋不顾身、舍己救人的壮举。

英雄情怀撼人心

熊文清的英雄事迹传出后，在社会上引起了极大反响，人们通过各种方式向他表示崇高的敬意。省交通厅做出了向"熊文清同志学习的决定"，授予熊文清"劳动模范""雷锋式的好青年""见义勇为积极分子"等光荣称号，并给他颁发了1万元奖金作为鼓励。

省委宣传部、省总工会、团省委、省交通厅共同做出《关于授予熊文清同志"模范青年职工"荣誉称号的决定》。文件指出：熊文清同志是我省交通战线上的一名普通青年职工，他在人民群众生命财产受到威胁的危难时刻所表现出来的不畏艰难、不怕牺牲、奋勇救人的优秀品质，以及他在平凡的岗位上所表现出来的关爱集体、乐于助人、恪尽职守的道德情操，既充分展示了江西交通人特别能吃苦、特别能战斗、特别能奉献的崇高思想境界，又彰显了当代青年职工在建设中国特色社会主义的伟大实践中的思想追求和精神风貌。

面对铺天盖地的好评和接踵而来的荣誉，憨厚质朴的熊文清显得格外清醒。他说，是组织的教育和培养，是领导和同志们的鼓舞和鞭策，激励他完成了人生的壮举。生如夏花般绚烂，这片鲜花和掌声属于全体江西交通人！他感到了从未有过的压力，生怕自己做得不好，会玷污"英雄"的称号，会辜负组织和广大群众对自己的厚爱和期望。熊文清之前就向党组织递交了入党申请书，为此，他主动找组织汇报思想，表示要更严格地要求自己，牢记党的宗旨，更好地做人做事。熊文清深深地懂得，"英雄"只是人们对自己见义勇为行为的肯定和称赞，并不是可以终身罩在头上的"光环"。他还是像以前那样，干工作争创一流，帮同志真心实意，爱集体不计得失，遇困难勇往直前。

熊文清用自己的实际行动谱写了一曲当代青年实践社会主义荣辱观的壮丽诗篇,它将成为我们宝贵的精神财富,永远传承下去,并化作一支支燃烧的火炬,烛照我们光辉的未来!

事迹点评: 立足本职、恪尽职守,他始终把爱岗敬业作为自己的天职;助人为乐、无私奉献,他始终把帮助他人作为自己为人处世的行为准则;不论在什么岗位,不论在什么荣誉面前,他都始终保持冷静的头脑、谦逊的姿态、淡泊的心境。在他的身上,时时处处闪烁着当代青年职工崇高的时代精神。

道德魅力闪耀光芒
——记全国道德模范提名奖获得者周林香

杨永旺

人物档案：周林香，1951年10月出生，玉山县仙岩镇吴家社区塘底小组居民。

主要荣誉：2020年12月被中央文明办评为"中国好人"，2021年11月被江西省精神文明建设指导委员会授予第七届"江西省道德模范"称号，获第八届全国道德模范提名奖。

现年72岁的周林香是一位普普通通的农村妇女，但她却做出了时代女性的好榜样，儿媳因车祸偏瘫二十余年，她真心照顾，让儿子在外放心打工，让孙女完成学业走上社会。

一

在周林香婆婆83岁那年的一天晚上，丈夫在田间灌溉水稻，回家后感觉头晕头痛，于是倒头便睡，经当地乡医医治无好转，后又转到卫生院治疗，病情仍然无好转，8小时后过世。丈夫的意外病逝，对刚40出头的周林香无疑是沉重打击，当时儿子17岁，女儿19岁，姐弟俩均在上中学。一家人的生活重担落在了周林香的肩上。她孝敬婆婆，照顾儿女。她夏天为婆婆解暑，冬天为婆婆暖被窝，扛起自己的责任田，早出晚归，为生活奔波。而懂事的姐弟俩为了减轻母亲的负担，放弃了心爱的学业。周林香苦口婆心相劝无果，姐弟俩外出打工以贴补家用。

周林香以坚韧的毅力守护着家庭，她的付出换来了儿女的懂事乖巧，她的汗水换来了家中的希望。看着儿女长大成人，她脸上露出了欣慰的笑容。善良的周林香与婆婆相依为命，在婆婆跟前尽心尽责，婆婆也心疼周林香。周林香把这个家打理得井井有条、舒心无比。患难与共的四口之家，刚走出生活的阴霾,正朝着理想的方向前行。女儿带来喜讯:弟弟谈恋爱了,他的女朋友既贤惠又漂亮。周林香听到这令人喜悦的消息,脸上露出灿烂的笑容,心里甜滋滋的,像灌了蜜似的。有道是人逢喜事精神爽,她干起活来更有劲了,逢人便说儿子要成亲了。

二

周林香的儿子毛亦宣受母亲的影响,为人厚道,做事勤快,婚后与李小香恩爱有加。他俩勤勤恳恳,夫唱妇随,为了家庭的未来在外打拼,夫妻俩的小日子过得有声有色。李小香怀孕后,丈夫更加关怀备至,一个小家庭应运而生,一对小夫妻筑梦未来。

奈何"天有不测风云,人有旦夕祸福",1999年夫妻俩在外打工,怀孕的李小香骑车摔倒,致左侧头部着地受伤,经多地救治,落下个脑外伤后遗症。为了继续医治李小香的疾病,为了家庭的生计,毛亦宣只能把妻子放在家中,一边寻医问药,一边盼望妻子好转。他

目睹母亲为妻子送茶喂饭、端屎端尿。李小香在病魔缠身的情况下,分娩出一个女婴,叫毛燕。身为爸爸的毛亦宣视其为掌上明珠,"含在嘴里怕化了,捧在手里怕摔了"。身为奶奶的周林香更是如获至宝,疼爱有加。出于生活所迫,为了继续给每况愈下的儿媳医治,娘俩商量着让儿子继续外出打工。毛亦宣带着难分难舍的心情,毅然踏上打工之路。照顾老少病残、田地耕种等担子又无情地落在周林香的肩上。

三

所谓祸不单行,周林香儿媳出事那天,八十多岁的婆婆也瘫痪在床。周林

香像陀螺一样忙着照顾婆婆和儿媳,"刚换尿布换床单,婴儿啼哭快喂养,儿媳抽筋来照料,忙里忙外心依然"。婆婆心疼周林香太劳累,担心周林香身体被拖垮,因此小病自己忍着,疼痛难受自己扛着。可婆婆难受的表情,让周林香看在眼里,愧在心间。纵然累得腰难以直起,周林香还是笑着哄婆婆开心,为婆婆捶背揉腰,直到婆婆安然入睡,才进厨房做饭。她每天超负荷地工作,忙得不可开交,可她人累心不烦,来回穿梭在老弱病残的房间里。

当看到睡在摇篮里的宝宝牙牙学语,舞动着莲藕似的胳膊时,周林香欣喜地笑了。她在苦中作乐,用意志力撑起这个困境中的家庭,她有常人难以承受的家庭重担,也有常人难以比拟的善心义举。婆婆夸她是个毛家好儿媳,乡邻称她是妇女榜样。婆婆疼爱周林香,5年后因病医治无效离世,一定程度上减轻了她的"负担"。

四

"小香是我的儿媳,也是我的闺女,我不会放弃。"当年李小香出事的时候,曾有人劝说周林香放弃这个拖累整个家庭的女人,重新找个健康的,家里也不至于这样艰辛。周林香没有同意,反而加倍细心地照顾她。

从那以后,周林香几乎每天都要慢慢地扶儿媳李小香起床,帮她梳头、洗漱、喂饭、擦澡、洗衣服、换床单……把儿媳收拾得干干净净,把房间打扫得清清爽爽,没有一丝异味。这些看似简单的动作,周林香整整做了23年。20多年来,每个晚上周林香都是半睡半醒,听到儿媳床上有一点响动就忙着起床照料,没有睡过一个整觉。

刚瘫痪在床的那几年,李小香一度郁郁寡欢、灰心丧气,脾气也变得急躁。为了缓解儿媳的焦虑情绪,周林香经常喊上邻居一起陪李小香聊天。天气晴朗的时候,周林香就会推着轮椅带儿媳出去散步、晒太阳。知道李小香喜欢看电视,周林香就请人在床边安装上电视。空闲的时候,周林香陪着儿媳一块看看电视、解解闷。久而久之,李小香心情逐渐开朗起来。

每当看到瘫痪在床的儿媳,周林香都心如刀绞,虽然儿媳经常治疗和调理,病情却没有好转。为此,周林香到处寻医问药,想方设法为儿媳减轻痛苦。由于长期卧床,儿媳身上出现青一块、紫一块的皮肤。在细心护理中,周林香找到皮肤青紫的症结,是儿媳身下压迫得太紧的缘故。于是,她定时帮儿媳翻身、适时按摩。功夫不负有心人,儿媳压在床面的青紫块慢慢减少了。此后,周林香想方设法地为儿媳减少新的创伤,营造舒适的环境,让儿媳的生活质量有了极大提高。

五

最近几年,李小香的病情有些加重,最让周林香烦恼的是几乎每个月都会癫痫发作,整宿不得安宁。为了方便夜间看护、喂药,周林香干脆把自己的床褥搬到了儿媳的房间。

每次癫痫发作时,儿媳都口吐白沫,大小便失禁,随后便是臭气熏天。周林香得帮她换衣擦身,然后撤单换被。几经折腾,周林香腰酸背痛,有时疼痛蔓延至双下肢。到医院拍片检查,她得了腰椎病,医生建议她适当减少腰椎负重。可现实不允许,瘫痪在床的儿媳还等着她照顾呢!

有一次,儿媳的癫痫又发作了。可这次大便很干且呈块状,口吐的是略带黄色的沫,且黏性较重。周林香意识到儿媳火气太重,她采来去火的草药,冲了清凉的蛋花一口一口地喂着,儿媳望着婆婆无声地笑笑,婆婆眼眶湿润地喂着儿媳。功夫不负有心人,在她的调理下,儿媳的癫痫病发作次数少了。她不断摸索着儿媳的生活规律,从饮食调养中探索新路子,在反复实践中总结出了营养方案。规律的喂养,使儿媳体质慢慢好起来,最大限度地减少了她的癫痫病发作次数,她下地劳动也放心多了。

六

虽然意外夺走了儿媳的健康和行动自由,但是周林香用自己弱小的身躯当作儿媳的"双腿",用自己的真情给予了儿媳爱和温暖,八千多个日日夜夜从未改变。

周林香整天在家和田地间忙碌,儿媳有时深更半夜发病,她在睡梦中隐约听到大床在抖动,潜意识里猜测儿媳又犯病了。人的精力有限,但真情无限。周林香从睡梦中坐起又躺下,躺下又站起,当睁开眼睛看到儿媳又受病痛煎熬时,迅速来到儿媳身边,麻利地把儿媳抱在怀里,两人身体都倾斜在床沿。她抠出儿媳口中的白沫或杂物,擦尽她脸上的淋漓大汗。媳妇癫痫病过后疲惫入睡,周林香又要清理污秽物,她就在无数个日日夜夜守望着儿媳。

周林香最痛心的是儿媳发病时她没在场,而儿媳犯病时会无意识摔倒,有时碰坏了热水瓶,有时身体失衡头直接撞入柜子中间。当周林香发现后,她无比心疼,泣不成声,自问这是怎么了,为什么要这样惩罚儿媳?无数个夜深人静的夜晚,无数个寒冬腊月,只有她无声地护理着儿媳。她陪伴儿媳走过雨走过风,走过了二十三年的春夏秋冬。她盼望儿媳将来有一天能自强自立,因为她的腰也难以承受儿媳的体重。久而久之,周林香也积劳成疾,腰椎病日益严重,颈椎病逐渐加重,腿脚也慢慢不如从前了。

七

"没有林香的悉心照料,瘫痪儿媳可能早就不在了。"说起婆媳俩的境遇,街坊邻居无不赞叹周林香的坚强,言语间满是敬佩。面对婆婆二十余年的不离不弃,瘫痪在床的李小香虽不能言语,但眼里偶尔也会含满泪水,或许她就是用这种无声的方式表达对婆婆的感激。现就读于江西财经职业学院的孙女毛燕每次提起奶奶对妈妈精心的照顾,总是泪流满面。她表示要从奶奶手中接过爱的接力棒,照顾好妈妈,传承孝老爱亲的美德。

周林香的善举,也影响着女儿,她女儿说找对象要求离家近一点,理由是好照顾病中的弟妹,为母亲减轻压力。她便在附近皮革厂打工,每当上下班或休息时,都要进家门问一问母亲,看一看嫂子是否需要帮忙。周林香看在眼里,喜在心间,她看到了爱心在接力,博爱在继承。

周林香以心灵的感召力,传承着勤劳善良的美德,延续着家风家教。她以一个当代妇女的胸怀,坚强地带着家庭慢慢走出困境。她的善良被镇、社区领导看在眼里,并给予她的家庭相关照顾。她的困难被市、县领导牵挂,领导多次慰问她婆媳俩,媒体先后报道了她的先进事迹。她是道德的楷模、好人的榜样。省委宣传部领导专程看望瘫痪在床的李小香,带着无比崇敬的心情慰问周林香。

"其实我所做的都是应尽的义务,没想到政府给了我如此多的照顾,也给了我好多的荣誉。"周林香动情地说道。她还会无怨无悔、不厌其烦地守望着儿媳,期待着医学快速发展,期待奇迹发生——儿媳能康复行走,一家人幸福美满地生活下去……

事迹点评:连年服侍年迈的婆婆不厌不躁,家里家外的重担扛在肩上,二十余载照料重度偏瘫的儿媳,任劳任怨地维持家庭运转,攥紧多舛命运的缰绳,奏响真善美交响曲的强音。

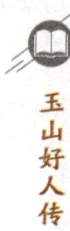

虞元顺：抗战老兵六十载热心公益

王耀忠

人物档案：虞元顺，1919年3月出生，玉山县六都乡华山村村民。

主要荣誉：2014年"中国好人"获得者，其家庭被中央文明委授予首届"全国文明家庭"称号。

引 言

2016年12月12日，中央文明委评选表彰第一届全国文明家庭。各地各有关部门经过宣传发动、筛选把关、社会公示、综合评定等环节，严谨有序地完成了评选组织工作。中央文明委决定，授予300户家庭第一届"全国文明家庭"荣誉称号。玉山县六都乡的虞元顺家庭获此殊荣。

虞元顺是一位抗战老兵，他精通医术，义务行医六十余载。不少患者慕名前来求医问药，他只收取药材成本钱；对于贫困患者，他免费看病送药。虽然自己仍住在低矮的平房里，但只要乡里村里修桥铺路，他都积极捐钱，多年来累计捐款达40多万元。老人的子孙辈受其影响，对公益事业都很热心。

一

一个岔路口，将一条煤渣路连接上了乡间水泥路，再往前约一公里，便到了玉山县六都乡华山村流秋湾。如果不是村民引路，患者很难找到这个偏僻山村。然而，就是这样一个至今都没通上水泥路的小村庄，60多年来，不知多少病患千里迢迢慕名而来……

2012年立春刚过，一位40多岁的中年男子来到华山村流秋湾。他一见虞元顺就"扑通"跪倒在地,嘴里不住地说道:"恩人,救命恩人哪!"说完他从口袋里掏出一个大红包,硬往虞元顺身上塞。

虞元顺扶中年男子站起身,说:"救死扶伤是我的本分,钱我是从来不收的。"

中年男子姓林名发,贵州人,去年他来到广丰大南一家砖厂,打工不到半个月,不幸患上了偏头疼,只要稍一劳累便剧痛难忍,到当地卫生院住了一个星期不见好转。当时有位老乡告诉他,离大南不远的华山村有位虞老先生,对疑难杂症很有办法。于是,他雇了一辆三轮车来到虞元顺家里。

一番望闻问切之后,虞元顺给林发配好20包草药。临走时,林发一只手伸进口袋,这才意识到身上只有四五十元钱。

"我不会要你钱的,再说你出门在外也不容易。这几包药你拿去泡服,慢慢调理就是了。"虞元顺猜中了林发的心思,面带笑容地说道。

服药10天之后,偏头疼症状稍有好转,林发再一次来到虞老的家里,虞元顺又送了他10包草药。

林发回到厂里,按虞老的要求服完草药,很快恢复了健康,但报答恩人的念头一刻也未曾中断过。三个月后,林发赚了近8000元钱。除去生活开支,他把剩下的5000元钱放进了一个红包,专程来到华山村,酬谢虞元顺这位大恩人。

无论林发怎么劝说,虞元顺就是不肯收钱。感激的泪水又一次夺眶而出。

二

虞元顺是远近闻名的大善人。

1936年2月虞元顺17岁时,父亲因病去世,四兄弟中身为大哥的他肩负起

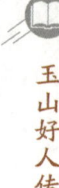

了家庭重担。这年夏天,因为争夺水源,家乡恶霸仗势霸占他们家的田地。虞元顺只好到娘舅家生活。舅母供了他半年,觉得长此以往也不是个事,就让一位朋友徐先生帮忙——带虞元顺去学无线电技术。学了半年时间,见虞元顺学有所成,徐先生便介绍他去抗日部队,当上了一名通信兵。

"我刚到部队,就赶上了著名的长沙会战,接下来又是衢州会战等重大战役。"虞元顺说。虽然通信兵不在一线杀敌,但对抗击日军也发挥了重大作用。

1942年,虞元顺虽然只有23岁,但已经升为排长,他常常帮人写信回家。"其中就有我的师傅。师傅本是贵州一家杂技团的团长,一身硬气功十分了得,为人仗义。"虞元顺说。两人熟悉了之后,师傅便收他做了弟子,教他气功和医术。

日寇被赶出中国之后,虞元顺脱下戎装回乡,1948年,回到了华山村老家。

回到家乡的虞元顺,由于会气功和精通医术,十里八乡的人有点病痛都找他帮忙。

"那时候患者普遍家里都穷,我给人看病、开药,基本不要人家钱。有些远道而来的,我还让他到我家吃饭。"虞元顺对钱看得很淡。随着患者口口相传,上门来寻医问药的人络绎不绝。而虞元顺的医术在当地早就小有名气,村里人有个小病小灾的,都会找老人瞅瞅。虞元顺的收费很低,往往只收点成本钱,若遇到小病或者家庭经济困难的患者,干脆就不收钱。虞元顺因此被人们称为"神医",但他更喜欢自己的另一个称号——"抗战老兵"。

三

虽然地处偏僻,但前来寻医问药的人却络绎不绝。许多安徽的、江苏的、上海的、山东的患者，口口相传，慕名来找虞元顺求医的人也越来越多。"我看病不为赚钱。他们远道而来，肯定是患了大病，花了许多钱。我开的药方，都是些中药材。我一般只收成本价，贵的大概也就30元一包。"虞元顺说。倒是有些人的病好了之后，特意上门感谢。

1997年5月，广丰县有位陈姓的汉子大腿生了个无名肿瘤，住院三个多月，中西药吃了不少，花光了家里的积蓄还是不见效，回到家里，家人立刻分头去请民间"郎中"。先请的是当地一个外号叫"一贴灵"的中医。他看了看伤口后问道："平时吃什么药？"陈姓家人赶紧把吃过的草药拿给他看。他拨弄了一下说："这些药毒性大、副作用也大，幸好你们请到我，不然就没得救了。"说着，他从皮箱里拿出一块药膏用火柴烘了烘，贴在伤口上，又拿出几包药说道："这药用酒喂他喝下去，每天各吃一包，连续吃一个星期就会消肿。"

陈姓家人再三道谢，包了20块给"一贴灵"。但是，第二天老陈的伤口不仅没有好，脚肿得更大，还开始发高烧、说胡话。

当时，有位过路人进来讨水喝。见此情景，他非常同情，便说："离这里三十里的华山村有位虞元顺，是位了不起的老军医，多少疑难杂病都是他给治好的，又不收人家的钱财。只要你去找他，他肯定会帮忙。"

过路人走后，陈家人商议说，既然有这么个人，还是应该去试试，反正死马当活马医，而且要去就要马上走。

山里人做事一向干脆，说走就走。大家稍事准备，吃了点东西用躺椅将病人抬起就走，一行人走到华山村口时已是中午时分。

了解了患者情况，虞元顺又认真查看了一番患者病情后说："这是一种良性肿瘤，如不及时医治也会病变。"他揭掉药膏，果见肿瘤已经化脓。他用浓茶擦洗一番，又在伤口周围挤压一阵，排出了一些脓水，然后用草药粉调成糊状涂在伤口上，对陈家人说道："我配十天的中药，回去慢慢调理。"

半个月以后，陈姓村民已能下地走路，可就是伤口迟迟不能收口。"说不定这是他有意无意中留下的尾巴。"有位邻居提醒道。

"此话怎讲？"老陈问道。

"你们想一想，这伤口经过几个医生的折腾，有的要包起来，有的要露出来，有的还拿刀子割，就是好好的一块肉也要烂掉，何况是肿瘤？他一定是在等着家属去谢他呢！"这位邻居说得头头是道。

老陈一听,恍然大悟,忙凑集了一些钱送到华山村虞元顺家里。虞元顺见对方又是送钱又是送礼物,脸立马沉了下来:"你们别误会,我是从来不多收一分钱的,至于伤口愈合要一定时间!"说着他又将钱如数退还给陈家人。康复后的老陈逢人便说:"虞老是真正的再世观音啊!"

每天采药、熬药、抓药、送药,虞元顺几乎爬遍了方圆百十里的每一座大山,采摘了不少草药,这些看似普通的草药,却对一些疑难杂症有独特疗效。

2001年夏天,村里有位村民喉结两边长了一个硬硬的肿块,有人说是老鼠疮,若是长穿了,人就没命了,说得那位村民悚然,家人也十分害怕,赶紧催他去找虞元顺。虞老在那下巴摸几下,笑吟吟地说:"这叫淋巴结肿大,是身体里炎症所致,虽然没有别人说的那么恐怖,但如果不及时医治也会引起病变。"说完,虞老拿出一些草药捣烂倒在一张白色纱布上,在火上烘烤几下,往患者喉结处贴上一张,叮嘱患者每隔两天来换一次药。如此反复,前前后后换了五次药,那位村民的喉结肿块终于消失,此后一直没有复发过。虞元顺几张药膏,没有给伤者疼,没有给伤者苦,就治好了病,颇让村民感激。

一天深夜,村里有位姓李的中年人用网赶鱼,左脚不知被什么东西咬伤,一夜剧疼难忍,第二天一大早,老李在妻子的搀扶下一路哼叫着来到虞元顺家。检查完伤情,虞元顺让老李服下几粒自制的药丸,拿一张放了草药粉的纱布贴到老李左脚患处,用细绳扎紧。虞老再三嘱咐,不可将脚架到高处,包扎的纱布24小时内不可随意松动。到了晚上,老李感到疼痛症状略有减轻,可患处却痒得难受,他忍不住将扎紧的纱布松开了,这才感到舒服,不知不觉就睡着了。天亮时,老李发起了高烧,虞元顺闻讯赶来,他一见状就数落道:"你怎么可以将扎紧的纱布随意松动,万一腿脚发炎就麻烦了啊!"说完,他将随身带来的药丸让老李服下,独自上山,不多时便采回一大捆草药,内服外用的兼有。经过一段时间诊治,老李终于能下地走路了。后来,老李拿了500元钱上门酬谢,虞元顺说:"你是本村人,当然知道我是从不收礼金的。既然你有这个心意,我看不如以你的名义将这笔钱捐给村里搞新农村建设,不知你意下如何?"

"行,行!"老李感激地说道。

去年夏天,有一个福建患者吴先生,服了虞元顺配制的药之后,多年的老毛病好了,特意开车千里迢迢来找虞老,拿出3000元钱硬往虞老身上塞,虞老不肯收钱,但对方临走时丢下钱就走了。当天下午,虞老就把这笔钱如数送到了村民理事长手上,捐给了村里做凉亭。

四

多年来,虞元顺将自己的收入用在了公益事业,至今,他和老伴仍住在几十年前建的瓦房里。与其他人家的小楼相比,这栋房屋显得那么不起眼。红砖青瓦的平房,70平方米,一间客厅、一间厨房外加两间房间。房子在村子的最后一排,靠着山,阴暗潮湿。

村支书占周军说,乡镇领导曾给老人做工作,由政府出资免费帮虞老修房子!虞元顺却说:"还是把钱留给更需要的人吧。"

虞元顺的想法很简单,房子够住就好。

"钱用在公益上才有意义。"所有患者给的钱,虞元顺都没有留下,他全捐了出去。在虞元顺家的墙壁上,挂着十余面锦旗,都是感谢虞元顺妙手仁心的患者赠送的。

"我老伴今年87岁,是退休老师,每个月有3000多元的退休金。我们老两口都吃素,每天花不了几个钱。"虞元顺说。这些钱连同他和老伴省下来的钱,大多用到了公益事业上。

"他们的钱,虽然是感谢我的,但我确实不需要。我帮他们捐出去,做了慈善,用到更需要的地方。"虞元顺说。曾经有算命先生说他只能活到47岁,但他现在已经近百岁了。他认为,长寿的真谛,就是自己没有什么贪欲,多做了善事。

去年,大南至华山的一条乡间公路要重修,这是附近村庄的重要交通线路。虞元顺知道修路缺钱后,又拿了2万元出来,交给了村干部,嘱咐他们要把路修好。春节后,虞元顺又把村干部请到了家里,告诉他们,自己手里还有些钱,如果村里有什么修桥补路的事缺钱,他可以出一些。

虞元顺说,现在他的听力有些下降,随着年纪的增大,也没有那么多精力给更多的人看病了。但慈善的路,他依然会走下去,只要有需要,他还是会尽自己的绵薄之力。

"帮别人医好了病,他们就能为社会多做事。只有大家好了,整个社会才和谐,国家才会向前发展。"虞元顺说道。

去年11月,上饶体彩分中心工作人员来到华山村,向虞元顺颁发爱心奖励

1万元。一开始,老人不肯接受奖金。在村支书的再三劝说下,老人才同意收下了。可让人意想不到的一幕出现了,老人接过奖金后,又从怀里掏出一沓钱来,连同刚刚收到的奖金,转身交给了村支书,诚恳地说:"奖金和我自己这4000元钱,都给村里修路吧。"

2021年4月,得知雅安发生地震,老人又把准备用于自己和老伴办理后事的2.02万元捐给了灾区。

据村支书占周军统计,60多年来,老人为村里修桥补路累计捐款40多万元。而对于这笔数字的来龙去脉,虞元顺努力想了很久,还是摇着头对记者说:"记不清了。"

事迹点评:群山茫茫碧连天,英雄埋名六十年。将吝啬留给自己,将慷慨献给社会。用医术医人身,用行善医人心。你是白发的老者,爱的赤子。

时代楷模

感天动地 "代理妈妈"最后的党费

胡小军　胡明乾　陈新平

人物档案：钟文花(1941年10月—2020年6月)，生前系玉山县南山乡枫林小学(现已被划入三清山管委会辖区)退休教师。

主要荣誉：前后获评全国三八红旗手、江西省关心下一代工作先进个人、"感动上饶"十大人物。

2020年6月7日下午，江西省上饶市玉山县三清山下枫林村的一座民居里，一位79岁老人安详地走完了她人生最后的旅程。

6月10日早晨，来自四面八方的人们沿着枫林街道排成数百米长队，为她送行，久久不愿离去。

这位逝去的老人，名叫钟文花，玉山县南山乡枫林小学(现已被划入三清山管委会辖区)退休教师。

2005年8月9日，《光明日报》曾以《农村留守孩子的"代理妈妈"》为题，在头版头条刊发长篇通讯，对钟文花多年无私关爱农村留守孩子的感人事迹进行报道。

完成此生最后一次义务

6月12日，钟文花去世后第5天的上午，玉山县南山乡党政会议室里，举行了一场庄重而特殊的党费交纳仪式。

"遵照母亲的遗愿，向党组织交纳她最后一笔党费。这是她临终前最大的心愿……"

作为家属代表，钟文花的儿子王波将一个陈旧的小包，无比郑重地交到了

乡党委书记郑家兴手中。

5角、1元、5元、10元……钟文花生前使用的小包里，装着现金11581.5元；和这些硬币、纸币放在一起的，还有一本红色的党费证。

这个小包，平时被钟文花放置在卧室里的旧木箱中。

"母亲弥留之际，特意把儿女召集到床边，叮嘱我们一定要代她把生活节余的全部钱款交给党组织作为党费，完成此生对党的最后一次义务。"王波哽咽着说。

2006年3月20日，时年65岁的钟文花面向党旗庄严宣誓，成为一名共产党员。"我志愿加入中国共产党，拥护党的纲领，遵守党的章程，履行党员义务，执行党的决定，严守党的纪律……"自那一刻起，入党誓词便深深地铭刻在了她的心中，她为之坚守终身，直至生命最后一息。

全国三八红旗手、江西省关心下一代工作先进个人、"感动上饶"十大人物，对于这些荣誉，钟文花不是当作个人荣耀，而是更多地视为上级组织对自己的鼓励。她曾说过："关心这些留守孩子，是我们全社会的共同责任，我只不过做了我应该做的。"

在"钟文花同志交纳大额党费仪式"现场，郑家兴捧着装着沉甸甸党费的小包，感动地说："这笔沉甸甸的大额党费，给我们每位共产党员上了一堂震撼灵魂的党课。钟文花同志生前为党的事业呕心沥血，临终还不忘感党恩，用一生的行动坚守一名共产党员的初心使命。她的精神，将鼓舞和激励我们永葆共产党人的先进本色。"

生如夏花,平凡而绚烂

向党组织交纳最后一笔党费,钟文花的这一遗愿,承载着她对党的无限忠诚和不变的信仰,也为她平凡而伟大的一生,画上光辉的句点。

钟文花1960年参加工作,长期在山区小学任教,1986年被评为小学高级教师。

20世纪90年代初开始,在三清山区,外出务工人员越来越多,农村留守孩子随之也越来越多。

1991年的一个冬日,钟文花正在上音乐课,细心的她发现,教室的窗台上多了一双怯生生的求知的眼睛。下课后,那双眼睛便消失了。钟文花一打听,才知是邻村的孩子徐福强。小福强母亲离婚改嫁,父亲在外打工,他连在家都要靠亲戚接济,更谈不上上学了。那天傍晚,钟文花悄悄来到徐福强家,眼前的景象让她惊呆了:一幢连门都没装的农舍,外头是厨房,里头是卧室,虽是冬天,但只有一床黑得看不出本色的破棉絮,灶头凉凉的,徐福强蜷缩在床上已睡着了。两行热泪不经意间打湿了钟文花的脸颊,她哽咽着叫醒小福强,说:"福强,到老师家里去,好吗?"就这样,徐福强成为钟文花收留的第一个留守孩子。

此后10余年,钟文花把一个又一个农村留守孩子领回自己家中,同吃同住,无偿照顾,不少孩子一住就是5年、10年。她把所有的爱,都无私地倾注在了这些没有血缘关系的"儿女"身上。有人粗略测算,这些年钟文花为他们垫付的学费和吃住开销有10多万元。在她的关爱下,先后有50多名留守孩子顺利初中、高中毕业,有人还考取了大学。在钟文花家那幢20世纪70年代建的木质结构老屋里,演绎了一个个动人的人间真情故事,她也因此被人们亲切地称为"代理妈妈"。

2004年,被学校返聘3年的钟文花终于退休了,此时已年逾花甲的她,身体也大不如以前。但这位"代理妈妈",又执着地开始了新的助学征程。她说:"虽然我年纪大了,不能在家照料学生了,但我可以采用资助的方式为孩子们做一点事情啊。"于是,她从自己的退休金和儿女给她的零用钱中拿出一部分,陆续资助了枫林村20多名家庭特困学生完成从小学到大学的学业,并从2015年开始把资助范围扩大到邻近的山区乡镇。

其实,钟文花并不是没条件离开小山村去大都市度过晚年生活——她的3

个儿子都在北京办公司,开创了出色的事业,但她的心里始终放不下山村里的孩子们,无数次放弃了去北京与儿子团聚的机会。

在生命的最后几年,钟文花罹患肺癌。尽管病魔缠身,但对于尽最大努力发挥余热、奉献社会,她始终念兹在兹。玉山县开展文明创建,她积极参与公益宣传;老年协会要排练文体节目,她拖着病体帮着编写台词、排练节目……今年春节过后,因为疫情,中小学延期开学,学生们只能居家学习,而她当时住在医院治疗,躺在病床上还惦记着打电话托人给帮扶的贫困孩子家安装有线电视,让孩子通过看教育频道正常上网课。

她把自己的身心全部付给了这片工作与生活着的山野大地。

永远的怀念

钟文花去世的消息传出后,许多人放下手中事务,从北京、上海、杭州、武汉等地奔赴她的灵前,长跪不起,失声痛哭。

他们,是当年被钟文花无微不至地关爱和呵护过的留守孩子。

6月8日晚,他们聚集在一起,为钟文花通宵守灵。整个晚上,他们追忆斯人、追忆往昔,任凭泪水肆意长流。

已是北京一家广告公司资深设计师的刘燕永远不会忘记,为了给孩子们创造一个良好的学习、生活环境,钟文花腾出了自家前屋光线好的4间大房间给他们当卧室和书房,而自己却住在光线昏暗的后屋。"钟老师家最多的时候住了20多个像我这样的小孩,她除了辅导我们学习之外,每天还为我们洗衣服、缝衣服、做饭。我从7岁到17岁一直跟在钟老师身边,钟老师待我比待她的亲闺女还好,对我恩重如山啊……"

已是天津一家照明工程企业总经理的范茂俊永远不会忘记,2003、2004年他高考连续失利,离开钟文花家外出打工,以后又创业失败时,钟文花对他的鼓励:年轻人创业难免遇到挫折,要放手大胆干,有什么困难尽管找老师。"老师的身影常在我眼前浮现,老师的教诲常在我心中回荡……"

已是武汉一家股份制银行中层干部的张欢欢永远不会忘记钟文花妈妈。跳长绳、老鹰捉小鸡、踢毽子、跳房子……钟文花家前不大的晒谷场上留下了"代理妈妈"带着孩子们撒欢的身影和一串串飘出很远的欢笑声。"我从上小学起在钟老师家里,一直住到初中毕业。她带着我们学习打乒乓球、羽毛球,带着我们唱歌跳舞,然后给我们找各种上台展示的机会。她告诉我,只要努力,农村孩子也可以比城里孩子做得好……"

这些当年的留守孩子们,永远不会忘记在钟文花家学习生活期间无忧无虑的欢乐时光:有春天里一起品尝她家门外春笋的满足;有夏夜里一起点着火把在田沟里捉泥鳅的欢乐;有秋天里偷吃邻居家橘子被抓、钟文花上门去道歉的尴尬;还有冬天里,钟文花带着他们围着火炉一起畅想未来的温暖。"这些欢乐时光是老师送给我们最珍贵的童年礼物,让我们在欢乐和关爱中成长。"

这些当年的留守孩子们,把鲜花铺满钟文花的墓前。

"那一朵朵美丽的花朵何尝不是老师曾经带给我们的一个个温暖的笑容呢?我们也想通过花朵告诉老师,我们会像她那样,乐观地生活,美丽地绽放。"他们说,"这么多年来,让我们一直念念不忘、总能拨动我们内心最柔软的那根弦的,是来自老师的善良和她那毫无保留的无私的爱。她让我们明白了什么是大爱无疆,什么是不求回报,什么是无怨无悔。而我们,也愿意跟随她的脚步,去传播善良与爱。"

或许,这正是钟文花,这位普普通通的共产党员、平平凡凡的乡村教师,留给人间最珍贵的礼物。

事迹点评:留守儿童,是现实社会的产物,是需要关注的弱势群体。多年来,钟文花义务当起他们的"守护神"。当地数十名"留守孩子"在她的关爱下健康成长,其中有7名学生考上了大学。人们亲切地称她为农村"留守孩子"的"代理妈妈"。

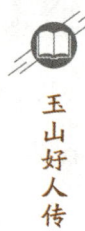

最美警嫂

王学英：用心让警徽更闪亮

王耀忠

人物档案：王学英，1976年4月出生，玉山县人民检察院案件管理办公室主任。

主要荣誉：2015年10月8日，以"一路有你：2015讲述警嫂故事"为主题的"好警嫂"推选宣传活动中，荣获2015年全国"好警嫂"殊荣。

王学英，玉山县人民检察院党组成员、第三检察部主任。张永生，玉山县公安局党委委员、副局长。其实他们夫妻俩都不是玉山本地人，而是土生土长的万年县人，两人同为江西师范大学的校友，又是一对相知相爱的恋人。1999年毕业后，王学英被分配到家乡万年县检察院工作，热爱警察职业的张永生则如愿以偿地通过江西省公安厅公务员考试成为一名人民警察。

甘当"铺路石"，家庭事业一肩挑

几乎在每一位公安民警的身后，都有一位默默奉献的好警嫂。张永生作为一名优秀民警，一步一个足印，逐步成长为玉山县公安局党委委员、指挥中心主任，这一路走来，离不开妻子王学英的默契配合和无私奉献。她没有惊天动地的豪言壮语，没有气壮山河的英雄壮举，有的是用柔弱的双肩挑起家庭的重担，用一颗朴实的心温暖着家人。"随风潜入夜，润物细无声"，她用博大而真诚的爱诠释着当代警嫂的优秀品格和动人风采。

王学英说："选择了当警嫂，就是选择了支持、理解与奉献。作为警察的妻子，就要慢慢学会与寂寞、孤独相伴，学会坚强。"

王学英丈夫张永生说："因为公务员的回避制度，我不能回万年，所以1999

年毕业以后就被分配到玉山县公安局工作。"

王学英说:"那个时候可能在我们年轻人看来,爱情是最主要的。我们都没想那么多。"

然而现实并没有想象的那么丰满,一个检察官,一个警察,当两个繁忙的职业碰到了一起,这个家就注定比一般的家庭多了几分忙碌。2000年,两人刚一结婚就开始了两地分居的生活。

王学英说:"新婚蜜月一过,以及怀孕的时候,感觉特别孤单,很希望丈夫在边上。有人呵护多好,有时候这种呵护是父母跟姐妹替代不了的。他有时候在火车站刚刚下了火车坐上黄包车往家里赶,半路上就可能接到队长电话,要求他马上赶回去。因为他工作的特殊性,这也没有办法。"

张永生说:"当时作为一名刑警,我认为破案就是对我们最好的一种安慰。"

王学英是家里最小的一个孩子,从小被父母视为掌上明珠,几乎没干过家务活,但婚后却不得不面对一个家的重担。

2001年,他们的孩子出生了,张永生却因手头的案件较多,难以抽身回家看望妻子和孩子。在王学英的记忆中,丈夫一个月能回来一次就已经是一种奢望了。

张永生说:"我也想过调回去,但是我是万年农村出来的,也没有亲戚朋友能帮什么忙,想调回去也不容易。"

王学英是一名检察官,也是一名警嫂。在本职岗位上,她兢兢业业,惩恶扬善,多次受到表彰。在生活中,她挑起家庭的重担,用一颗朴实的心关爱着家人、温暖着身边的人。警察的职责决定了她的丈夫在外执行任务的时间很多,更多的时候是白天出警、晚上值班,经常回不了家。家里照顾老人、孩子,做家务的重担就落在了王学英一个人身上。她从无怨言,总是默默地用辛勤付出支撑着这个家,默默地用爱理解和支持身为警察的丈夫。虽然与别人相比,她少了花前月下、卿卿我我的温馨浪漫,也有许多苦极累极的时候,但她和丈夫深知:没有大家的安定,哪有小家的安宁?这个坚定的信念总是让她充满了力量,她的心里总是有满满的幸福感。一路走来,王学英的支持和奉献成为张永生从警道路上不可或缺的动力。

2005年,为了让一家人团聚,王学英放弃了在万年县人民检察院已发展好的事业,谢绝了院领导的挽留,带着只有4岁的儿子,借调至玉山县公安局刑警

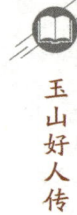

大队工作。然而,团聚的喜悦却被接踵而至的困难冲淡了。

王学英说:"我进入这个群体以后,更深刻地感受到了警察的工作性质就是这样。一有突发事件,他半夜听到铃声一响马上就起来了。"

在玉山,当地语言生涩难懂,没有亲戚走动,没有自己的房子,没有同学陪伴,丈夫原是刑侦干警,夜间值班、连日加班、出差办案是家常便饭……面对这些困难,王学英咬紧牙关,默默地做着接送孩子、辅导功课、操持家务的琐事,尽量不让丈夫操心家里的事情,绝不给丈夫拖后腿。她统揽了家中所有的家务,照料好丈夫的日常生活,使丈夫全身心地投入工作。

张永生获得的一份份奖励与荣誉背后,蕴藏着一个警察妻子博大的胸怀和无私奉献。

在公安局借调了半年后,王学英被正式调入了玉山县检察院,重新成为一名人民检察官,后来丈夫也因工作表现突出被派到了乡镇派出所当所长。由于派出所警力少、辖区面积大,因此他一门心思扑在工作上,把警务室当成了家,却把家交给了妻子。

王学英说:"放暑假就是最头疼的事,一个五六岁的孩子,不可能把他一个人扔在家里。他爸爸要上班,我也要上班,怎么办?就给他报培训班,那个时候报培训班不是要孩子学这个才艺、那个才艺,而是为了解决孩子没人带的难题。"

在玉山县人民检察院,王学英先后在侦查监督科、政工科、监察室、案件管理办公室工作。从检17年来,她独立办案的6年里,办理和审查批捕案件400余件,没有一件错捕案件。2004年,她所经手整理的案件获得全省侦查监督案件质量评比第一名;2010年荣获全市检察系统演讲比赛第一名;2011、2012年连续两年荣获全县政法系统演讲比赛第一名;多次被评为院先进工作者;2011年所撰写的《把好"三关",控好"三圈",全面促进班子成员廉洁从检》作为经验材料在全省、全国纪检工作经验交流会上进行交流推广,所撰写的《突出民本理念,提升服务水平》荣获全市上饶人检察论坛优秀奖;2013年被评为全市检察机关先进个人。

厚积薄发终有成。在院党组的关心和培养下,2012年王学英被任命为政工科副科长(副科级干部),2013年4月被任命为案件管理办公室主任。案件管理工作是检察机关于2012年开展的一项新业务。在院领导的关注下,她从案管机构的设立、案管大厅的设计到案管制度的形成都倾注了大量心血,案件管理工作得以稳步推进,工作也得到了省、市院案管部门主要领导的肯定。2013年,玉山县检察院案件管理办公室工作在全市检察机关案件管理考评中荣获第一名,所在科室被评为上饶市检察机关先进集体。

乐当"贴心人",谱写和谐警民曲

王学英在熟知她的民警们眼中,是个热心、贴心的人。在横街派出所,王学英每次去探望丈夫时,都不忘带点水果和做点好吃的到所里去,叫来所里的民警兄弟一起吃。有时她还亲自下厨,为民警包饺子,做好吃的,让民警感觉到家的温暖和甜蜜。除了对人热情友善,民警们喜欢和接受王学英这位警嫂还有一个原因,那就是她对工作的那股子认真劲。谈起这位嫂子,民警们有说不完的故事,如让哑巴开口"说话"的事。2010年4月,一起公安报捕的聋哑人盗窃案由王学英接手,该犯罪嫌疑人在作案后逃逸时一路抛洒现金以摆脱追赶,现场抓获时缴获现金1400余元。归案后犯罪嫌疑人拒不交代姓名等真实身份和犯罪事实。王学英仔细阅卷,认为有可能被缴获的1400余元赃款中含有犯罪嫌疑人自己的钱,要想查清犯罪事实,就必须让聋哑嫌疑人"开口"。提审中,在聋哑老师的配合下,她得知聋哑人在牢房里受到本地在押犯的虐待,于是立即为他找到所长妥善解决了被虐待的事情,此举终于打动了聋哑嫌疑人。他亲手写出名字,用手语实事求是地"供述"犯罪事实,并承认抓获时搜出的赃款里有自己的150元钱。"真能干,竟然让聋哑人开了口!"民警们由衷地称赞道。

"学英嫂子还有一副热心肠呢!"她在审查一起黄某某强制猥亵亲生女儿的案件时,提审中发现黄某某精神异常,遂向公安机关提出精神病鉴定的要求,最终经医学鉴定证实黄某某确属无责任能力人,使公安机关做出不捕决定,避免了一起错案的发生。但受害人黄某那惊惧和忧伤的眼神让王学英丝毫也轻松不起来。

王学英说:"父亲回到家里对这个女孩仍旧是一个伤害,他这个潜在的危险还是在女孩身边。我就想能不能帮助这个女孩子。"

案结并不代表事了。她马上联系到当地的村支书,在派出所和村委会的帮助下,将黄某某强制送到精神病院治疗,并拿出钱物资助黄某,使得案件有个圆满的结果。因热心妇女儿童事业,王学英还光荣地当选为2012年上饶市妇女第三次代表大会代表。她就是用这样无限的热情和爱对待家庭、对待丈夫、对待警队和对待群众的,她用坚定的信念、执着的热情、朴实的行动诠释着当代警嫂的风采。

勤当"贤内助",为爱撑起一片天

作为大家公认的好嫂子,王学英对丈夫体贴关怀,对亲戚朋友无私帮助,夫妻俩相敬如宾。在这种家庭氛围下,孩子既懂事又听话,一家人互敬互爱,其乐融融。王学英常说:"选择了当警嫂,就是选择了支持、理解与奉献。"是的,这是一名警嫂的肺腑之言。

2008年,张永生的父亲因身体不适到南昌住院治疗,经医院确诊患有胃癌,需要马上动手术。但是在乡下的爷爷奶奶由于年龄偏大,也需要张永生的妈妈照顾。而此时的张永生因工作需要正在外地出差办案,为了让婆婆放心、丈夫安心工作,王学英只身前往南昌,在病榻前忙前忙后,精心照料病中的公公,默默地操劳着。

人们常说,生病的人尤其难服侍。年迈的公公亦是如此。有时候,他也会在王学英面前莫名其妙地发脾气。每次公公发脾气,王学英总是报以微笑,她说她很明白公公的痛苦,也很理解他。所以,每天王学英都更小心翼翼地照料着公公,用关心去软化他、感化他。公公爱干净,所以每次吃饭,她都坚持不让汤水从公公嘴边流下;公公大小便失禁,她也从不嫌脏嫌累,反而换洗得很勤快;公公喜欢吃新鲜菜,她就每天变着花样去张罗饭菜;公公喜欢吃鱼,她就仔细地剔除鱼刺,一口一口喂,就怕饭菜里有一根鱼刺;公公喜欢吃汤圆,她怕外面买的不干净,就亲自用糯米粉做来喂他吃……她把公公当成自己的亲爹一样用心照顾,连她的丈夫也自叹不如。浓浓的亲情孝意无时无刻不充满着这个家庭。

2012年12月29日晚上,王学英想到过两天就是她和丈夫的结婚纪念日,于是出门去购买一些物品,不料在回家的路上遭遇了一场突如其来的车祸。

王学英说:"当车子从我双腿轧过去的时候,就有一种恐惧,就觉得这么大的车子轧过来,我无力把它推开。"

为了不影响正在北京出差的丈夫,王学英没有打电话给张永生,而是叫姐姐从老家过来照顾自己。

张永生说:"事故科的民警勘查现场后打电话跟我说'嫂子被车轧了'。我当时就哭了。"

王学英说,车祸给自己的双腿留下了后遗症,只要走多了路就会疼痛。即便这样,她仍然包揽了所有的家务活,让丈夫全身心地投入工作。而她自己在事业上的成就也是有目共睹的,曾多次被评为全市检察机关先进个人和三八红旗手。

"她做事认真、负责,平时工作又很忙,还要为这个家操这么多心……"每当说起妻子,丈夫张永生的脸上就露出一丝内疚。他知道妻子为这个家付出了很多,也明白妻子身为警嫂的辛苦。他感谢妻子在身后默默理解、支持他公安工作的同时,更为自己不能多抽出时间陪陪家人而内疚。

多年来,王学英正是以一份执着和爱心,坦然品味一位警嫂的酸甜苦辣,承受着家人聚少离多的思念。她尽心尽力地支持丈夫的工作,无怨无悔地承担起

全部的家庭重担。这份炽热之情,伴随她挨过数不清的无边黑夜;这份炽热之情,为她柔弱的肩膀增添了力量;这份炽热之情,帮助她克服了一个又一个难关,用爱为家人撑起了一片天。

让我们记住她的名字——中国好警嫂。

事迹点评:她用柔弱的肩头担负起警嫂的使命,用正义的利剑为受害者讨回公道,为法律规则寻求支撑的力量。她告诉世人该如何面对伤害、面对耻辱、面对罪恶,为百姓提供法律援助。她为家人、为受害者撑起一片蓝天。

中国好人

王登国：草根英雄泣动浙赣两地

王耀忠

人物档案：王登国，牺牲时年仅48岁，玉山县六都乡吕家源村村民。

主要荣誉：2015年8月11日，杭州市见义勇为基金会研究决定，授予王登国"杭州市见义勇为积极分子"荣誉称号；同年10月，中宣部、中央文明办公布"中国好人"名单，王登国荣登"中国好人榜"。

一

玉山县六都乡吕家源村，一个相对偏僻的小山村，2015年8月24日，因为一个人的葬礼一下子变得不平凡。

"平民英雄树起道德丰碑，玉山好人弘扬社会正气"。长长的挽联低垂着，映衬出英雄的朴实与崇高；哀乐低沉地诉说着人们无尽的悲痛与思念。

早晨六点，阴沉的天空不时飘过一片片黑云，在王登国灵柩通往村后的山道上，数百名当地村民自发从四面八方赶来，手持着白花，默默地站在路边护送灵柩。没有任何机构、任何人组织，完全是心灵的契合。他们表情庄重，眼噙泪水。"平民英雄托起道德丰碑！""英雄一路走好！""送一程好人王登国！"人们拉起横幅送救人牺牲的好人王登国最后一程。

说起王登国，村民们难掩悲痛，因为在左邻右舍的眼中，他是个不折不扣的好人。对于他的牺牲，村民们都感到十分惋惜。

"我是附近村的。王登国舍己救人的事迹都传开了。得知今天出殡，大家都早早地赶来为他送行。"一位60岁上下的村民说。

道路两旁，一双双眼睛含泪泣别好人。

　　一位白发苍苍的老婆婆,拄着拐杖,不停地拿手绢抹着眼泪;一名身怀六甲的孕妇,一手撑着腰,一手紧紧地握着白花,泪眼蒙眬。

　　王登国的邻居老李老泪纵横:"多好的人啊,每次从外面打工回来,都记得给我们这些老街坊邻居捎点东西,从没跟人红过脸,可人就这么没了。"旁边的亲朋好友们听闻,早已泣不成声。

　　在一片绿树环抱的山坡上,英雄王登国的坟头摆满了致哀思的花圈。陆续赶来祭奠的村民,静静地默哀,气氛庄严肃穆。

　　王登国突然离世,把悲伤与哀痛留给了家人。为他难过的家人,有年近八旬的老母亲,有相濡以沫的好妻子,有他的两个儿子……

　　王登国的母亲周秋香已经78岁,老人连日来每天以泪洗面,饱受着白发人送黑发人的丧子之痛。

　　大儿子王剑几次哽咽,那强掩痛苦的脸上凝结着雕塑一般的悲怆。"我代表家人感谢那些关心我们全家的领导和村民。今后我们会更加勇敢、乐观地面对生活。"王剑说。直到现在他都不敢相信,父亲已永远离开了。

　　几番劝说后,王剑终于平静了下来,他说:"父亲能在关键时刻不顾个人安危保护工友,我一点也不感到意外,因为父亲就是这样的一个人。他处处为别人着想,很少想到自己,一直以来都是这样。我为有这样一位父亲而自豪,如果今后再遇到这种事情,我会像我父亲一样发扬这种精神。"

　　王登国的妻子游艳桃早已泣不成声,她是江西萍乡人。二十多年前,王登国到萍乡打工,勤劳本分的王登国很快博得了游艳桃的芳心,两人一见钟情并结为夫妻。婚后,这对年轻夫妻一起来到杭州打工。后来,两个儿子相继出生,游艳桃回到了老家,专门看管孩子、打理家务,养家糊口的重担全落在了王登国一个人身上。如今,家中的顶梁柱倒下了,往后的日子怎么过?

二

　　时间定格在2015年6月5日,在杭州经济技术开发区发生了一起命案,死者叫王登国,48岁,家住玉山县六都乡吕家源村。这起命案有点离奇,按说,王登国本可以和案件毫无关系,因为凶手要杀的人并不是他,可为什么最后倒下的偏偏是他呢?

　　位于杭州经济技术开发区九沙大道南侧的浙江石材市场,原名下沙月雅桥石材市场,2011年8月,更名为"浙江石材市场",位于浙江杭州江干区下沙大道月雅桥旁,主要经营板材、石材机械,年营业额30亿,在册经营户1000余家。这是一个劳动密集型的石材加工场,这里有两个特点:小老板多、农民工多。王登国也是这里一名靠体力挣钱的搬运工。6月5日上午10点左右,王登国和往常一样正在搬运石材,突然从身后传来了急促的求救声。

工友林小羊说:"我和王登国、冯金贵三个人在这里卸货,刚刚卸了10分钟。后面两个人,一个跑一个追,跑的人跑到我们加工房里面,叫王登国救他。"

林小羊看到,向王登国求救的是一个福建工友朱某,身后持刀追杀他的是一个河南工友陈绍伟。

工友林小羊说:"王登国看到一个人拿着剪刀和菜刀。"

王登国妹妹王吉玉说:"河南人追福建人,跑到我哥哥做事的这个地方,叫我哥哥救他。"

陈绍伟性格怪异、脾气火爆,与朱某一直不合。当天两人因琐事再次发生争执,陈绍伟气急之下持刀追砍朱某。为了避免悲剧发生,王登国二话没说,立即上前拦在了二人之间。

王登国妹妹王吉玉说:"我哥哥转过身来一看,那个河南人都快追到福建人了,什么都没想就跑出去把那个人拦住。"

工友林小羊说:"王登国劝他不要伤人。那个人说你不要拦,你要拦我连你一起杀。可能停了两分钟,王登国又爬到车上卸货了。"

没想到的是,陈绍伟并没有就此罢手,而是持刀继续追杀朱某。见陈绍伟彻底失去了理智,王登国没有因为他的恐吓而退缩,再次冲上前去劝阻陈绍伟。

工友林小羊说:"王登国又过去叫他们不要打,想把那个凶器抢过来。陈绍伟说'你不要过来,你要过来我就杀你'。"

不料陈绍伟突然挥起剪刀捅向了他的左胸部。

工友林小羊说:"看到那个跑的人往后面跑了,陈绍伟就杀王登国了。我在车上看到王登国躺在地上,连忙喊救命,可是没一个人来救他。看到没人,我就跳下来,刚走了三步路,看见陈绍伟拿菜刀过来要砍我,我就跑了。"

令人发指的是,陈绍伟捅伤王登国后,并没有罢手,而是搬起石块砸向王登国的头部。

工友林小羊说:"他的头肿得很大,还被一个大石头压着,头边上都是血。"

随后,陈绍伟又开始疯狂袭击其他工友,最终被众人合力擒住。事后王登国被送往医院,最终因抢救无效身亡。

面对穷凶极恶的陈绍伟,王登国两次挺身而出。工友朱某逃脱了危险,王登国却永远闭上了双眼。他的离去不仅让石材市场里的工人师傅们失去了一位好工友,更把一个原本贫困的家庭推向了崩溃的边缘。

王登国父亲早几年逝世,年迈多病的母亲每年都要花费几千元看病吃药。王登国的老婆时年47岁,没有文化,几年前身体就不太好,不能干重活,只能在家做点家务。因家庭经济困难,大儿子王剑高二就辍学出门打工,因学历低,没有一技之长,工资低,仅能维持自己的生活。王登国还有一个在上小学的小儿子,今年年初,经医院诊断患有慢性肾炎,从年初到现在已花了2万多元。

王登国在杭州打工已有8个年头了,在工友们的心里,一直是个心地善良、乐意帮人的好同事。

工友翁家荣说:"王登国这个人做人是比较实在的,在我隔壁住了四五年。平时大家找他借点什么或者借点钱,他很大方借给你。"

祝宗包石材店老板说:"我在这边当个小老板,有什么活干不了,都叫他过来帮我干,人还挺好的。"

事发后,王登国的遭遇传到了老家,街坊邻居一个个都替他伤心惋惜。村民陆玉梅说:"他平时看到人家在地里干活,会热心地去帮忙,从来不要工钱。王登国出了这个事,村里人都心痛,那么好的人就这么死了。"

村民王登金说:"我从小看他长大,对人很客气,尊老爱幼,能够帮助别人就尽量帮助别人,忠厚老实,肯吃亏,为别人着想。"

母亲周秋香说:"我舍不得,实在舍不得,儿子才48岁,如果到了58、68还好一点。小孙子才13岁,还没带大,他就这么走了。我都不知道怎么办,怎么生活。"

王登国可谓上有老下有小,上有年迈的母亲,下有两个儿子:大儿子今年22岁,小儿子只有13岁。一直以来,家里的生活都是靠他打工的收入来维持。

更让王家人心寒的是,事发后至今,被救的福建人朱某却消失得无影无踪。

王登国在杭州市见义勇为不幸牺牲的事迹传到家乡后,引起了社会的强烈反响。市民们称赞英雄王登国是玉山真汉子、玉山农民工的楷模,同时对王登国的不幸牺牲感到痛心,对其家人表示同情和慰问。

三

事发后,玉山县、六都乡第一时间派出法律工作人员,王登国的家人赶到杭州,找到当地有关部门了解王登国的遇害经过。

六都乡法律服务所所长魏文辉说:"王登国在万分危急的情况下,不顾个人安危,挺身而出,阻止陈绍伟行凶,献出了自己宝贵的生命,他的行为符合国家及浙江省见义勇为的条件,应依法确认王登国的见义勇为行为。"先期到达杭州的法律工作者向有关部门反映王登国遇害情况,希望能给王登国授予"见义勇为"荣誉称号。

8月30日—31日,中共玉山县委宣传部牵头,由县政法委、六都乡、县电视台、三清山报社参与组成特别协调组来到杭州市,深入王登国同志生前工作、生活地以及案发现场,深入了解案件经过,并与在杭玉山籍企业家、杭州市见义勇为基金会取得联系。他们认为王登国的行为能够得到社会的认可,这是对死者最好的告慰。

与此同时,许多在杭州务工的玉山老乡以及玉山县各级政府也开始行动起来,他们认为这是王登国的荣誉,也是家乡的骄傲。

玉山籍企业家周芳山说:"事件发生后,我马上和一些部门取得联系,包括杭州市总工会、当地法律工作站,还有江西省浙江商会的相关领导,以及玉山当地的领导。我都分别跟他们联系沟通过,因为当时在申报王登国同志的见义勇为基金需要一些相关的依据。"

然而一个多月过去了,王登国的事迹一直没有通过审核,直到后来当地的一家媒体刊登了一篇新闻调查报道,整个事件才有了转机。

《浙江工人日报》记者羊荣江坦言:"最后在杭州市见义勇为基金会办公室,我看到了案卷,案卷上面清楚地记录着王登国遇害的过程。我认为这个情况明显符合见义勇为的评定标准。好几个装卸工都逃掉了,只有王登国置个人生命危险于不顾,两次上去阻拦。我认为这是一个非常可歌可泣的事件。"

英雄壮举,义薄云天。王登国的英雄事迹,感动了越来越多的人,由此加快了相关事迹的申报进度。案件发生地公安机关——杭州市经济技术开发区公安分局认为,王登国在危急时刻挺身而出,为挽救他人献出了自己的宝贵生命,应当予以褒奖。为弘扬社会正气,8月11日,杭州市见义勇为基金会研究决定,授予王登国"杭州市见义勇为积极分子"荣誉称号,发给奖金30万元。

杭州市公安局政治部警察公共关系处处长陈福深有感触地说:"我们必须尊重事实,实事求是地评价这件事情。所以我们看了材料,最初原始办案笔录提到了他在关键时刻有呵斥阻止犯罪嫌疑人行凶这么一个情节。有这么一个情节我们认为他见义勇为的事件就成立。"

杭州市见义勇为基金会副理事长张冠东说:"根据家庭困难程度,我们依据见义勇为章程里的有关规定,给了30万的最高奖励,授予了见义勇为积极分子称号。"

玉山县、乡、村三级表示:由于王登国上有老下有小,是家庭的顶梁柱,王登国的牺牲,让本不富裕的家庭更是雪上加霜。今后将为其家庭提供力所能及的扶持,并为其大儿子的就业提供帮助。

2015年10月,中宣部、中央文明办公布10月份"中国好人"名单,玉山县草根英雄王登国入选10月份"中国好人榜"。也许,这是对死者最好的告慰。王登国只是一名普通农民工,凭着苦力讨生活,但是在危难的紧要关头,他毫不畏惧地走向危险,与坏人坏事做斗争。从他身上,我们读到了见义勇为的崇高境界。我们为这位草根英雄骄傲、点赞!

事迹点评:刀尖上的舞蹈,之所以摄人心魄,是因为那是铁与血的交响。王登国的可贵之处,并不仅仅是他的所作所为足够震撼,更重要的是他面对生死考验的那一瞬间,爆发出人性中最善、最真、最美的光芒。这一点光亮,足以烛照人间。

一位退伍老兵的红色情怀
——记"中国好人"郑海发

胡明乾

人物档案:郑海发,1926 年 1 月出生,中共党员,上饶市玉山县岩瑞镇古城村村民,抗美援朝老兵。

主要荣誉:2019 年"中国好人"获得者。

一束秋日的阳光,透过白云学校操场边的白杨树,照射在一位耄耋老人的身上。他用自己质朴的乡音,给学生们讲述自己一生不忘初心、牢记使命的过往经历。70 年来,他刻意尘封功绩,连儿女也不知情。他坚守的是入党誓言,他坚信的是自己的信念,"如果整天想着自己的事,想着享受,那我不是一个共产党员了"。

他就是玉山县岩瑞镇抗美援朝老兵郑海发。

深情讲述:传承红色基因

一提起牺牲的战友,郑老声音颤抖,泪水溢满了眼眶:"我的战功,和那些牺牲的、并肩作战的老战友们的贡献相比,差得很远。他们才是英雄,他们才是功臣!我现在人还在,生活等各方面都比他们享受得多,我有啥好显摆的?还有什么资格张扬呢?"

1926 年,郑海发出生在岩瑞镇古城村一个穷苦农民家庭,年轻时被国民党抓去当壮丁。1947 年,他在湖北投诚参加中国人民解放军,先后参加过淮海战役、渡江战役、中南战役、剿匪战役和抗美援朝战争,并在抗美援朝战场上荣获过三等功。

自从穿上中国人民解放军军装的那天开始,郑海发才真正感觉到革命战士的豪迈。在行军期间,他学会了《莫要忘本》《三大纪律八项注意》等激昂的鼓舞士气的歌曲。

"那时,我就是怀着报效祖国的激情,参加了解放战争多个战役。后来,我随部队奔赴抗美援朝前线。跨过鸭绿江后,部队接到上级命令必须连夜赶路,并给我们每人发了一袋干粮。"郑海发说。为了躲避敌人空袭,部队不得不夜晚行军。几天下来,小腿又红又肿,加之特别疲倦,他不得不从战友那里找来卷烟,抽了几口,呛得眼泪直流,不过精神好了一些,没再打盹。

偌大的操场上鸦雀无声,一千多名师生认真聆听郑海发的革命战争故事。当郑老说到自己在朝鲜战场炸碉堡的传奇经历时,顿时激情昂扬起来:"美国鬼子要阻止我们冲上去,依靠一个钢筋水泥碉堡向我们扫射,情况万分危急。我们组织了一个班,但冲不上去,因为他们封锁了。连长就说谁是共产党员先报名上去。我举了一下手说我上去。于是我带了半个班六个人上去,身上带四个炸药包,前面两个后面一个手上拿了一个,贴着地向碉堡匍匐前进。等敌人发觉时为时已晚,我们引线一拉就把炸药丢到他们的碉堡里去,丢进去就炸了。"

就这样,郑海发和战友们冒着枪林弹雨为部队打开了一条血路,在硝烟中,响起了我军胜利的号角。

郑老回忆起当年烽火连年的战争岁月,至今仍心潮澎湃。"有的还只是十五六岁的娃娃,有的牺牲时连军装都没穿过。自己能有幸活下来,就要接过牺牲战友未完的革命,这辈子我都要做革命硬骨头。"说到牺牲的战友,他几度哽咽。采访中,他三次提及"革命硬骨头"精神。他说,这种精神已深深融入自己的血液,要始终牢记使命、发扬风格,不忘革命时的初心,建设好新中国。

一心向党:不给组织添麻烦

1957年,郑海发退伍。当时组织根据他的资历、功绩,安排了铁路、银行、供销社三个单位供他选择,但他最终还是申请回到家乡水泥厂做一名普通的水泥工人。他的想法很质朴:自己文化水平低,读书不多,还是做些体力活好,不能耽误国家的发展。

1962年,政府号召精减退职回乡支援农村建设,为国家经济发展做出新贡献,郑老又积极响应党的号召,主动申请离职,回到家乡搞起农业生产。

用他自己的话来说,自己虽然在部队有点战功,但文化水平不高,还是在工厂一线做些体力活好,不能给国家和地方政府添麻烦。

投身基层:一干就是 20 年

回到家乡的郑海发一直保持革命时期的优良传统,样样率先垂范,是远近闻名的种田能手,曾创下一棵芋头种出十斤果的记录。1963 年起,郑老干过民兵连长、民兵指导员、村支书,其间主动带队参加七一水库 3 年扩建。"那时家里有八九口人要养活,村里大家都不愿去,我主动报名参加。"郑海发说,"共产党员就是哪里苦就要往哪里奔。"

担任村支书期间,他为人正直,办事公道,组织民兵、社员大搞水利工程建设,大搞园田化运动,大搞消灭瘟神的灭钉螺战役,极大地改善了古城大队的面貌。他关心群众疾苦,哪家遭了灾,谁患了大病,总是尽最大努力把党的温暖送到贫困户家中,并想方设法帮助贫困户获取粮油、白糖等生活必需品,深得社员群众欢迎。

郑老长时间担任村支书,却从不铺张浪费,食只求饱,衣只求暖,睡只求安。20 世纪 70 年代,古城和石牌两村并村,已担任古城村支书的郑老主动让贤,把舞台留给了有理想的年轻人。"郑老支书是我们后辈学习的榜样,他的一言一行足足影响了我们古城村三代人。"古城社区干部孙金良告诉记者,郑老在任上培养了 30 多名党员,后来大都成了村里的顶梁柱。

他家里儿女众多,从不娇惯,经常教导他们说:"你们是我的儿女,又是党的儿女,要为党争光,为我争光。"说起"古城女排",二十世纪六七十年代的玉山人肃然起敬。那时的"古城女排"是福建省军区的一面旗帜,无人不知、无人不晓。

1976 年入党的郑木凤在郑家排行老大,是第一支古城女排的核心队员,还担任副排长,在维护治安、参与建设、投入生产中始终冲锋在前。"那时,我才 16 岁,但是父亲一直教导我们,共产党员就要冲在最前面、顶在最

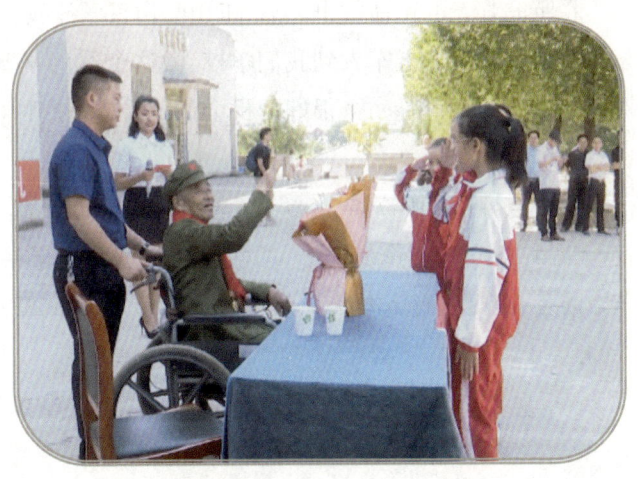

难处、干在最关键。哪怕在和平年代,这种初心和使命永远不能忘、不能丢。"说起当年的事,郑木凤还很自豪。

他的大儿子从不以自己是村支书的儿子自居,勤奋学习,刻苦工作,后来成为玉山县一所中学的副书记、副校长。其他儿女、孙子、孙女都事业有成,家庭美满。儿女和孙辈们受他影响,都衣着朴素,平易近人,彬彬有礼。古城的乡亲到现在说起郑老和他一家人,都竖起大拇指,赞不绝口。

尽管年事已高,但郑海发在进行红色教育时依然不改老兵本色。"我们在打淮海战役时,兵比敌人少,武器比敌人差,但却以少数包围了多数,取得了胜利,靠的就是敢打敢拼。现在我们奋斗也需要这样的精神。"郑海发告诉现场的孩子们要珍惜今日来之不易的生活,热爱自己的国家,好好学习知识,长大后报效祖国。

郑老从不以老自居,而是紧跟时代步伐,每天坚持收看新闻联播,了解国家经济社会发展情况。平时,郑老也不遗余力地对子孙后代进行革命传统教育,勉励他们做社会主义事业的接班人,做物质文明、精神文明、生态文明的创造者。

如今,郑海发老人已 95 岁高龄,子女孝顺,儿孙满堂。因为年事已高,现耳已聋、背已驼,但精神饱满。他有光荣的革命经历,有相亲相爱几十年的妻子,有众多孝顺的儿女……

"听党的话,跟党走。"郑海发用坚定的语气结束了演讲。老人精彩的讲述,不时赢得台下同学们雷鸣般的掌声。

在听完郑老的革命故事之后,玉山县白云学校校长深有感触地说道:"今天学校邀请到郑海发老军人到我们学校,做这个红色故事的分享,意义非常重大,对我们学生的教育是一个很好的机会。我希望把这种精神一代代传下去。"

事迹点评:从 1947 年入伍,郑老先后参加过淮海战役、渡江战役、中南战役、剿匪战役和抗美援朝战争,并在抗美援朝战场上荣获过三等功。作为一名革命功臣,他退伍返乡却选择做一名水泥工人,从此深藏功名六十余载。

现代仁医　悬壶济世
——记"中国好人"胥亦龙

杨永旺

人物档案：胥亦龙，1976年11月出生，玉山县冰溪镇人。
主要荣誉：2017年"中国好人"获得者。

引　言

2016年至2018年胥亦龙先后两次被江西省计生委、江西省红十字会、江西省军区授予"献血铜奖"。

2017年，江西文明办授予胥亦龙"江西好人"称号。

2017年，中央文明办授予胥亦龙"中国好人"称号。

2018年，江西省卫计委授予胥亦龙"最美在基层——十大卫生计生人"光荣称号。

近年来胥亦龙先后被玉山县委评为"先进工作者"，被上饶市委组织部授予"争当方志敏式好干部年度十佳先进个人"荣誉称号，被上饶市委宣传部授予"岗位学雷锋标兵"荣誉称号。

今年46岁的胥亦龙医师是一位急诊科主任，他家住冰溪镇玉虹世纪名城，家庭成员4人。他思想开阔，技术精湛，医德高尚，热衷于公益事业，在同事眼中是位好领导，在患者心里是位好医生。

一

胥亦龙出生在怀玉乡的一个教师世家，爷爷和父亲均为教师。他深受家庭教育的熏陶，从小尊敬长辈，酷爱学习，是个品学兼优的好学生。他听着母亲的教导学习，看着父亲的为人长大。胥亦龙父亲常告诉他：小孩力气是泉水，用了会再来；善良是火把，照亮一群人。父母言传身教，胥亦龙记在心间。他勤奋读书,助人为乐,经常受到老师和同学的赞扬。母亲教育他要刻苦学习,走出童坊,考上理想中的大学。他不负父母的殷切期望,如愿以偿地考取华北煤炭医学院(现华北理工大学)。在医学院里他珍惜时光,虚心学习,以优异成绩交出了满意的答卷。毕业时,他怀着对同窗好友的不舍,对家乡的无限眷恋,带着对老师的美好祝福,踏上了回乡之旅,立下了报效家乡的坚定志向。

胥亦龙背着行囊,拿着毕业分配介绍信,开始他的人生寻梦之旅。对于梦寐以求的玉山县人民医院,他说放在以前他想都不敢想,更何况今天是来报到的。他越想心越甜,越走脚步越快,终于来到了日思夜想的玉山县人民医院。报到后,他被分配在内科从事临床工作。在日常诊疗中,他感到还要充实自己。他敏锐地察觉到理论与实践是有距离的,因理论需要依附于实践,而在病例分析中又需要理论带动实践。于是,他积极探索,寻找理论与实践的平衡点。他早出晚归,耐心求教,认真听从上级医师的指导,在他的内科老师肖贤富的无私带教下,逐步沿着理论与实践相结合的道路前进。胥亦龙经过名师指点,医治技术突飞猛进,思想上有了质的飞跃,业务上有了量的提升,从而走出了"学院派"的磨合期。他科学严谨的态度,精益求精的探索,也为后来成为名医注入能量,为成为学科带头人奠定基础。

二

胥亦龙根据医院的医师目标培养办法,开始了科室轮转。他紧紧抓住来之不易的学习机会,将既往所学都付诸各科室的临床实践中;他虚心求教医疗实践中碰到的难题,并沉淀积累,学以致用。他笔记上密密麻麻地记载着上级医师的医疗经验、同事的医学心得、进修生的提议和他自己的感想等。他对个案的病例加以分析,对常见的病例予以排查,将临床诊疗和药物疗效有机地整合。心脑血管疾病尤其错综复杂,来势凶猛,他把每个患者的发病概况、治疗效果加以科学对照,理性选择诊疗常规,感性处理疑难杂症,在优化治疗的基础上,选择了对患者既经济又实惠的治疗方案。他急病人所急，想病人所想，所到科室均受到患者的好评。

胥亦龙医师在 ICU 期间，经历了患者的生离死别，看过了患者的险象环生。每每遇到此种境遇，他想到的是如何把患者从死亡线上救回来，怎样提高患者的治愈率，提高患者的生命质量。面对医学难题，他伏案查阅国内外前沿医学先进的治疗经验，以理论推动临床，从实践寻求突破。医者父母心，医者有仁心，他集思广益，克服了种种难以想象的困难。他的临床治愈率得到提升，抢救成功率也得到了提高。他在医学领域稳扎稳打，步步为营。

三

胥亦龙医师调入急诊科，承担着全科的学术重任。急诊科是通往各科室的桥梁和枢纽，有着错综相连的特殊性，医生需要梳理不同的病种。来急诊科的患者起病急，古语说"病来如山倒，病去如抽丝"，这话适用于急诊科。而胥亦龙熟能生巧，信手拈来，以过硬的本领，做到忙而不乱，积极应对。

大部分的时间，胥亦龙都在急诊科度过。他和同事团结协作，对年轻医师都耐心细致地传授经验。2017 年 3 月 25 日，周六，晚上 8 点左右，他背着刚满 3 个月的儿子途经急诊科，习惯性地走进科室，发现同事们正在紧急抢救一位急性左心衰的患者。他投入到紧急的抢救行列中，全然未顾及自己身上还背着孩子。他快速评估病人生命体征，在严格审核医嘱的同时，快速反应，多点出击，有序地指挥抢救病人。经历了半个小时行之有效的静脉给药、呼吸机治疗的救治后，患者病情稍有缓解。参加抢救的医务人员，刚舒了一口气，患者病情却又再次发作。当班主治医师和胥亦龙主任等相关人员，针对患者病情展开了会诊讨论，拟定了进一步抢救患者的方案。经过一场惊心动魄的抢救，病人脱险了，病情得以好转。为了有效治疗，按照流程，患者被转入 ICU 病房。这时已是深夜 11 点多了。

这场特殊的抢救是他与时间在掰手腕，与死神在赛跑，展现了人间真情，诠释了医者仁心，演绎了人间大爱。慈父手脚不停救人忙，儿子伏背睡眠梦正香。病友目睹此场景，拍下视频上传网络，一时点击率爆棚。

四

2020年，面对突如其来的新冠病毒，胥亦龙医师带领他的团队奋战在抗疫一线，日夜坚守岗位。因疫情打破了往日的医疗秩序，急诊科成了医院最忙的科室，他听从上级指挥，科学调度，灵动分流，切实做到了沉着冷静，条理分明。他工作干练，是医生的好榜样。

由于当时医疗资源应急，全县120救护车由急诊科统一调度，胥亦龙医师肩上的担子更重了，脚下的步子迈得更快了。在无硝烟的战争上，他俨然是科室的指挥员，日日夜夜和战友们极力排查每一位患者的可疑病情，细化分流患者的治疗去处。无数个深更半夜，他刚处理好病号正休息时，或在卫生间时，都可能有电话呼救："胥主任，患者危急！快快！"听到急救信号，他争分夺秒，精准施治，直到让危重病人转危为安。对他来说，每天的24小时太少了，每时每刻都可能有电话向他请示救护车的调度报告，他都第一时间做出轻重缓急的预判，及时安排到位。而家中父母身体不适，想等他回去处理，他却抽不出时间，孩子想见爸爸一面都难以如愿。

一直以来，胥亦龙从未停止学术研究，尤其在心脑血管疾病方面有独到之处。俗话说"冰冻三尺，非一日之寒"，他在长期的临床实线中，积累了丰富的临床经验，无论在急救领域还是治疗方面都有很高的造诣。经他抢救的心脏骤停患者复苏的成功率很高。他看到很多急性脑梗死患者偏瘫残疾，为了解决这个问题，通过不断学习，使很多发病4.5小时内的患者完全康复，让患者的家庭减轻了压力。胥亦龙医师常说："一个医生不仅要医治患者的疾病，还要照顾患者的身心健康。"他积极向党组织靠拢，行动上宣传党的方针、拥护党的政策，思想上以党员的标准严格要求自己，吃苦在前，享受在后，2021年9月光荣地加入中国共产党。

五

胥亦龙不仅在本学科恪尽职守，而且乐于把所学知识与基层医生共享。连续3年，他每周三风雨无阻地下乡传经送宝，源源不断地为基层卫生院医生输入学术养分，传授临床经验。他说："医学知识相互交流，有利于临床医学的发展。"他认为学术交流就像春天的播种机，会让先进技术、宝贵经验在乡镇医疗机构生根发芽,既惠及群众,方便患者就诊,又推广分级诊疗,缓解上级医院人满为患的压力。很多基层医生接受培训后,在紧急抢救中运用前沿医疗技术的新思维,让一个个危重病人得到有效治疗。当基层医生向他汇报治疗经过时,他释怀了,脸上露出欣慰的笑容。他真诚地说:"我还要以这种方式与基层医生交流,让医联体真正落到实处。"

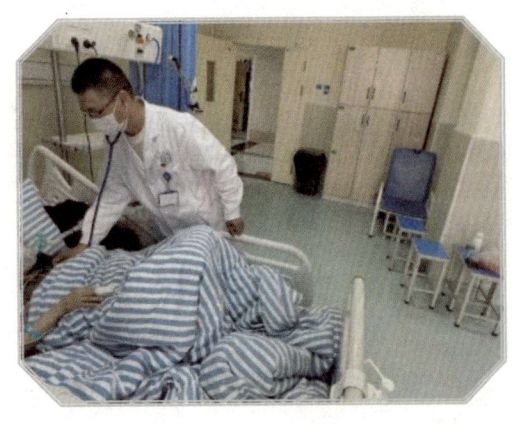

胥亦龙带着他的急诊医学团队,笃行于医学前沿,执着于"救死扶伤,治病救人"的神圣事业。他迎着朝霞,走向一个个病痛的生命;他踏着晚霞,依然在惦念着一个个患者的安危。

为了神圣的医学、钟爱的事业,他奋斗不止……

事迹点评:良好的家风,励志的少年。从医二十余载,救死扶伤,无私奉献,与时间赛跑,与生命争雄,把一个个危重患者从死亡线上救回,让一个个患者家庭回归团圆。面对"一个偏瘫,全家发疯"的家庭,您使偏瘫患者自理能力增强,生活质量提高。您大爱无疆,是生命的守护者。

勇救落水者的平民英雄
——记"中国好人"王谷卫

杨卫琴

人物档案：王谷卫，1974年正月出生，玉山县樟村镇双溪村人，"樟村香味馆"老板。

主要荣誉：2018年"中国好人"获得者。

一

"半江青山半江城""冰为溪水玉为山"。在美丽的江南，有一座玉做的城市，在这座城市的南面，有一河流动的冰。这个城市的名字叫玉山，这条溪水的名字叫冰溪。在这里，生活着一群勤劳、善良的人。

2018年6月7日清晨五点半左右，"樟村香味馆"老板王谷卫像往常一样骑着电动车到城南沿河大市场去买菜，当他来到冰溪河边时，远远地看到前面围了一群人，对着河面指指点点，又隐约听到有人喊"救命"。王谷卫加快了速度，他停稳车子，挤入人群，顺着他们手指的方向看过去，只见茫茫江心，有一个人头在浮沉。王谷卫心里"咯噔"一下，想都没想就解开了外套的扣子。

此时正是江南的梅雨时节，连日降雨让河水暴涨，浊浪滔滔。湍急的水流裹挟着那人飞快地向下游流去。王谷卫把外套一丢，跳下水去。这时还有一个路人也跟着他跳了下去。他们两人一起游到溺水者身旁，那人对他们的到来一点反应都没有。王谷卫初步断定那人已死亡。因为按照常识，溺水者如果意识清醒，会凭本能使劲地抓住他们这样的"救命稻草"。另一个人（后来知道是人民医院的医生许丰敏）更有经验。当王谷卫托起溺水者的头，许医生就去掐他的人中。听到溺水者轻微地吐了一口气，许医生高兴地对王谷卫说："小伙子，这个人还有救。"他们托着溺水者，顺着水流向百米外较低矮的岸堤游去。河岸上围观的人也跟着往下游走。等他们游到岸边,围观的人们伸手帮忙将溺水者拉了上来。在拉的过程中,王谷卫和许医生两个人在水中托举溺水者,溺水者仍然没有一点反应。当看到路人已经对溺水者进行控水等施救措施,王谷卫穿着湿漉漉的衣服,静悄悄地去菜市场买菜了。

这个早晨发生的事轰动了整座城,媒体很快做出了反应,王谷卫和许医生的事迹上了报纸和电视,连中央电视台都做了报道。2018年9月,王谷卫荣登"中国好人榜",成为人们心中的中国好人。

"当初您跳下水去救人的瞬间,是怎么想的?"我问。

"其实当时什么都没想,也来不及想,是直觉做出的反应——我要救人。如果有时间多想,肯定会产生很多顾虑,因为我也上有老下有小,他们都需要我。毕竟到洪水中救人是一件危险的事。"王谷卫说出了大实话。

"那么您很会玩水吗?"

"小时候下过河游泳,因为我老家在双溪,村庄边就是一条大河。夏天的时候,小伙伴们会偷偷地溜到河里去玩水。长大以后就没玩过了,算来也有近三十年没下过河了。"

我很吃惊,原以为王谷卫奋勇一跳是因为对自己的水性有信心,没想到他逞的还真是一个"勇"字。

"过后有没有觉得后怕?以后碰到这种情况还会去救人吗?"我接着问。

"虽然会有危险,但还是会救的。毕竟我这一伸手,可能就挽救了一条生命、一个家庭,让年迈的父母没有失去孩子,年幼的孩子没有失去双亲,丈夫重新拥有妻子,妻子也还拥有丈夫。"王谷卫诚恳地说。

"您后来知道被救人的情况吗?他(她)来感谢过您吗?"

"没有再见过。不知道她是哪里人,也不知道她叫什么,只知道是个30岁左右的年轻女人。我当初救她,没想过要她的感谢。她肯定有她自己的苦衷。"王谷卫很善解人意。"政府给了我奖励和荣誉,我很开心。共产党真的好。"

王谷卫告诉我,他救人的事迹被媒体报道后,他饭店的生意都变好了,很多陌生人慕名来到他的店里,抬头看到"见义勇为"奖牌,说"到好人的店里吃东西,放心"。孩子学校的老师也经常在其他师生面前称赞孩子有一个"见义勇为"的好父亲,这样的父亲让孩子骄傲和崇敬。

二

　　王谷卫,1974年正月三十日出生在江西省玉山县樟村镇双溪村,家有5兄妹,他是老幺,早期在外开橱柜厂。6年前,为照料孩子上学,他回到玉山,在城北开了一家"樟村香味馆"。淳朴的乡风教化出朴实的村民。王谷卫的父母从小就教育孩子们对人要和气,不要和人吵架;捡到东西要归还,不要贪小便宜;看到别人有困难,能帮的就一定要帮。父母的教诲根植在王谷卫的内心,也体现在他日常的行为中。

　　大概是牛年农历十二月十七八左右,一个二中的学生在上学的时候,可能是因为天冷路滑,也可能是车子刹车失灵,摔倒在沿河路上。王谷卫老远看到前面有一群人,小汽车、电瓶车围堵在路上。他停下车走过去,看到那个摔倒的孩子挣扎着想要站起来。路人们都在等,王谷卫急忙上前帮她把电瓶车扶好,把她拉起来,关切地问她有没有伤到哪里,要不要联系父母。孩子说没事,谢谢叔叔,谢谢叔叔。王谷卫叮嘱她骑慢点,不要慌,看她上车骑远了,他才转身走了。

　　也许老天爷也垂怜苦难的人,所以总会让好心人碰到处于困境中的人。应该有好几年了,那天,王谷卫从县城经南山回樟村老家,在人烟稀少的南山段,好像听到有人喊叫,就放慢速度听了一下。确定不是幻听以后,他停下车子循声寻找,发现声音是从几米深的悬崖底下传来的,探头只能看到杂乱的野草,并不见人。他转到稍微平缓的地方探头,才看到一辆摩托车翻倒在沟底,压在一个男人的身上。王谷卫抓着茅草慢慢滑下去,来到那人的身边,挪开摩托车,把那人背起来,寻路攀上几米高的悬崖,把他送到樟村医院,帮他办好一切手续,交到医生手上才回老家。那人出院后,几经打听,终于从一个认识王谷卫的医生那里知道了王谷卫家的地址。他买了两条烟来到了恩人家里,但王谷卫坚决不收。王谷卫说,碰到这样的事,帮他是应该的,如果视而不见,会一辈子良心不安,所以,为了良心的安宁,对这样的事,自己不会袖手旁观。

如今,那个教他成为一个铮铮汉子的父亲已去世,而那个给了他悲悯情怀的母亲也近九十高龄。王谷卫接过他们朴实、善良的接力棒,并把它交到自己的孩子手上,希望他们也能成为一个乐于助人的人,成为一个对社会有益的人,成为一个好人。他告诉孩子们,当看到有人需要帮助的时候,就想想自己的孩子、父母和亲人。如果他们碰到困难,我们也同样希望他们能得到别人的帮助,希望他们被这个世界善待。当你这么想的时候,我们伸出的手又怎么会迟疑呢?

三

常听到有人说,这个世界太复杂,人心太险恶,担心自己帮助别人却被反咬一口,惹上麻烦。我们经常看到这样一些负面的报道,好像在提醒人们不要多管"闲事"。当我问王谷卫有没有这样的顾虑或有没有碰到这样的事情时,王谷卫说了他朋友的故事。

20 世纪 80 年代,他的朋友骑着自行车经过一片稻田,看到一个老人摔在田埂底下。他急忙支好车子跑到田埂下将老人拉了上来,结果老人抱住了他的腿不让他走了,说是他把自己撞下去的。理由很充分——不是你撞我下去的我怎么会摔下去?不是你撞我的怎么会扶我?没办法,这个朋友后来赔了这个老人 500 元钱。在那个年代,500元不是一个小数目。那个朋友又气愤又灰心,他说以后再碰到这样的事情,宁愿绕弯走也不敢帮了。

大千世界,这样的事情还真的有,就像天上也会有乌云一样。但是,我们一

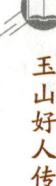

定要相信,乌云不可能永远遮挡阳光。人不可能永远泯灭心底的良知。社会风气一定会越来越好。这就是王谷卫内心坚定的信念。

事迹点评:皑皑白雪,世事苍茫;剪剪春风,人间温暖。当和煦的春风吹过山岗,冰雪背起了行囊,花朵回到了故乡。每一颗心都柔软、歌唱。你就像一缕春风,让失去血色的土地焕发出蓬勃的生机,从而有了秋天和果实的故事。

杏林骄子
——记"中国好人"许丰敏

刘树桢

人物档案：许丰敏，1961年1月出生，玉山县人民医院中医科主任。
主要荣誉：2018年"中国好人"获得者。

请让我们把时间拉回到2018年，一个很普通的盛夏，晨光熹微，照耀在蔚蓝色的河面上，洒下了淡淡的光影，几只小鹧鸪欢快地掠过水面，如飞机划过天空，给平静的水面留下了一串美丽的水波。早起晨练的人们，揉着惺忪睡眼，纷纷从家里来到了河边。在迎风垂拂的杨柳

下，有的打起了太极拳，有的练起了八段锦，一派美丽祥和的景象。

不知谁突然间发出一声尖叫，犹如一声响雷，炸懵了这些认真锻炼的人们。大家循着声音而去，只见岸边几个人在大声呼叫，发现平静的河面上漂浮着一个人。瞬间，一道黑影从人们的视野中一跃而下，快速地游向落水者，托起溺水者的头，掐了一下她的人中，发现她隐隐皱眉，但神志已经不清醒了。于是他一边用左手托着她的头部，防止水进入她的口鼻引起窒息，一边用右手划水前行。一位紧随其后跳入河中的热心市民也在后边帮忙。因为体力透支严重，又要拉着一个人，游了15分钟，他们两人才把溺水者拉到河边。拉上岸后，救护车就来了。他又现场协助护理人员一起对溺水者进行救护，直到病人脱离危险才离开。

这样一件好事，迅速被国家、省、市、县主流媒体进行报道：央视《新闻直播间》、央视二套、《江西日报》、江西卫视、安徽卫视、中国文明网等各级媒体，纷纷

报道江西玉山市民许丰敏勇救落水妇女事迹。"文明江西"微信公众号第一时间推送《清晨,跳河救人,两个陌生人走到了一起》,2个小时阅读量增至20000人次,不到24小时阅读量达100000+、点赞数2900余人次、留言数百条。网友留言:"必须点赞,向两位英雄学习、致敬!""见义勇为!彰显时代精神!!"

媒体的不断报道,终于让救人英雄许丰敏走进了大家的视野,他就是玉山县人民医院中医科主任,一位杏林骄子,一个游泳爱好者。

许丰敏有晨泳的习惯,每天早上会和泳友一起去县城附近的金交水库游泳。当天早上5点40分左右,他走到沿河路时,发现路上聚集了许多人。他走过去一看,冰溪河中有一个人在河中间漂浮。作为医者,他一看就知道是溺水者,于是毫不犹豫地拨开人群跳了下去。

当记者采访他时,他说:"不是我一个人救的,只是我先跳下去,我没跳下去,还是有人会跳下去。当时在岸上的市民担心我下水后,被溺水者抱住,纷纷给我传递雨伞作为工具,岸边钓鱼的市民也把带绳子的渔网扔了下去,大家共同参与了救人行动。当发现还有一位市民和我一起跳下去时,信心就更足了。到岸边后,由于水面离埠头有近两米高,溺水者又比较重,岸上的市民纷纷伸手一起将人拉上去。"朴实的话语,道出了一个见义勇为者的情怀。在生与死的关键时刻,有人会选择迎难而上成为英雄,而有的人却会选择退缩成为弱者,他是前者。

另一位参与营救的市民是玉山县城芳苑路边"樟村香味馆"老板王谷卫,他当天早上去沿河菜市场买菜,当车骑到冰溪河边时,听到有人大喊:"快来人哪,救命啊!"他跑到河边一看,看到河中间有一个人浮在上面。岸上大家都在呼叫,他看到边上一个人脱衣服跳下去了,他也迅速脱了衣服跳下水。两人一起游到溺水者身旁,把女子救上岸。

"虽然我会游泳,但七八年没有下过水了,而且当时河水有三四米深,水流又湍急,一个人下去还是有点怕的。等看到有人脱衣服下去了,我就有信心跳下去了。"王谷卫谈起当时的场景,还是心有余悸,但为了救人,他当时也没想那么多。

我想,当时的那一跳,许丰敏没有想,也来不及去想,一想就可能失去了救援的时间,一想可能就不会跳了,毕竟每个人都珍惜自己的生命,毕竟生命只有一次,毕竟那一跳谁都保证不了不出意外。

但这一跳绝非偶然。"许主任今天能够奋不顾身跳进河中救人,我们一点都不觉得奇怪,他平时在工作中,就是一个乐于助人的好人。"人民医院负责宣传的汪诗雅如是说。

在她的讲述里,许主任就是这么一个治病救人、救死扶伤的好同事、好领导、好长辈。在她的采访本上,有这样一个事例。2020年12月,一位老人带着妻子,天蒙蒙亮就坐车,从南山乡大葛村出来,慕名到医院找许主任打火针,治疗多年的老毛病腰椎痛。可刚好那天他有事请假在家,接到同事电话后,马上放下家里的事,赶到医院进行治疗,后又看他们年纪这么大,转公交车不方便,就直接送他们到汽车站上车。

她还记得,前年5月,一位家住下镇镇毛宅村的老人来看病,因带的钱不够,只能开一个疗程的药。许主任为了不让老人来回跑,主动借钱,开了两个疗程的药,让老人带回家。她还记得,家住紫湖镇川桥村72岁的患者张某,因为腰椎间盘突出,不能走路,是家属抬到医院的。中医科又在三楼,病人上楼很不方便,为了减少家属的麻烦,许丰敏从三楼跑到一楼去给病人看病。

这样的事例,在汪诗雅的采访本上还有很多很多,不胜枚举。前几天,我在采访许主任的时候,恰逢一位患者的儿子,专程跑来邀请他喝他母亲百岁寿诞的生日酒。他说,母亲85岁的时候就患了腰椎间盘突出症,不能走路,是许主任连续上门为她治好的。从那时起,只要母亲一发病,许主任就上门服务。他母亲能长寿,都是许主任的功劳,许主任是他们一家子的大恩人。

英雄也是普通人,救死扶伤是这位普通医生的日常。他已连续3年,利用星期六休息的时间,到南山卫生院开展义诊,每次接诊病人十几二十个,解决了山区人民看病难问题,在家门口就享受到专家门诊。伟大出自平凡,英雄来自人民,许丰敏危急关头的奋不顾身,挽救了一条鲜活的生命,诠释着"医者仁心"的内涵。今天,让我们一起致敬这位平凡英雄不平凡的纵身一跃!

事迹点评: 潜心钻研,驰骋杏林,妙手仁心,弘中华传统,医八方百姓;纵身一跃,舍己为人,见义勇为,扬社会美德,写人间大爱。大爱无私,跳进湍急的河流,用自己的言行,践行世间凡人的伟大壮举。从此,中国多了一个好人。

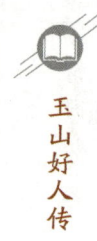

危难时刻凸显退役军人大爱情怀
——记"中国好人"吴令

杨卫琴

人物档案:吴令,1974年12月出生,玉山县文成镇毛塘村人,退伍军人。
主要荣誉:2018年"中国好人"获得者。

一

2018年2月6日晚,江西省上饶市玉山县电视台的记者接到一个奇怪的电话。打电话的人叫赖灯火,他请求记者帮他寻找一个好心人——一个救了他和同伴的性命却没有留下名字的陌生人。敏感的记者产生了浓厚的兴趣。原来,事情的经过是这样的:

2018年2月6日傍晚,赖灯火及同伴3人从樟村镇干完活回家,在经过沙溪岭时发生了交通事故,车子冲下几十米深的悬崖。当时天已擦黑,在疼痛、惊惧的煎熬中,他们突然看到有人砸开了车窗,同时焦急地询问他们的情况。"我们得救了!"精神上一松弛,人立马就昏了过去,迷迷糊糊中,赖灯火只感到自己被拉出来,又趴在哪里,摇摇晃晃的。山风吹来,很冷,等到醒来,已躺在了医院雪白的病房里,要不是身上疼痛难忍,赖灯火真以为自己只是做了一个不好的梦。值班医生王小飞告诉他:"车祸发生后,每一秒都是黄金救治时间。因你们送来及时,才幸运地得到了有效的救治。"当赖灯火问王医生知不知道是谁送他们来医院时,王医生摇摇头,说只依稀听见有人说那个中年男子好像姓吴,其他的就不知道了。那个男子后来悄悄地离开了。茫茫人海,到哪里去找他们的救命恩人呢?最后,他们想到了电视台,希望通过媒体找到这个好心人。赖灯火说他们真的非常感谢他。

记者听了事情的原委,非常感动。领导得知事情的经过以后也非常重视,经过多方协作、几番寻找,终于找到了这个做了好事不留名的中年男子,他叫吴令。

二

吴令,1974 年 12 月出生于玉山县文成镇毛塘村,共有兄弟姐妹 4 人,他排行老三。父母都是老实巴交的农民,但他们勤劳、纯朴、善良的品格从小就给了吴令深远的影响。1992 年,18 岁的吴令应征入伍,来到北京海军部队汽修连服役。4 年军营生活的锻打,让吴令变得更加优秀。由于大哥在外创业,姐姐、妹妹都已出嫁,年迈的父母需要有人照应,1996 年,吴令退伍回到了玉山老家。

2008 年,吴令的爸爸检查出了胃癌。为了帮爸爸治病,吴令到处筹措医药费。他停下手中用拖拉机帮别人拉沙子的生意,带着爸爸到广东省江门市中心医院做了胃切除手术。不管是术前还是术后,吴令都陪伴在父亲的身边,悉心照顾父亲的生活起居。这一年,吴令的大女儿刚刚 4 岁。由于不能外出赚钱,加上父亲看病又要花钱,吴令花光了所有的积蓄,生活一度陷入了窘境。

屋漏偏逢连夜雨,吴令父亲的病情刚刚趋向稳定,他的母亲又因脑出血偏瘫了。都说久病床前无孝子,在母亲瘫痪在床的四五年时光里,吴令端茶送水,端屎端尿,毫无怨言。所有的邻居都夸吴令是一个大孝子。但是,吴令却认为这是他作为人子应该做的事情。他说,他的哥哥在外打拼不容易,分不开身;姐姐又患有心脏病和风湿病,不能劳累;而他的妹妹已经去世了。

说到这个妹妹,吴令突然难过起来。2000 年,妹妹在广东省江门市打工,有一天在下班的路上发生了车祸。司机逃逸,只留下妹妹一个人躺在坚硬的路上,头上的血汩汩流淌。周围来来往往的人和车很多,但没有一个人、一辆车肯停下来帮她一下。等到终于来了救护车,妹妹已经因为失血过多而变成了植物人。变成植物人的妹妹也是吴令在病床前照顾。一年后,妹妹死了。吴令非常痛恨当时人们的冷漠。他说,如果当时妹妹得到及时的救治,是不会变成植物人的,也许就不会这么早早地死了。

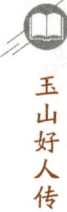

妹妹的死让吴令深刻地认识到,在这个世界上,人的心肠有多热,社会就有多美好。

三

初见吴令,是在他家的出租屋里,客厅空荡荡的,可谓家徒四壁。孩子们都不在家,两个女儿都上自修去了,一个高二,一个高三,儿子还在读六年级。现在租住的房子离一中较近,两个女儿可以自己上下学。儿子在端明小学,每天由孩子妈妈接送。

夫妻俩把我迎进屋,热情地给我倒茶,招呼我吃东西。那种呼呼往外冒的热情让我很感动。我突然明白了为什么吴令会在危及的关头伸出他的手,因为他本身就像一团火,他的生命热情又温暖。

当得知我的来意后,吴令一再说,那只是小事,不值一提。他说:"我只是一个平凡的人,做了一点平凡的事,并不觉得自己有多么伟大。但是,能够得到这么多人的认可,我真的很感激。我曾是一名军人,见义勇为不仅是人的本能,更是军人的责任。我一直以为,生存是为人民服务,当别人需要帮助的时候帮一把,做点力所能及的事,这是应该的。"

其实哪里有应该的事,如果不是一个人心中有善念,他完全可以"事不关己",完全可以"自扫门前雪"。

我一再向吴令说明,让更多的人知道他的事迹的意义,这是精神文明建设的重大举措,号召更多的人向他学习,有助于社会风气的改善和提升,让世界变得更美好。吴令终于开始向我娓娓道来。

在离玉山县城六七十里的群山中,有一条让司机胆战心惊的山路——沙溪岭。曲曲折折的沙溪岭,有数不清的直角弯。山路顺着山势盘旋而上,一边是逼近车窗的高山,一边是深不见底的悬崖,坡陡、弯急,路又窄又长。一般外地的司机都不敢走沙溪岭。

2018年2月6日傍晚5时左右,吴令驾车经过沙溪岭,看到对向驶来的一辆车子笔直冲下高高的悬崖。"不好!"吴令当即将车子靠边停下,一边伸手拦过路车,请求其他司机帮忙,一起到悬崖下救人。山谷杂草丛生、深不见底,只有3个司机愿意和他一起救人。他们拽着杂草、小树,连走带滑下到崖底。只见车子卡在崖底沟坎上,车身已严重变形,也不知道里面的人怎样。这时正是初春时节,天黑得早,山里已是黑沉沉的了。吴令他们撬开车窗,小心将车里的三名伤员移出车外。伤势较重的已昏迷。吴令二话没说,让同伴将伤员放到自己的背上,他背着伤员向半山腰的公路爬去。为防止伤员再次摔伤,吴令背着伤员在前面攀爬,其他司机则在后面用手扶着帮忙

往上推,他们一步一步在荒草、荆棘中寻路前行。吴令手脚并用,也不知道自己的双手被野草和荆棘割破了几次,只知道把人安全送到县城中医院后,身上的衣服已湿透,双手血糊糊的,这时他才感到寒冷和疼痛。

吴令飞快地将伤员送到医院交给医生后就离开了。他并不知道伤员是哪里人,叫什么,更不知道他们通过电视台找他。因为吴令及时伸出援手,三名伤者得到了及时有效的救治,先后康复出院。三个家庭,又分别有了差点丢失的幸福。

2018年5月,吴令荣登"中国好人榜",成为实至名归的中国好人。

四

好人是天生的吗？在与吴令妻子的交谈中,我明白了:一时的义举是平常很多善行的累积,是根植于骨子里的善良,是生命里自带的高贵的基因。

夏天,吴令经常会到金交水库去游泳。有一年,吴令在水库中游着游着,突然看到有人在往下沉。他急忙游到那人身边,发现是一个十六七岁的少年。吴令一把把他拉起来,问他怎么回事,少年说他太累了,身子不由自主地往下沉。幸亏吴令及时发现,及时帮助,不然后果不堪设想。吴令伸出手的那一刻,避免了一个家庭悲剧的发生,挽救了一个少年的生命。那个少年很懂事,不停地对吴令说:"谢谢叔叔,谢谢叔叔。"

因为是生活的有心人,这样的事情他就会发现比较多。

有一次,吴令到横街仑溪去游泳,由于仑溪的砂质好,河道被采砂人挖出了许多十几米深的大坑,如果不是水性很好的人在这里游泳会非常危险。突然,吴令发现有一名男子在那里乱扑腾,越扑腾越下沉。他就赶紧游过去,不料那

男子一把拉住他的手,带着他也往下沉。吴令心里暗叫"糟糕",他一面叫男子松开手,一面用力甩开,然后绕到男子的背后,托住他游到浅水区,慢慢把他弄上岸。

听吴令老婆讲这些事,我觉得很新奇、很震撼,因为在我的经验里,这样的事只出现在书本里,好像离我们很远,没想到它们就活生生地在我们身边上演,而眼前这位敦厚、谦逊的中年男子竟然是一位英雄。难怪在2020年春天新冠疫情防控期间,中国共产党玉山县冰溪街道端明社区委员会因为他表现优秀,而表扬他是一个责任心强、热心肯干的好居民。

2021年年底的一天,吴令在经过七一水库的盘山公路时,突然听到"嘭"的一声,只见一辆小汽车撞到了路边护栏,引擎盖严重变形,发动机冒出了浓烟。车里的一对男女受到惊吓,愣在了车里。吴令一边让他们赶紧下车,一边拿出自己车上的灭火器给发动机灭火。火被及时扑灭了。好惊险的一幕啊。

按照吴令的说法,像这样的小事他碰到太多了,都不好意思讲,怕人笑话。他认为做这样的事只是举手之劳,既然碰到了,就是分内事。

多么朴实的话语。望着吴令,我知道了,吴令被评为"中国好人",实至名归,当之无愧。

事迹点评:纵使人心是沙漠,世界是荒原,只要人人都献出一点爱,这人间将会处处是温暖的春天。吴令,一个平凡的七零后,一次及时的援手,在一个暮色苍茫的夜晚,点亮了三个家庭团圆、安详、温馨的梦。

十四载悉心照顾孤寡老人暖乡村
——记"中国好人"祝钦龙

吴德强

人物档案：祝钦龙，1961年9月出生，玉山县双明镇永久村村民。
主要荣誉：2021年"中国好人"获得者。

引 言

"吴记者，我们村里有一个非常感人的事迹，一位小组长把贫困的孤寡老人接到自己家里照顾，不知道你是否有兴趣来采访一下？"

2018年年初，双明镇永久村的扶贫干部李绪明通过电话联系我，当时我正在做《最美扶贫人》的组稿，听说有这么一个好的素材，于是第二天就驱车前往永久村。

当时的永久村正在筹集资金修建道路，村道远没有如今平坦。经过一番周折，在李绪明的带领下，我来到了祝钦龙的家。

那个时候，祝猫仔老人刚刚过完70岁生日，一见面就拉着我的手说："没想到我这辈子还能过这么热闹的一个生日。"祝猫仔老人眼里闪着泪光，"我这一辈子无儿无女，祝钦龙夫妇对我却比一般人的'儿子'和'儿媳'还亲呐。"

一

祝猫仔和祝钦龙的缘分真正开始还是在2008年。之前作为村民小组组长，他对同村的孤寡老人祝猫仔也多有照顾，但那时祝猫仔身体还比较健康，能够自己做饭、种菜。

"2008年的冬天，天气比较冷，祝猫仔老人受了点风寒，在床上一躺就是几天，此后身体每况愈下。"祝钦龙说。当时他发现祝猫仔老人好几天都没出门，就上门来了解情况，才发现老人已经无法自己做饭菜。于是他赶紧回家，让妻子吴桂花做了点稀饭,拎着稀饭赶回祝猫仔的屋子,喂他吃下去。祝钦龙接连送饭送菜好几天,祝猫仔的身体才渐渐康复。从此祝钦龙就多了一件心事,每天都会到祝猫仔家中看看老人的身体情况,隔三岔五地送饭送菜,照顾老人。

二

2017年,祝猫仔老人的身体也越来越不好。看到老人一个人生活孤苦伶仃,祝钦龙就把自己想接老人到自己家中来照料的想法告诉妻子吴桂花。

"我当时听了也挺支持,一方面是因为老人一个人生活确实很难,另外一方面因为都是乡里乡亲,互相比较了解,所以比较放心。"吴桂花笑着说起老人的很多趣事。"一开始接到家里来,老人还很不好意思,老是想着要帮家里干点活。我就劝他不要见外,就把我和祝钦龙当作自己的儿女一样。"

祝钦龙夫妻俩像照顾自己的父亲一样,为老人洗澡搓背、换洗衣物,还专门腾出一间房屋供老人居住。为了让祝猫仔老人住得舒心,祝钦龙夫妇专门为他准备了软乎的饭菜、暖和的衣裤和崭新的被褥。

祝钦龙的儿子、儿媳也很支持父母的做法,把祝猫仔老人当作亲爷爷一样看待。儿媳妇祝连妹也经常帮着吴桂花一起照料祝猫仔老人。当时祝钦龙家的小孙子俊熙刚刚满一岁,他也对这个"太爷爷"非常亲近。每次祝猫仔老人逗小俊熙乐的时候,小家伙都非常给面子,笑得十分开心。

"他们一家对我真的很好,我自己有时候都会不好意思,怕麻烦他们,想搬回自己房子里去,但是他们一再为我宽心,让我好好在这里安度晚年。"祝猫仔老人带我回了一趟原来的房子,因为常年没人居住,房子里已布满灰尘,破旧不堪。"感谢党和政府的好政策,感谢党和政府的好干部,感谢村里的老老少少,他们都非常关心我,我活在了一个好时代。"祝猫仔说着说着,又激动了。

三

一晃眼祝猫仔在祝钦龙家就住了5年多,如今他已经完全融入了这个家庭,成为家里的一份子。而祝钦龙的善举也经过我和其他媒体人的传播以及群众的口口相传,感动了很多人。

徐海香是祝钦龙夫妇的邻居,见证了祝猫仔老人这几年的幸福生活。"我们村里人都知道他的情况,一个老人生活非常困难。这几年祝钦龙把他照顾得非常好,老头可精神了。"徐海香说。看到祝猫仔老人晚年生活这么幸福,村里人都非常钦佩祝钦龙夫妇,大家都说他们不是一家却胜似一家。

一日行善易,日日行善难。在网络上看到祝钦龙夫妇10多年爱心坚持的网友们也纷纷为他们点赞。"没想到乡村也有这样的大爱!""爱心成就老人的幸福晚年!""远亲不如近邻的升级版!"……网友们纷纷通过各种渠道留言,支持祝钦龙的善举。

2021年7月,在玉山县委宣传部的推荐下,祝钦龙获选"中国好人"。

四

2022年元宵节前一天,我再次来到永久村。此时村里的面貌已经焕然一新,到处都干干净净。"村里这么干净,也得感谢祝钦龙的敬业付出哩!"这次还是李绪明为我带的路,他告诉我,如今祝钦龙是村里聘请的保洁员,工作得到了村民的一致认可。

"过年这段时间,乡亲们都从外面打工回来了,所以生活垃圾会比平常多好几倍。"祝钦龙说,"有的时候一天就得清运20多车垃圾。"

在每日繁忙工作的同时,祝钦龙依然把祝猫仔老人照顾得非常好。走进祝钦龙家中,吴桂花正在煮水饺给老人吃。"水饺软乎,老人比较爱吃。"吴桂花笑着舀了一大碗端给老人。

"太爷爷,我这个水饺最大了,也给你吃。"已经长大的小俊熙如今是两个妹妹的哥哥了,他非常懂事地把自己碗里的水饺也夹给祝猫仔老人,惹得大家笑开了花。

当我问起祝钦龙获得"中国好人"有什么感想时,他的回答却依然很朴实:"我感觉自己就是做了一个乡里乡亲应该做的事,没想到国家还给我这么高的荣誉。"祝钦龙说,他和儿女们都已经商量好,会一直照顾老人到老,让老人的晚年生活一直幸福下去。

事迹点评:莫怕桑榆晚,真情暖人心。用十四年的悉心照顾,让孤寡老人安享幸福晚年,拥有一个温暖的家。你是夕阳的守护者,用爱点亮晚霞。

江西好人

鼓浪屿大海救人英雄
——记"江西好人"胡洪高

王耀忠

人物档案：胡洪高，1967年出生，江西玉山人，长期在外从事建筑行业。
主要荣誉：2016年"江西好人"获得者。

一

2016年5月21日，厦门鼓浪屿下着小雨，来自广东惠州的小雷和朋友随团在这里游玩。11时40分，小雷为了拍照，站到了栏杆上。朋友按下快门的一瞬间，却传来小雷的惊叫声。由于栏杆湿滑，小雷不慎掉进海里，海水很快淹没了她的头部，一旁的同伴吓得大声呼救。

听到求救声，同样来自广东的游客黄子能跳入海中。几分钟后，黄子能却未能施救成功，患有高血糖的他因体力不支也陷入险境。

岸边的游客、市民见状纷纷施援手。有人拿皮带，有人拿防晒服、丝巾，放到海里，试图让小雷、黄子能抓住，好将他们拉到岸边。遗憾的是，无论是皮带还是衣服，长度均不够，救援陷入困境。

胡洪高，来自江西玉山一个偏僻的小山村，在鼓浪屿从事装修工作。21日11时55分许，他在工地做完事后与一名工友途经钢琴码头，见一名女子在岸上哭泣并不停地呼救，立马走上前，看到一名中年男子和一名年轻女子在海水里奋力挣扎，女孩漂浮在水面上，脸色苍白。岸上的人把皮带和衣服连成一股，试图搭救落水男女，但因距离远根本够不着。

"当时恰逢涨潮，水深有两米多，又下着雨，水温较低。"此时，胡洪高来不及多想，拿出手机脱下裤子交给一名路人暂为保管，来不及脱掉上衣就一头扎进海里朝着小雷游去。幸好岸上的人找来一根尼龙绳，胡洪高拼尽全力将小雷托至岸边，将尼龙绳绑在她腰上，众人合力将小雷拉上了岸。随后，胡洪高再游向黄子能，抱着他游到岸边，借助尼龙绳成功上岸。

胡洪高说，小雷被救上岸后，躺在地上一直发抖。救护车赶来后，他顾不上自己全身湿透，陪着小雷到医院急诊室。在确认小雷无大碍后，他才悄然离开。

事发时一直在现场的河南开封籍青年刘先斗用手机拍下的视频记录了事发经过。从视频上可以看到，现场一片混乱，围观的人起码有好几百人，大家都无计可施，胡洪高就是在这种危急时刻挺身而出的。

刘先斗告诉记者："我也是一名游泳爱好者，自认为游泳技术也不错。当时的情况真的很紧急，我几次想跳下去救人都不敢。4米多的水位，周边全部是光秃秃的海堤，没有一个地方可以抓手，自己爬上来都是个问题。"

和胡洪高一起共事三年的玉山籍工友胡海峰告诉记者："他平时就是个热心肠，大家有什么困难找他，从来不拒绝。这次他救人的事迹在当地反响很强烈，他是我们的骄傲。"

《厦门日报》《海西晨报》《海峡导报》和厦门电视台等当地媒体迅速报道胡洪高英勇救人的事迹。

2016年5月31日，厦门市思明区举行表彰大会，对胡洪高进行通报嘉奖，并奖励5000元。

6月2日，记者从玉山县文明办获悉，该县文明办和上饶市文明办向江西省文明办、中央文明办推荐了胡洪高的先进事迹，中央文明办将胡洪高列为2016年6月份"中国好人榜·见义勇为人物"候选人（编号130号），在中国文明网上公布。

二

带着感动,记者来到了玉山县仙岩镇胡洪高老家。

20 世纪 60 年代初出生的胡洪高,从小学到初中接受的教育,就是学英雄见行动。刘胡兰、黄继光、罗盛教、邱少云、草原英雄小姐妹、雷锋等英雄形象令人崇敬,胡洪高从小就有英雄的情结。

提起胡洪高跳海救人的事,村民开始七嘴八舌地议论开了。"当时现场那么多人,胡洪高却不顾生命危险跳入水中救人,这与他平时肯帮人的性格有很大关联。"胡洪高的邻居说。

"洪高是我们全村的骄傲,他是真正的英雄。"村支书激动地说道。

对于英雄的定义,"2006 中国骄傲"颁奖典礼总导演陈衡庭有着自己的看法。他觉得英雄是一种行为,是普通人在灾难来临的那一刻所表现出来的责任、勇气、智慧、爱心。"英雄本身就是普通人,就生活在大家的周围,可能就是你的亲人、朋友和邻居。"

是的,做英雄不需要惊心动魄,只需要一点智慧和勇气。支撑社会精神的就是这些普通人。

事迹点评:危急时刻,你当机立断。下海救人,你无畏果敢。我们只看得清你的背脊,却记住了你的豪爽。救人很危险,你始终坚持,海浪中你演绎了一曲平民英雄的动人赞歌。

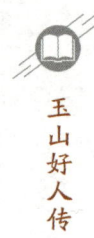

生命的托举
——记"江西好人"胡昌礼

张和海

人物档案：胡昌礼，玉山人，曾在部队服役，系武警浙江总队衢州支队军官。
主要荣誉：2018年第四期"江西好人"获得者。

"这是一名军人应该做的，以后遇到这种事情，我还会毫不犹豫。"胡昌礼用坚定的语气对记者说。

港口村地处南山乡中心地带，村庄倚山面水，从高处往下看时，就会发现河流和山脉几乎把村庄与外界隔开，仿佛这里的人和自然已经高度融合。通常，村子里很安静，有时人们聚在门前聊天。虽然村子附近有公路可以通到外面，但村子里的人很少出门，他们非常喜欢安静的环境。

初夏的一天傍晚，一阵呼救声打破了港口村的宁静，一名女子驾车不慎冲入河中。胡昌礼看到后，跳进河里将落水的女司机救起，当年的胡昌礼是武警浙江总队衢州支队军官，正在办理转业手续。

3分钟救起女司机

事发时，胡昌礼正好带孩子在附近散步。他发现对面有车子冲入河中，赶紧请他人照顾孩子。"当时情况比较紧急，我边跑边脱衣服，以最快速度跳进河里。"胡昌礼回忆说，当时就一个念头——救人。

胡昌礼告诉记者,整个救人过程大概3分钟。

他介绍,路面到河里有数米落差,当时河水最深处可漫过成年人的脖颈。"女司机不会游泳,已经从驾驶室内爬出来,趴在引擎盖上。车里已经浸了水,正在下沉,女司机吓得不知所措。"把女司机救上岸后,胡昌礼最担心车里还有其他人。他返回河里,确认车里没人,悬着的心放下了,并帮女司机把贵重财物从车中取出交给她。

女司机名叫晓芳(化名),那天她从上饶县开车前往玉山县南山乡探亲。"以前没有开过这样的山路,弯很多很急,拐过这个弯时就懵了,感觉撞到了什么东西,回过神来时,车已经在河里了。"晓芳回忆。"那时真的很害怕、很慌张,当看到河对岸很多人跑来帮忙时,才感觉踏实了很多。"晓芳心有余悸。她说,自己真的非常幸运。

被救到岸上后,女司机说手机、钱包、手提电脑这些东西都在车里。"还有没有人在里面?"胡昌礼追问。听到没有其他人在车内后,胡昌礼松了一口气。接着他又返回河里,帮她把贵重财物从车中取出。做完这些后,胡昌礼游回了对岸,在村民的称赞声中,返回了家里。

记者了解到,晓芳被救起后回了亲戚家,经初步检查,仅轻微磕碰,受到惊吓,并无大碍。

"当时大家刚好吃完晚饭,见有车冲进河里了,都赶来帮忙。胡昌礼跑得最快,一下子就跳进河里把人救起来。"村民说。

胡昌礼英勇救人的视频被村民们发到微信朋友圈后,迅速收到大量点赞并被转发。他的事迹也传到所在部队。

之前也曾下河救人

记者获悉,这不是胡昌礼第一次下水救人。

"那一次,我正好从部队回家探亲。邻居用船运送餐桌到河对面时落水,我立即组织村民下河救人。"胡昌礼回忆。

2005年春节,天空雨水一直落个不停,胡昌礼从部队请假正往回家的路上赶,路边村落里不时有爆竹声响起,山乡处处洋溢着节日的喜庆气氛。当他转过一道山弯的时候,突然一声喊叫打破了山谷的宁静,春节期间,这条行人不多的山路更是清静。胡昌礼赶紧往喊声方向观察。令他没想到的是，不远处有一条湍急的河流，一名村民驾船过河时，因下雨，水流很急，船突然翻了，村民被扣在船底。情况十分危急，来不及多想，略通水性的胡昌礼一边呼喊，一边纵深一跃跳进了河里。

"跳下水后才发现水已经淹没到胸口了，但那时候真没有时间来害怕，救人要紧。"那是一条老旧的木船，胡昌礼用尽全力翻过船底，发现船主被牢牢压住了。胡昌礼一手将船主往外拉，另一只手费力撑起沉重的木船。由于惊吓过度，船主完全不知所措。在胡昌礼的帮助下，镇定下来的船主缓慢游向河边。当船主被救上岸以后，闻讯赶来的村民见船主安然无恙，一个个对胡昌礼竖起大拇指。他那纵身一跳救了一个家庭。后来船主和家人几经周折才联系上胡昌礼，想表达感谢。"这就是一件该做的事，当时跳下河也没想这么多。"胡昌礼婉言拒绝对方好意。他还反复叮嘱船主，以后出行要小心。

"我是一名转业军人，在部队训练过游泳，身体素质比较好。部队的教育和训练，给了我勇气和能力。"胡昌礼说。

记者了解到，36岁的胡昌礼在办理转业手续。他说，转业不转军人作风，退伍不退军人本色。群众有危难时，救援是条件反射。"虽然我在办理转业手续，但我永远牢记自己曾是军人，以后也要继续为社会为百姓付出和奉献。"胡昌礼说。

部队为其申报三等功

胡昌礼所在的武警浙江总队衢州支队支队长吕志法对胡昌礼赞不绝口，称赞他讲正气、讲正义，有品质、有担当，组织纪律观念非常强。"胡昌礼救人行为体现了军人舍我其谁的担当精神。他救人是发自内心的自觉。"吕志法说，胡昌礼还在办理转业手续。

武警浙江总队衢州支队派人

赴玉山对胡昌礼救人之事进行详细调查走访,为其申报三等功。"5月26日,部队已经派人赶到玉山县,对此事进行详细了解。支队已向武警浙江总队领导汇报,领导对此非常重视。"吕志法说。

事迹点评：那个托举的形象,如同你今生引以为豪的军礼。你跳入水中抢救一名陌生人,在人们充满阳光的心底站起。你用英雄无悔的双手,将人世间最美的道德高高举起,用生命中最善良、最美丽的人性雕刻军功章。

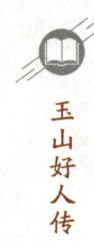

再次面临危险,我还会上前施救
——记"江西好人"饶春林、毛鹏建

封凡礼

人物档案:饶春林,1973年出生,玉山县六都乡郑家墩村人。毛鹏建,1994年出生,广丰区湖丰镇人,在玉山县公安局冰溪派出所工作。

主要荣誉:2019年第三期"江西好人"获得者,2019年第三期"上饶好人"获得者。

河水无情人有情

2019年4月13日晚上,冰溪河玉山大桥附近发生的一起河中救人的事,让数百名围观者舒了一口气,纷纷叫好。

4月12日—13日,连续下小雨,冰溪河暗长了水量,生长起顽野的性子。它裹挟着那些碎末和泡沫,冲击着岸沿的沙砾和枯枝,冲撞着河坝与水中的廊柱,发出低沉的哗哗声。

晚上8点钟左右,一个女人越过桥栏,瞬间坠落河中。正走在玉山大桥上的人们被这突如其来的情景惊恐失色,纷纷朝向桥西侧,看向河面漂浮的黑影。也许河水的冰凉和对死亡的恐惧激发了她对生命的留恋,她在水中扑腾,不时露出整个脑袋,随冰凉浑浊的河水向下游漂去……

接到110指挥中心来电的毛鹏建与同事放下正在处理的案件,乘小汽车风驰电掣般赶到冰溪河边。毛鹏建与在河边散步的市民饶春林一同发现河面上一个女子漂浮着,两人简短交流后,一路小跑并撕脱外衣,气喘吁吁地来到玉山大桥的侧下方,欲救河中人。

扑通一声,饶春林从护栏一侧跳下河,溅起一个巨大的水花。水下几十厘米处,一个污水涵顶面给饶春林左脚一个重重的钝击,左脚一时麻木。人命大于天的意识和游泳技术的娴熟驱使他扑向昏黄的水面并奋力泅去。冰凉的河水泼溅他的眼睛,冲洗着他的头发,也以无比巨大的力量抗拒着他的勇敢。一阵阵隐隐的痛感袭来,他预感不能用脚在水下划行。冰凉的河水狂拽着他的身体,似乎要把他狠狠地拖到数十米外河水翻腾的坝上去。"水冲力太大,左脚跟被撞伤了。"他告诉自己。艰难地游出五六米后,他被湍急的水流冲回岸边。

岸上围观者越来越多,人们七嘴八舌,有人说这么危险不要再试了。他没回话,再一次奋力向河中游去,又被浑浊的河水冲得退了回来。

浸在急速流动的河水中的毛鹏建也一心想着怎样救人。他身后二三十米处,汹涌的河水滚过拦水坝发出轰响。毛鹏建试图联合饶春林把人救上来,喊话饶春林:"我们再一起游过去!"听说饶春林左脚跟受伤,这个不甘心认输的年轻人嘱托市民照料饶春林,自己想办法救人。

毛鹏建用力游向河中,一米,两米……河水像被激怒了一般,席卷着气喘吁吁的毛鹏建。渐渐地,毛鹏建体力不支,被水冲回岸边。他又游了一次,仍旧被水冲回岸边。岸上的人们十分为他们担心。毛鹏建的同事拿来救生绳,毛鹏建把绳向河中女子抛去。女子紧紧抓住安全绳,毛鹏建和同事终于慢慢将女子拉到河岸边。赶来的消防员从岸边放下软梯,毛鹏建助力女子上了软梯。女子在众人的帮助下凭借软梯上了垂直的堤岸,被急送医院。

路见危难我就管

在县公安局冰溪派出所值班室,笔者见到了毛鹏建:个子中等,短发,国字脸,眉宇显得刚毅,话语爽快利落。

他说起前不久救人的事。

去年冬季的一个下午,四点多钟,毛鹏建驾车和妻子回广丰区老家去。在玉广公路冰溪街道金交村段一个转弯处,他们偶然看到两车发生了碰撞,一辆小汽车车头严重受损,车体不断漏油,然而没人上前帮助施救。毛鹏建让从事医护工作的妻子一同下车,上前了解情况紧急救人。他迅速把小汽车停在适当的位置,随后与妻子一同往事故车辆奔去。

毛鹏建知晓司机腿部受了皮肉伤,还知道后排座椅上的孕妇受伤,此时急救很紧要。三言两语之后,毛鹏建和妻子从小汽车转移下来后排座椅上的两个人员,却拉不开小汽车的左门。确认司机只是受皮肉伤后,毛鹏建从后方伸进手去使劲拉动司机座椅,把小汽车左前门与座椅之间拉出一点空隙,车门终

于打开。向110报告车祸现场情况，目送120急救车运走受伤的孕妇后，毛鹏建和妻子告别了受伤的车主，继续向广丰区方向赶路。

生活中，毛鹏建十分热心；工作中，毛鹏建也很拼。2019年冬天，短短几天县城发生近十起敲碎小汽车窗玻璃偷盗财物的案件。为了制止违法犯罪，保护车主的利益，维护城市生活秩序，毛鹏建决意与犯罪人员进行一场智慧和耐力的较量。经请示领导和嘱托家人，他自驾车辆连续几个夜晚在县城巡视和观察，希望能发现可疑人员，追寻窃贼的踪影。

凌晨4点钟，在一家早餐店门口，他发现三个年轻人口袋装得鼓鼓的，而且他们守护的电瓶车上没有插钥匙，怀疑此三人就是惊动全体巡防人员的窃贼。毛鹏建与嫌疑人一阵斗智斗勇，在其他人员的协助下，将三名未成年人乖乖带进了派出所接受讯问……循线索，系列盗窃案告破。

不管是上班时间还是下班时间，路上看到纠纷或事故，毛鹏建都会上前询问或及时帮助。他说也许这是职业习惯。路见纷争上前规劝，开车送迷路的老人回家，资助生活窘迫的人……他经常这样做。"自小父亲就告诉我，只要是善事，不管有没有人看见，都要大胆做！"毛鹏建的话语掷地有声。

做好事不为回报

2022年2月19日，在万柳洲社区冰溪明珠小区，笔者见到在家养伤的饶春林。自从2019年4月13日在冰溪河救人后，左脚跟粉碎性骨折术后后遗症一直困扰着他。过去的两年多时间里，他接受了相关单位和众多爱心人士的资助（善款3万余元），受到江西省体彩中心资助和上饶市政法委嘉奖，还受到县委宣传部、所在乡、所在村等部门单位的关照。在谈起江西省身边好人颁奖会后回到玉山县城被县主要领导接待时，他一脸自豪的神色："领导问我有啥需要帮助的，我说没有。"他的思想是做好事的意图不是为了获取回报，而是为了帮人解决危机之后的安心和快乐。

2019年，饶春林在冰溪河救人之后，又做了几件大好事。

2019年秋季的一个夜晚，十点钟左右，饶春林参与亲戚家的丧事后一个人赶路回家，路过乌鹰村老路的一处石桥，偶然看见相熟的一位乡邻骑摩托车在桥面坑洼处摔倒。伤者嘴巴流血，告诉他需要帮忙。他用手机拍摄现场，而后拨打120急救电话，并通过当地村干部联系到伤者的多位亲人……他从伤者入住的医院回来时,已经是深夜一点钟。

  2020年初,玉山县疫情最为严重的时候,饶春林在自家所在的小区出入口当班值守两个月。后来,由于冰溪明珠小区众多居民的推崇和拥护,饶春林自愿担任小区卫生费催收员,临时负责本小区卫生安全管护工作。服务近两年时间,他没有收取任何名义的"操劳费"。

  2021年5月1日夜晚7点20分许,一个女子在玉虹桥欲寻短见,被饶春林从桥栏内侧用力地拽了过来。了解女子的委屈之后,饶春林建议警察对其丈夫进行道德法治教育。随后,警察把女子和其丈夫带离。驻足现场的市民对饶春林的大胆和正义感表示敬佩,饶春林解释说路见危难就要帮忙,见义勇为是社会提倡的事,也是自己一贯坚持的原则。

  自告奋勇护送邻村的中蛇毒女孩进县城医院抢救,从家乡的小河里捞起溺水者并施救,在小饭店把人家遗落的钱包归还……饶春林做的好事一时说不完。

  饶春林和毛鹏建都认为见义勇为不仅对他人有帮助,对和谐社会的建设有帮助,对自己也很有帮助。一个人做的好事越多,得到的正向激励和帮扶越多,抵制不良风气侵蚀的能力越强,自己的生活运势就会越好。

  《道德经》有言:"重积德,则无不克。无不克,则莫知其极。"(语义为我们要无我无私地默默为众生服务,不断地累积善德就能攻无不克。如果能做到攻无不克,一个人的力量就会无穷大。)这个道理是不难明晓的。这正是人们所说的积善之家必有余庆,积德之人必有后福。

事迹点评:他们是普通人,是人群中不显山不露水的存在。他们毅然向前,直面危险来临;他们伸出援手,从深渊中救出人命;他们勤恳敬业,创造幸福生活。他们是不平凡的,他们用勇敢和善良生动诠释了"好人"的含义。

一道亮色充满正气
——记"江西好人"柯平亮

杨七芝

人物档案：柯平亮，1972年3月出生，玉山县太平村上洋畈人。

主要荣誉：2020年10月被玉山县文明办评为"玉山好人"，同时被上饶市评为"上饶好人"。2021年7月30日被江西省文明办评为"江西好人"。2021年光荣地被玉山县宣传部、人民武装部、退役军人办评为"最美退役军人"。

迎难而上　奋不顾身

柯平亮在读高二时功课非常好，家中突然遭遇一场劫难而陷入贫困。平亮是个好孩子，向父亲提出退学，老柯说卖田卖房也要供他考上大学。父亲一夜的劝说也没能动摇平亮，他选择了到浙江去打工，来减轻父母的负担。

从早到晚在工地背水泥、拌沙石，肩颈与手都磨出了层层血泡，衣服太单薄就用水泥袋捂着，球鞋破了露出脚趾头仍旧穿着，吃住在工地，风餐露宿的日子寒碜至极。但平亮想起父亲打仗时不畏牺牲勇敢拼命的精神，就忍了下来，三年来多少能给家庭增加一点生活费。经过这一场脱胎换骨的痛苦磨砺，他深知幸福生活来之不易，更要发扬老红军艰苦朴素、省吃俭用的优良传统。

不久柯平亮就入伍了，继承了他父亲保家卫国的夙愿。

他1990年入伍，1993年入党，1995年毕业于江苏徐州空军后勤学院，1995年至2000年在浙江衢州86466部队服役。在那里受到部队的教育和熏陶,他勤奋学习、刻苦训练,经常受到领导的表扬和鼓励,并多次被评为优秀士兵。

岂料,在部队的一次突发事件中,危险时刻柯平亮为了抢救战友的生命舍身忘己地冲上去,结果受了重伤。在治疗中,他以钢铁般的顽强毅力与病魔做长期的斗争。在病痛极难忍时,他想到过死,但一想起父辈们在战场上的流血奋战精神和顽强的毅力,就马上克服肉体上的疼痛,获得了生命的洗礼。

2000年,他荣幸地转业了,在玉山县水利局当干部。退伍不褪色,他乐于助人,在危难时刻敢于身先士卒,奋不顾身地冲上去!他像一道亮丽的光,照亮人间,经常闪现在我们的眼前……

以党员标准军人本色严于律己

作为一名党员,柯平亮处处严格要求自己,无论走到哪里都以一名党员的身份去认真做事,把军队的光荣传统带到地方。他是这样想的,也是这样做的。

2004年的一天,柯平亮骑了一辆摩托车,正下班回家,途经玉山将军庙时,猛然看见两夫妻抱着一个孩子,满脸焦急。孩子已经昏迷不醒,脑袋无力地耷拉着,双手也下垂着。他一看情况不妙,立马上前,让他们坐上摩托车,以最快的速度把他们送到了医院。经医生极力抢救,小孩总算脱离了危险。后来这夫妇俩找到他,想表示感谢,被他婉言谢绝了,因为他觉得作为党员在危难时刻显身手是很正常的,何况是救小孩!"只要人人都献出一点爱,世界将变成美好的人间……"他平时很爱唱歌,这首歌的旋律始终萦绕在他耳畔。

2010年夏季的一天,柯平亮途经玉山十七都大桥去田畈村,在十字路口发现一辆拉煤的小货车为了避免与一辆大货车相撞,小货车急转方向,把边上骑摩托车过来的一家子压在下面:男主人连同车子一起被压在货车下面,动弹不得。小孩被狠狠地抛出摩托车外,满脸是血,坐在路边哭喊着父母。他妈妈被摩托车压着脚也动弹不得。平亮看到现场觉得情况非常紧急。他有着军人应对事件的镇静和敏锐,马上到国道线边上的汽车修理铺借了两副补车胎的千斤顶,沉着稳定地施展救援;又喊上看热闹的人过来帮忙,先照顾那个受伤哭泣的小孩,为救护车到来前争取了宝贵的时间。把伤员送上救护车后,柯平亮就离开了现场。他觉得没有理由亮出身份,既然自愿救人,就不需要炫耀自己的功劳。

在这个世界上,谁都会遇到困难,可只要柯平亮碰到,就会毫不迟疑地伸出

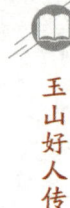

手去援助他人。

他的爱人怕他太吃亏曾经反对过,可他舍身忘己,见义勇为,依然不改军人的本色。

有一日,天气特别炎热,他与家人一起赶到玉山工干群水库去游泳避暑。那里人多很热闹,只见一群小伙子扑通扑通地跳进水库,想游到中间的一个小岛上。深水处的波浪蓝蓝的,在不断地滚动着。当时他看见一个小伙子游到中间就开始挣扎,人直往下沉,双手在胡乱扑腾着。他估计小伙子溺水或者脚抽筋了,平亮突然抓了一个救生圈,以最快的速度游到溺水者边上。那人却一把抓住他的头发拼命地往下压。他忍着疼痛,一只手抓住那人的手,另一只手把救生圈直接给他。在慌乱中小伙子抓住了救生圈,把抓他头发的手放开了。此刻平亮才放宽了心,一边安慰他,一边推他上小岛并叮嘱他,叫他不要游到深水处,那里很危险。随后,柯平亮什么也没想就默默地离开了现场。

赴汤蹈火　使命担当

奋进中的柯平亮似一道亮丽的风景线。

2017年12月的一天,柯平亮看到同事陈冠模躲在办公室的角落里偷偷地抹眼泪,他热心地上前了解了情况。原来老陈16岁的女儿在上海治病,已经没有钱支付医药费,他借遍了所有的亲朋好友,现在连去上海的路费都没有了,所以一个人在悲伤地哭泣。平亮二话没说,马上义无反顾地召集了所有的战友,请大家向陈冠模伸出援助之手。经过大家共同努力,总共获得28700元的爱心款。虽然在这个过程中遇到好多困难,但当他把爱心善款交到陈冠模手里,看到他泪流满面时,他觉得再累再苦都是值得的。患难与共、肝胆相照,帮助急需帮助的人,平亮动用了军人与微信群的力量,解决了贫困人的难题,令人敬仰。

玉山县水利局的扶贫单位是紫湖镇的大举村,柯平亮曾经在那做过扶贫专干。看到农民住在偏远贫困的山区,几乎与世隔绝,部分村民生活来源匮乏,他想方设法号召有爱心的人士到那里扶贫帮困。2019年,在各位爱心人士的帮助下,他筹集了部分资金,购买了满满一卡车的床上用品和扶贫物资。当他们瞧见贫困户喜出望外的笑脸,大家的心情是最愉快的。

在任何困难与危险来临之时,平亮都会忘我地挺身而出。虽已退伍,但他绝不忘记红领章和红帽徽,以及保家卫国的使命担当。

路遇险难　机智勇敢

2020年10月6日下午5时，上饶恒剑公司4名员工乘坐一辆江铃特顺面包车返回途中，行至玉山县岩瑞镇田畈新320国道与老国道交叉路口时，迎面冲出一辆后八轮渣土大卡车。只听见一声巨响，两者瞬间发生剧烈碰撞。卡车连同渣土压在面包车上。江铃特顺面包车严重变形，油箱破裂。就在4名伤者在变形的车内无法动弹半昏迷时，柯平亮刚好路过那里。"怎么办？"为了赢得宝贵的抢救时间，他突然想起平时为了寻找石头，随车准备了一根钢钎。"就是它，这个宝贝可以派上用场了！"他从车里迅速取出一根钢钎，敏捷地撬开车厢和玻璃，但抢救非常艰难。他使尽九牛二虎之力，才从里面背出伤者，小心翼翼地将四位伤者安顿在适当的位置。当时他很担心伤者会失血过多，焦急地等待着救护车。等了十来分钟，救护车很快到了，他赶忙将伤者送上了救护车。当时情况非常危急，四位伤者卡在车内，车子在漏油，围观的人中有人在抽烟，他立即叫人停止吸烟，抢救伤者，如果不及时救出，后果不堪设想。等救护车开走后，他也疲惫不堪、满身是血地回家了。后来才知道，其中有一名伤者手臂断裂，大骨直接外露，一名伤者断了八根肋骨，一名伤者胯骨粉碎性骨折，一名伤者脑部受伤。经过博爱医院长达两个多月的治疗，四名伤者已全部康复出院。在住院期间，四位伤者寻找救命恩人的念头一直没有停止过。

经多方打听才知道是转业军人柯平亮。10月的一天，四位康复者终于寻找到县水利局，见到了救人不留名的无名英雄。当大红锦旗送到他手里时，五双激动的手紧紧地相握着，此时无声，泪流满面……

2021年9月2日，柯平亮被评为"上饶好人"，事迹登上了《上饶日报》。殊不知，义无反顾地舍命救人，奉献仁爱不图名利的行为，被今年50岁的柯平亮足足延续了38年。殊不知，做一件好事很容易，但要做一辈子的好事很不容易。

"天有不测风云，人有旦夕祸福"，谁也预料不到生命中突然飞来的横祸。因此，我们的社会需要像柯平亮这样乐此不疲的好心人，他们时刻想到祖国和人民的利益。

亲近热土　爱护民众

柯平亮说："无论在工作还是生活中，我都记住自己是一名共产党员，随时

以一名党员的身份来要求自己;无论何时何地我都记住自己是一名军人,在任何困难与危险来临之时,我都会毫不犹豫地挺身而出。虽然我退伍了,但我决不褪色!"

在洪水肆虐时,柯平亮总是带领股里的同志们去面对惊心动魄的场面,抢救国家财产,保护老百姓的生命安全。一次次地陷入绝境,一次次地被洪水冲走,平亮都用智慧和力量化解困境。然而在最困难的时候,母亲却重病住院了。(平亮是个孝子,四位老人生病,他都精心照顾着。)他只好白天去防洪救灾,晚上再去医院陪伴老母亲。等特别肮脏的洪水退去后,他们却感到浑身疼、痒,需要一段时间的治疗。

2022年农历年前,恒通汽车城老板与他一起到四股桥脱贫户家中送了食品、被子、取暖器,真是雪中送炭呀!他说,让人内心与生活温暖起来,也是他们的最大快乐与愿望。

在玉山柯平亮参加了玉山县新长征退役军人志愿服务队、"城市让友爱出发"等多个志愿者爱心团队,专门关怀退伍老人、留守儿童,送衣物送食品,探望弱势群体。

十几年来,柯平亮无私无畏地帮助过近300人,如迷路的、困难的、生病的、被遗弃的、孤寡老人与小孩。

习近平主席说:"一个有希望的民族不能没有英雄,一个有前途的国家不能没有先锋。"柯平亮具有赤胆忠心的家国情怀、鞠躬尽瘁的牺牲精神,他是我们学习的楷模,是新时代的先锋。

事迹点评:满腔热血救人于危难,一生正气化险于绝境。他秉承父辈公而忘私、舍生忘死的革命传统,总是见义勇为、不图名利,危难之处显身手。不忘自己是党员,是军人,退役决不褪色,用一道生命的闪光照亮人生的正义之路。

替父还债　用行动书写信用人生
——记"江西好人"董佳俊

吴慧敏

人物档案：董佳俊，1989年7月出生，玉山县冰溪街道居民。

主要荣誉：2018年"江西好人"获得者，2018年第一期"上饶好人"获得者。

2014年，董佳俊的父亲董冬林因业务需求，去外地洽谈业务，不幸途中发生交通事故当场死亡，致公司停产倒闭并被玉山县人民法院查封。突如其来的人生变故让刚毕业一年的董佳俊一时无法面对，"不敢想象这是真的，至今不愿意相信自己就这样没有爸爸了"。听说父亲身亡的那天夜晚，董佳俊一夜没合眼，"只希望天赶紧亮，然后爸爸开门进来告诉我，他还好好的"。

董佳俊没等来父亲开门，却等来了劳动仲裁的电话。在玉山县劳动监察局大厅，面对父亲公司讨薪的员工，看着农民工模样的他们，用浓厚的方言和自己说父亲欠发他们多少工资，董佳俊明白，父亲已经离自己而去，而他作为家中唯一的孩子，要在此刻承担起照顾家庭的责任，同时履行父亲未完成的义务，足额发放公司员工工资。董佳俊表示，从小父亲就教育自己，做人要诚信，不论是平时生活还是经营企业，唯有坚持诚信才能够长久，特别是农民工的工资，能发的一定要及时发。于是面对父亲公司员工的讨薪，董佳俊说："这些欠款都是你们的辛苦钱，只要能够还，再苦再累我也一定还上！"经过协商，父亲公司的员工们与董佳俊达成初步共识，董佳俊接过已故父亲应履行的发薪义务，员工们给予他足够的时间厘清资料、筹措资金。

在玉山县劳动监察局工作人员的帮助下，董佳俊明确自己的父亲一共欠发52名职工近25万元工资。对于一名刚毕业不久的大学生来说，这笔资金不是一个小数目。虽然"替父还债"意味着要承担起巨额债务，也意味着自己未来一段时间的生活轨迹和人生规划将完全被打乱，但是董佳俊认为，如果父亲此刻在场，一定会支持我、肯定我的选择。于是，他开始着手处理父亲名下工厂里剩下的货物,讨要公司未收的货款。"很多货款因为都是熟人生意,没有凭证,知道我父亲去世后,很多人就不承认了,有的至今还未追回。"虽然在筹措还款资金的过程中遇到很多困难,但是董佳俊没有气馁,更没有放弃"替父还债"的计划。"爸爸从小告诉我要'严于律己,宽以待人','己所不欲,勿施于人'。""严于律己,宽以待人",世上有很多逃避责任的事例,但不代表自己也要逃避责任;"己所不欲,勿施于人",如果自己是父亲公司的职工,一定不愿意被欠薪甚至欠薪不还,所以自己要替父亲履行发薪的义务。"我想,不论别人如何对我,坚定做我内心觉得正确的事情总是不会错的。"经过不懈坚持,董佳俊用真诚和努力赢得了很多人的支持和帮助。经过多方筹措资金,当年8月份董佳俊就筹措了9万元支付了部分工资;2015年1月,又再次集中偿还了2.7万元工资。此后董佳俊四处奔波打拼,又陆陆续续地偿还了部分工资。2015年9月,经玉山县劳动监察局和玉山县人民法院沟通协调,由法院解封该公司库存焦炭、块煤等有效资产用于支付职工工资。但仍有9万多元工资,暂时无力偿还。在玉山县劳动监察局的协调下,董佳俊取得了52名职工的谅解,职工们同意其延缓还债。

"不是没有想过放弃,也不是没有想过逃避,但是想到那些工人……唉,家家都有难处。"开始还父亲的欠薪时,董佳俊不是没有羡慕过同龄人,也不是没有打过"退堂鼓"。但是,他在还欠薪时了解到,在父亲公司上班的大多是农民工,挣的工资刚刚够家庭开销。几千块的欠薪对他们来说可能是孩子下个学期的学费,也可能是他们年迈父母一年的药费。有一名周姓师傅,原先是董佳俊父亲公司里的搬货师傅,还有6000多元欠薪没拿到手。有一天,周师傅火急火燎地找到董佳俊,说:"孩子,不是叔叔逼你,是叔叔的娘正躺在医院里,可我给我娘买药的钱不够啊,实在是找不到人借了,你能不能先还我,让我把药钱给我娘续上。"看着眼前快要跪下的中年男子,董佳俊马上把身上能拿的钱全部拿出来,让周师傅先去给母亲买药。在努力筹措还款资金的那段时间里,每每想到像周师傅这样的职工可能不止一个,董佳俊就更想快点凑够钱,赶快把他们的工资交到他们的手上。

  转眼两年多时间过去了,在这两年时间里,董佳俊却从未放下"替父还债"这件心事。他一方面在外打拼,努力赚钱,另一方面四处联系转让父亲留下的厂房。经过两年多的努力,他终于筹足了资金。2017年12月1日,董佳俊主动联系玉山县劳动监察局,要求在劳动监察局的监督下支付剩余欠发的工资。用董佳俊的话来说,"工人的工资应该支付。当初父亲出差洽谈业务也是想让公司发展得更好,有充足的资金来支付工人工资。我这么做也是父亲想看到的"。经过两年多的努力,900多个日夜的坚持,资金一点一滴地汇聚,欠薪一笔一笔地还清。在二十几岁的年华,董佳俊经历了人生阵痛,在阵痛中孕育出信誉之花,为父亲的信用人生画下句号,也为自己的信用人生写上重要一笔。

  水遇绝境成飞瀑,梅花经雪香浓郁。回想这段替父还债的经历,董佳俊认为,"身处其境时很艰难,但是咬着牙也就坚持过来了,其间获得过很多善意和理解,还得到了很多帮助。这件事锻炼了我处理事情的能力,这将成为我人生中一笔宝贵的财富"。面对命运、面对责任,这个90后玉山小伙用"替父还债"的历程书写了一个精彩的"信用人生"。如今,他也在大家的祝福声中成立了小家庭,继续书写信用人生。

事迹点评: 明明自己正经历人生的阵痛,却仍为父亲公司的农民工考虑,用稚嫩的肩膀扛起父亲的身后事,替父亲履行发放工人工资的义务,从弱冠到而立,经历了人生阵痛的董佳俊,用行动为父亲的信用人生画上一个句号。

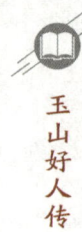

上饶市道德模范

照顾软骨病养女二十余年的"最美妈妈"
——记上饶市道德模范徐日花

王耀忠

人物档案：徐日花,1954年12月出生,玉山县双明镇郏家村村民。

主要荣誉："感动上饶——最美母亲"、玉山县2012年"十大身边好人"、上饶市首届道德模范。

天上落下"小天使"　再苦也要养

玉山县城,冬日的早晨,天气寒冷。一线阳光透过义垄埂路高大的梧桐树,洒落在街道边一幢简陋的民房。虚掩的大门里,徐日花正抱着女儿郑慧琴从里间走出来,尽管女儿瘦小,但毕竟是20多岁的姑娘,因此她有些气喘吁吁。徐日花将郑慧琴安顿在特制躺椅上,动作麻利地为女儿洗完脸,转身到厨房盛了碗粥,开始一口一口地喂食。这里的房子大都是20世纪90年代建造的,街面不宽,但却繁华。不时有人以及汽车和摩托车从门前经过。也许是暖阳的缘故,也许是母亲恰到好处地喂食,郑慧琴嘴里不时传出"呀呀"的声音。虽然这声音低沉有节奏,却听不出其中的内容,但徐日花心里清楚,这是女儿高兴的本能反应。

不一会儿,一碗米粥吃完,徐日花刚想再盛,还没起身,女儿嘴里哼哼声突然急促起来。

"要尿尿了是不？等下,妈妈抱你到里边去尿。"

徐日花抱着女儿,走进了房间。一手拿着尿盆,一手托着女儿腰身,最后帮慧琴穿好裤子,她熟练却有些吃力地做着这一系列动作。

"她现在应该有60多斤,本来我是抱得起的,但上星期我摔伤了,现在很吃力。"徐日花的右腿膝盖、右臂肘关节上,仍涂着红药水。那是五天前的中午,她抱着郑慧琴去外面晒太阳时,脚下不小心被一块小石头绊了一下。由于全力护住女儿不让女儿落地,她的右腿膝盖、右臂肘关节严重受伤,腰也扭伤了。

入冬以来,天气一天比一天寒冷,因为担心慧琴受凉,徐日花给在火车站做搬运工的丈夫打去了电话:"我抱不动慧琴,你早点回家,我还要给她换被子。"

徐日花今年60岁,出生在浙赣交界处的古城村,年轻时曾是古城公社女排中的一员。

在女排这个大熔炉里,徐日花学会了坚强,更学会了感恩。

时间过得真快,一转眼几年过去,徐日花到了谈婚论嫁的年纪。经媒人介绍,徐日花嫁给了双明镇郑家村长她两岁的郑亨美。婚后不久大儿子出生,两年后又接连生了两个小儿子,家里本来就穷,又添几张嘴,日子就过得更紧巴了。好在徐日花与丈夫身体好,犁田打耙、割谷栽秧,两个人辛苦地劳作着。

日子虽然过得辛苦,但也算得上美满。1991年的夏天早晨,村庄的晨曦沾着雨露,树林里不时传来清脆的鸟鸣,村民缓缓的脚步仿佛停留在往昔的时光里。

那天,徐日花像往常一样起了个大早,正准备到门外抱捆柴火生火做饭,拉开大门时,突然看见大门边有一个用棉袄包裹的婴儿,包裹边上有一瓣栀子花。

徐日花想:这个弃婴会不会是隔壁浙江常山球川哪户人家的呢?在当地,姑娘、媳妇、婆婆都爱栀子花,每到花季,满山遍野栀子花开,就连几里路外的行人都能闻到栀子花香。

"我一开门,就看到一个女婴躺在纸箱子里。"徐日花提起当时的情景,至今记忆犹新。女婴身上穿着两件上衣、一条裤子,边上有一瓣栀子花,除此之外,

箱子里什么都没有留下。她马上就能判断出来,这个女婴是被人遗弃的。

"我一直想要个女儿,看着女婴红扑扑的脸蛋,我很高兴。"徐日花叫醒了睡梦中的丈夫,满心欢喜地说,天上掉下个女儿。

"带大三个小孩,你不知道吃了多少苦,现在还要再带一个,你还嫌苦日子不够长吗?"丈夫郏亨美的话,让徐日花有些为难。但看着手中熟睡的女婴,她下定决心,"三个孩子我都带大了,不差这一个"。

"不管怎样,我们还是要先弄清楚女孩到底是哪个方向来的,等以后孩子大了也好有个交代。"郏亨美提醒道。

"你这么一说,我倒是想起那次到常山球川做客时,看见隔壁那户人家儿媳妇正怀着孕,想要一个男孩,结果又生出一个女孩,于是就抱出来了。我想是那户人家的孩子。"徐日花同丈夫说出了自己的想法。

"你怎么就那么肯定呢,说不定是个巧合呢!"郏亨美说道。

为了探个究竟,几天后,徐日花独自来到球川打听。她在那户人家门前停下,老人家正从外面回来,一见到徐日花就低着头装没看见似的从她身边走过。她上前一步问道:"你儿媳呢?"

"你可别乱说呀!我哪里有儿媳?"老人家说道。

"住在你家的孕妇不是你儿媳?"徐日花惊诧道。

"那是我娘家的一位远房亲戚,她早就回家坐月子去了。"

听见对方这么一说,徐日花心里全明白了,她扭头就走开了。

疾病降临 养母不离不弃

很快,徐日花收养女婴的消息在全村传开。有人劝她,你日子过得紧巴巴的,不要去惹这个麻烦了。"抱出去万一没人要,孩子还不饿死,跟着我,我吃什么她吃什么,苦就苦点,总不至于活不成。"徐日花并不理会,正式宣布收养这个女婴,取名"郏慧琴"。

白天,徐日花背着女儿与丈夫到田里劳作,晚上她将小慧琴抱在怀里,嘴里哼着儿歌进入梦乡。

有一年夏天的傍晚时分,徐日花背着小慧琴在地里摘绿豆,眼看天空阴云密布,马上就要下雨。

豆角还未摘满一篮子，就起风了。只见东北方一大片乌云像山峰一样压过来，又响起了几声闷雷。徐日花心想，可不能让绿豆烂到地里。她连头都没抬一下，她的心全在豆角上。

黑云越滚越近，电光一闪，咔嚓一声，一个炸雷炸响了！徐日花这才意识到暴雨马上就要来了。她忙伸手捂着小慧琴的耳朵，身子不由自主地抖动了一下。转瞬之间，风裹着雨像瀑布一样浇下来，徐日花母女被淋成了落汤鸡。

徐日花手提篮子，背着小慧琴一口气跑到家里，一屁股坐到门槛上，呼哧呼哧地直喘粗气。随后她将小慧琴放到床上，用毛巾擦去女儿头上的雨水，这才整理起绿豆来。

阵雨来得疾去得也快，大约半个时辰就停了。这时小慧琴突然开始咳嗽起来。

徐日花开了门，心疼得直埋怨自己。打那以后，她再也不带女儿到地里干活。

小慧琴长到两岁时，身体状况没有任何好转。徐日花将她带到上饶求医。经过全面检查，医生告诉她，小慧琴可能得的是软骨病，这辈子都不会走路。徐日花不死心，与丈夫一起抱着小慧琴到杭州、上海等大医院就诊，结果答案都一样。

四处求医　期盼奇迹降临

"徐日花抱了个不会走路的女娃！今后长大怎么做女红？"一时间，消息很快在村里传开。

"不会做女红不要紧，不会走路我会照顾她！"徐日花仍然没有放弃，她更加细心地照料小慧琴，每天除了洗衣做饭，大部分时间把小慧琴抱在手里。

一天晚上，小慧琴突然浑身抽搐起来。徐日花以为女儿感冒了，喂女儿吃了几片感冒药，抱在怀里睡着了。谁知第二天更加严重，小慧琴喘得上气不接下气，憋得满脸通红。喘的时候，从嗓子深处发出一种难听的蜂音。徐日花急得像热锅上的蚂蚁，四处打听，寻医问药。

民间偏方用遍，如香油炸鸡蛋、蜂糖炒鸡蛋、韭菜根炖鸡蛋，在犁铧面上煎鸡蛋……

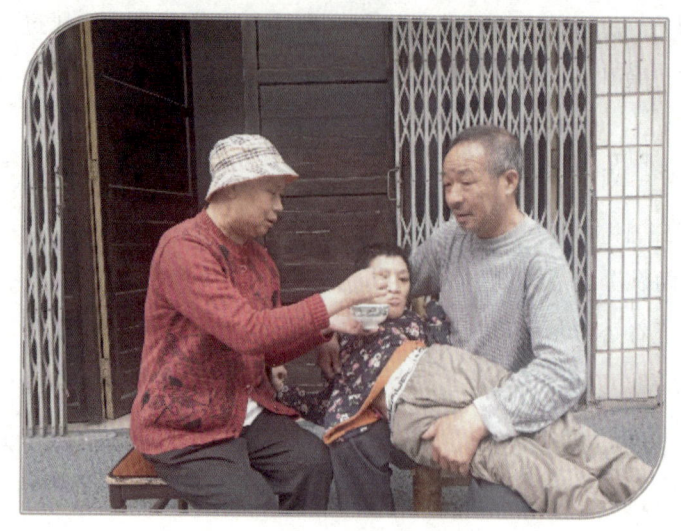

吃了几个月鸡蛋,没有效果。又用煤渣泡水,甚至用牛屎蛋泡水,喝了一段时间也没有效果。

"家里穷,没什么吃的,只有两只母鸡,每天下一到两个蛋,我舍不得给儿子们吃,全部省下来给小慧琴吃。"徐日花说。听说吃排骨能补钙,她经常到肉摊上去买一小块排骨回家炖汤,只给小慧琴一个人喝。为此,儿子们没少生她的气。

一天有人对徐日花说,江山大桥有个毛医生针扎得好。徐日花一听,像看到救星一样立马去了。

江山大桥距双明有二十多里路程。路不好走,要翻山过河,所以村上的人很少去那里赶集。

早上七点,徐日花背着小慧琴从家里出发。小慧琴紧紧地贴在母亲的背上,两手无力地圈住母亲的脖子,头歪在母亲的肩上,像坐摇摇车,晃晃悠悠的,很温暖,很舒适。徐日花实在背不动了,就坐下来歇一会儿。一路上,徐日花气喘吁吁,汗流浃背。徐日花用瘦弱的身体背着女儿。母爱,让她把潜能发挥到极致。

来到江山大桥已经是上午十点钟,走进毛医生诊所,首先映入眼帘的是一个人俯卧在床上,光着膀子,脊梁上扎着七根明晃晃的银针……徐日花看得心惊肉跳,因为她从没有见过这样的治病方法。

等了好长时间,徐日花终于和毛医生接上了话。她把女儿如何得病,如何治疗说了一遍,一边说一边抹泪,生怕漏掉一个细节。

回到家,徐日花按照医生的建议,精心调养着小慧琴。

十岁那年,按照农村风俗,徐日花与丈夫商量,要给小慧琴过一个生日。

一大早,徐日花夫妇就张罗开了。郑亨美到双明集市上割肉买菜,徐日花为小慧琴换上一身崭新的衣服,让儿子照应着女儿,她随即在厨房里忙开了。

上午十一点多钟,随着一阵鞭炮声响过,小慧琴生日庆典正式开始,虽然来的客人不多,但却充满了喜庆。

席间,有人说上饶灵溪有位老先生对疑难杂症有独到疗法。抱着一丝希望,徐日花背着小慧琴去了。老先生对小慧琴进行了一番检查后,说:"我先给你开五服草药。如果服完,身体有所反应,你就再来。"

连续五天,草药服完,小慧琴除了拉了一回肚子,没有其他任何反应。

徐日花心有不甘,又将女儿抱到灵溪。这一次,老先生并没有开任何药物,说:"你女儿的毛病我治不了,你还是另请高明吧!"

"不瞒你说,我连上海大医院都去过了,他们说的和您说的一样,我是不甘心啊!"徐日花回答。

日复一日,年复一年,小慧琴年龄一年年增长,但她的身体却始终不能坐、不能站,更没有语言的交流。

尽管知道女儿患的是软骨病,是目前医学不能医治的疑难病症,但只要听说哪里有医术高超的医生,徐日花便会不顾路途艰辛前去问诊。二十多年来,她带着女儿四处寻医问诊不下百次。

十多年前,徐日花的大儿子在玉山县城买了一块地,盖了一栋三层小楼。为了方便照应女儿,徐日花跟着住进了城里,很快她也有了孙女。这些年来,徐日花的家里发生了很多变化,唯一不变的是她对慧琴的爱。徐日花说,这么多年的朝夕相处,她早已把慧琴当作是自己的亲生女儿了,她也会一直照顾下去。

"我一直在想,等我不能动了,慧琴怎么办?"徐日花说。让她欣慰的是,她坚持了这么多年,家人都很理解。

"给慧琴洗澡的时候,10岁的孙女在旁边递毛巾、拿衣服。儿媳妇买了什么好吃的回来,从来不藏着掖着,第一个给慧琴吃。"徐日花说。慧琴的不幸她没办法改变,她只希望用自己的爱来减轻慧琴的痛苦。

有人问徐日花:"你这是何苦,怎么就舍不得将女儿放到福利院?"

"这么多年都习惯了,放到福利院让别人照应我还真舍不得呢!我想好了,自己抱不动,就让儿子、媳妇还有孙女们,轮流帮着照应!"

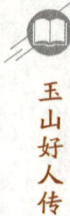

　　小慧琴不会站立、不会说话,徐日花一有空就给她讲故事,还时不时地唱几句歌给女儿听,和女儿进行着心灵的对话。

　　"世上只有妈妈好,有妈的孩子像块宝,走进妈妈的怀抱,幸福享不了……"

事迹点评: 为何你的脊背不再挺直?因为你把沉甸甸的责任时刻抱在手上。情深似海,母爱如山。整整二十年,在不离不弃养育软骨弃婴的道路上,你用一个农村妇女最朴实的恻隐之心,在人们心湖中荡起最美的涟漪。

历尽苦难再前行
——记上饶市道德模范夏爱群

陈新平

人物档案: 夏爱群,男,1971年11月出生,江西玉山人,确有专长中医师,玉山县首个非营利中西医结合门诊部创始人,创办起全县第一个为残疾人服务的爱心网——中华普爱网。

主要荣誉: 2012年被上饶市委宣传部、文明办评选为道德模范,荣获民政部、中国红十字会、中国宋庆龄基金会、环球慈善杂志社共同颁发的"环球慈善奖"。

命途多舛当自强

1971年12月24日,夏爱群出生在玉山县横街镇一个偏远的山村里。刚满周岁那年,小爱群不幸患上小儿麻痹症。可怜天下父母心,父母倾尽所有,带着小爱群四处寻医问药,无奈受当时医疗条件所限,仍未能改变他肢体残疾的不幸,年幼的小爱群,自此失去了正常行走的能力。

"天行健,君子以自强不息"。命运的坎坷未能击垮夏爱群幼小的心灵,反倒激起他生命的浪花与命运的抗争。乖巧懂事的夏爱群在小学时,就以超越常人的勤奋,孜孜以求地畅游在知识的海洋里,成为品学兼优的好学生。为丰富自己的阅历,他拄着双拐、拖着病残的双腿,尽可能地参加课外活动,既加强体能锻炼,又拓展自己的知识面。

16岁,正是花季一般的年龄,还是一个懵懂少年的夏爱群,却深深地陷入对今后人生之路的思考。身躯残疾并不可怕,可怕的是心灵上的残疾,对于双腿残疾的夏爱群来说,生活给予他太多的艰辛、太多的坎坷,但是他没有埋怨命运的不公,没有妄自菲薄,而是毅然决然地与命运抗争到底,坦然地笑对人生,精彩地生活在这个世界上。

也就在这一年,父母从报纸上看到了有关张海迪的事迹,并将她身残志坚,自学中医针灸医治自己的疾患,用所学医学知识为乡邻病患服务的先进事迹讲给夏爱群听,夏爱群的心灵深处再一次被深深地触动了。

为走出一条属于自己的路,创出一番属于自己的事业,针对农村缺医少药、群众看病难的实际情况,征得父母同意,夏爱群毅然决然地报读河北省中医学院,利用3年时间,含辛茹苦地进行函授学习,较为全面地掌握了中医基本理论与医疗技术。

毕业后,在老家横街卫生院,夏爱群又拜当地一名颇有名气的老中医进行临床实习,在老中医的言传身教下,夏爱群的医疗技术有了很大长进,成为一名医务工作者。从此,夏爱群暗暗下决心,一定要成为一个合格的、有爱心的医务工作者,为人生的目标而奋斗,这也是夏爱群的初心吧!

2006年3月,在有关部门的扶持、亲朋好友的资助下,夏爱群在县城创办了全县首家非营利性的中西医结合门诊部,取名为"普爱",意为"普天之下,爱心永存",即希望普天下的人都伸出援手,更多地关爱社会弱势群体,关爱残疾人的身心健康。

助残济困献爱心

"生之所托,医之天职",身为医护工作者,夏爱群时时以救死扶伤为己任,"若有疾厄来救者,不得问其贵贱贫富;长幼妍媸,怨亲善友,华夷愚智,普同一等,皆如至亲之想"。他把唐代名医孙思邈的这句名言作为座右铭,恪守医德医风的准绳,把患者的利益作为心中的"晴雨表",以为患者服务为白衣使者神圣的天职。家住农村,离诊所有4里多远的吴大爷,已入古稀之年,患脑中风偏瘫卧床已有3个多月,家人慕名请夏爱群前去诊治。夏爱群二话没说,挂着双拐,冒着酷暑,一步一挪地赶往吴大爷家中,给吴大爷测血压、针灸、喂服药汤,连续坚持了一个多月，直到吴大爷生活能够自理。吴大爷逢人便说："夏医生医术高、医德更好。"

73岁的患者郑老太，因患白内障导致视力下降近乎失明，来找夏爱群诊治。夏爱群接诊后多次上网为她查询最新的治疗技术，并拄着双拐，带着郑老太访遍当地颇有名气的眼科医师，直到联系好医师，为郑老太做了复明手术。

也许是因为自己是残疾人，对残疾人患者，夏爱群更是分外理解和同情，倾尽别样的爱心，有时甚至分文未取为他们治病。为更多地关心残疾人健康，夏爱群把他的爱当作一种职责、一种义务。残疾人王菊花，靠捡破烂维持生计，生活十分拮据。她多次找夏爱群就诊，夏爱群每次都热情接待，切脉问诊，并免费提供药品，从没拿过一分钱，让王菊花十分感激，都不好意思去看病。

自创办普爱门诊以来，为孤寡、残疾人患者总共减免了多少医疗诊费，连夏爱群自己也说不清。

更多地关注残疾人，更好地为残疾人服务，是夏爱群一如既往的追求。2007年12月，夏爱群在省里参加省残联会议，得知一位双腿瘫痪的残疾人生活十分困难。会后，夏爱群为他举行了募捐活动，将捐得的5000元及时送到他的手中。2008年3月，夏爱群前往浙江省江山市，为一个特困的精神病患者免费送医送药，多年来，持续关注，从未间断。2010年为家住冰溪镇268社区的残疾又身患多种慢性病的侯萍送医送药。

传递爱心办网站

残疾人是一个特殊的群体，更是社会的重要组成部分，更应得到社会的理解和关爱。身为残疾人的夏爱群，深感残疾人生活的艰辛与痛楚。多年来，他以心系残疾人的缕缕真情，多次向社会各界和有关部门呼吁，请他们奉献爱心，为残疾人搭建救助的平台，撑起爱的蓝天，让更多的残疾人享有健康美好的新生活。

爱心是最美丽的风景，更能拉近与残疾人的距离。在有关单位和亲朋好友的资助下，2007年，经过多方筹措，夏爱群自费创办了"中华普爱网"，设有"普爱风采、普爱互联、普爱援助、爱援中心、捐赠通道"等栏目，成为全县当时自办爱心网的第一人。

"我办网站的宗旨是为了传达爱心，弘扬'一方有难，八方支援'的传统美

德,弘扬爱的奉献,为更多的老弱病残等社会弱势群体,提供救助、康复机会和平台。"夏爱群满怀深情地如是说。汶川地震、舟曲特大泥石流发生后,夏爱群不仅在残疾人中带头捐款,还在网站上呼吁更多的人心系灾区解囊相助。

有付出,终有回报。"普爱网"创办以来,引起社会各界的广泛关注和支持,县内外各界人士、企业家纷纷伸出援手,积极参与这项爱心行动。温州皮鞋外贸经销商李燕林,因夏爱群的精神而感动,帮助夏爱群在温州筹备募捐工作站,以加强经济发达地区各界人士、慈善机构与玉山残疾人的联系,更好地为残疾人服务。

历尽苦难再前行

不为残疾所困,坦然笑对人生。在做大做强普爱门诊的同时,踌躇满志的夏爱群与上海交通大学量子检测中心取得合作意向,引进量子医学。量子医学检测是一种新兴的快速、准确、无创波谱检测方法,特别适用于疾病和亚健康的检查。其检测项目主要有心脑血管、骨密度、微量元素、血铅、风湿病、肾病、血糖、肠胃、肝胆、脑神经、妇科、前列腺、骨病等30多种检测项目。量子医学的检测对致残病的早发现、早治疗有着不可估量的作用,夏爱群引进这个技术后,广泛地与国内外的基金会和慈善家联系,专门为残疾人进行免费的体检,以更多的渠道解决残疾人就医、康复及健康检查等社会性问题。

2018年,为了更好地提升自己的业务技术水平,夏爱群又自费前往北京、上海的医学院校进行学习与深造,去结交更多的良师益友。在北京学习期间,他联动北京的资源,有中国中医科学院、北京中医药大学的教授。他还和民间有名望的一些中医专家共同搭建平台,通过论坛等形式选取出民间确有专长绝技的中医专家和传承人,其中不乏在治疗和康复上有着高超技艺和临床经验的民间高手。

通过平台挖掘民间"简、便、廉、验"特色中医药疗法,因为夏爱群深知,中医药是中华民族文化的一朵奇葩,是国粹,对中华民族的繁衍、昌盛有着不可磨灭的

贡献。在中华大地，民间有很多的高手，需要我们去发掘和传承。夏爱群是民间中医药文化的主流传播者、推动者，他要让深藏民间的祖国中医药文化瑰宝绽放灿烂光芒，为世人的健康再添砖瓦。

夏爱群用自己的初心，践行自己的使命，一直向未来。

夏爱群说："作为弱势群体的他们一般都生活贫困，生存、康复都是很艰难的现实问题。我希望帮助更多需要帮助的残疾人走出家门，融入社会大家庭，让普爱的阳光照亮每一个残疾人的心灵，更殷切希望我们整个社会人人都能用慷慨、宽容、善意、奉献精神，实现人生价值。"

"医者仁心、公益慈善"对于夏爱群来说是一项任重道远的事业，他以一颗火热的赤子之心和默默无闻的工作，坚守着一个医者对国家、对社会、对慈善事业的职责和神圣使命；他以医者的崇高境界甚至自己的宝贵生命诠释了"大医精诚"的医道；他践行初心，以高尚的品行为我们做出奉献社会的表率。

事迹点评：他是在逆境中奋起的自强不息的肢残医务工作者，把奉献写在人生的第一页，被人们亲切地称为"爱心使者"。他是身残志坚的有志青年，用残缺的肢体同命运抗争，弘扬公益精神，用款款深情，为残疾人的健康事业撑起一片天！

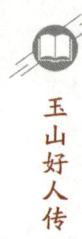

美丽的山茶花
——记上饶市道德模范汪静红

叶琳利

人物档案：汪静红，1968年12月出生，玉山县百货公司下岗女工。

主要荣誉：在玉山县2013年"凡人善举·感动你我"活动中获得表彰，2012年被评为上饶市道德模范。

玉山大地，冰溪两岸，历史悠久，民风淳朴。汪静红侍奉公婆、照应小叔的事迹感动着许许多多的人。

2015年3月14日上午，玉山县人民医院病房里格外安静，远远就能听见呼吸机"咕噜咕噜"在不停作响。张慧军平躺在病床上输液，眼睛微微睁开，但很快又闭上，看上去很虚弱。仔细看，他的脸色比一般人要黄，脸上和身子有些浮肿。

汪静红神情凝重地坐在一旁若有所思，不时伸手抚摸丈夫的额头和手心。她的双眼红肿，显得十分憔悴。她告诉记者，5天来，丈夫不能坐起身，没有开口说过一个字，连哭都不能哭。一位护士轻声告诉记者："连续5天，汪静红不眠不休地为丈夫祈祷平安。"

诊断显示，张慧军患肝腹水晚期，而且病情正在急剧恶化。因肝内有大量腹水导致张慧军昏迷，随时会有生命危险。必须切除张慧军体内已经失去功能的病肝，然后把一个健康肝脏植入体内，这个过程就是肝移植，俗称"换肝"。医生说，尽早进行肝移植手术是保命的唯一办法，如不及时手术，存活概率几乎是零。为救身患肝腹水、急需肝移植的丈夫，汪静红做出了一个决定，她要捐出自己的肝救丈夫。

这是一场爱心与病魔的赛跑，更是一场生与死的搏斗……

一

汪静红，今年54岁，家住玉山县城冰溪镇，是玉山百货公司下岗女工。1997年7月，经热心人介绍，美丽善良的29岁姑娘汪静红和在县人民医院保卫科工作、刚与前妻离婚带有一个10岁女儿的张慧军结为夫妻。虽说是一个再婚家庭，汪静红却尽到了一个家庭妇女的责任，上孝敬公婆，下关心小叔子，关爱大女儿，一家人过得其乐融融。

当时针拨到1998年10月的时候，汪静红那个和睦幸福令人羡慕的家庭生活却经历了冰火两重天。刚结婚一年多的他们正沉浸于喜得贵子的喜悦中，谁也料不到不幸接踵而至。先是一向健康的婆婆李凤兰得了乳腺癌，接着是大女儿张敏得了白血病，再到后来小叔子

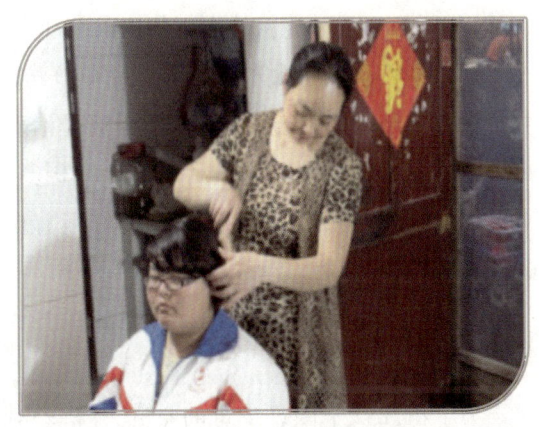

张慧庆得了精神分裂症，妯娌高付英又得了尿毒症，丈夫张慧军又得了糖尿病，一家人的生活重担全压在了汪静红一个人身上。

接踵而至的灾难，汪静红坦然面对，虽然右手臂有残疾，但她却当起了家庭的主心骨：一面靠起早贪黑外出摆摊挣钱养家糊口，一面积极筹钱医治照料亲人。

汪静红从娘家借来几万元钱买了旋转木马，挣到钱用于补贴家用。起初，小叔子和妯娌没病的时候，还能照看摊位。自从小叔子和妯娌相继生病后就不能正常照看摊位了，照看旋转木马的任务又落到了汪静红身上。

二十平方米的小屋里，靠墙的是一张婆婆的单人床，汪静红在床边加了一块木板供自己栖身，床上铺着一块很大的塑料布，塑料布上又垫了褥子，因为婆婆大小便失禁，她只有这样才能尽可能地避免弄脏床单被褥。一张小课桌放电视，一个简陋的灶台同时又是餐桌，床下和墙角堆放着衣物。

汪静红每天的时间都被安排得满满当当：早上6点，开始为一家人张罗早餐，她帮婆婆穿衣服，给她洗脸、梳头，把早餐送到婆婆面前，再回过头来叫醒熟

睡中的女儿和丈夫,然后拉着载有玩具的板车往沿河路方向赶。到了沿河路城管部门划定的摊点后,汪静红顾不上擦汗,立即从板车上卸下玩具轨道车,熟练地组装好一节节轨道,把玩具小火车调试好,把座椅擦拭干净后,一边吃家里带来的咸菜稀饭,一边等候顾客的到来。在这样的早晨里,汪静红开始了一天的忙碌。

中午12点,汪静红又匆忙赶回家,做饭、喂饭,下午2点再赶回旋转木马摊位。下午6点钟,她又匆匆赶回家中做晚饭、做家务,服侍婆婆睡觉。有时木马生意好,汪静红就顺势从外面带些快餐拿回家来充饥。

别人经营玩具小火车是为了谋生和挣钱,但汪静红挣钱是为了家里几个病号,每天的经营所得全部用于一家子病号治病。丈夫张慧军身体有病,但还是每天帮着妻子轮流照看家里几个病人。10多年来,在婆婆、小叔子、继女、妯娌、丈夫等亲人相继患病的情况下,汪静红拖着自己瘦弱的身体,悉心照料丈夫家的亲人们,毫无怨言。

二

为了撑起这个困难重重的家庭,汪静红到自己的娘家借款,把自己的房子卖掉,先后筹集了50多万医药费,用于医治患重病的亲人们,自己10年没有添置过任何衣服。婆婆的乳腺癌在花去了10多万元后,病情有所好转,但丈夫与前妻生的女儿张敏在花去了30多万医药费后不幸离开了人世。每周小叔子夫妇俩吃药、做血透的钱要2000多元。夫妇俩省吃俭用积攒下来的2万元用完后,汪静红只得回娘家向哥嫂们借。今天1000元,明天2000元,几年下来经济状况不是很好的娘家人先后借给了他们10多万元。

在汪静红的努力下,虽然妯娌患尿毒症还在医院继续治疗,但是患乳腺癌的婆婆、患精神病的小叔子、患糖尿病的丈夫三个亲人的病情得到了有效的控制。

婆婆逢人就夸"俺修来的福,摊上一个好媳妇"。

汪静红没有向任何人求助,只身一人带着家人到医院看病。每天做饭、洗衣服,伺候一家子四个病号,饮食起居、吃喝拉撒,她做得周到又体贴……看着儿媳这么辛苦,婆婆时不时抱怨自己没用,净给儿媳妇添麻烦,汪静红劝慰婆婆,让她安心养病。当丈夫看到妻子操劳的模样,他哭了。男儿有泪不轻弹,只缘未到动情处。他说:"静红跟着我受了太多的苦,我是既心疼又甜蜜,娶到这么好的媳妇是我八辈子修来的福分。"

15年来,照顾一家老小和四个病号的重担就这样无情地落在了一个女人身上。汪静红日复一日照料一家老小,任劳任怨,不离不弃。冬天要烧炉子,汪静红每天早早起来给炉子添炭、掏灰;为一家老小洗衣服、为婆婆擦洗身子,手冻得又红又肿,膝盖不知磨破了几层皮。

旋转木马是家庭唯一的生活来源,虽说家事繁多,但汪静红从未歇过一天。2013年,中央电视台邀请她去做一个栏目专访。从未出过远门的汪静红是多么想看看外面的美好世界呀!可是,到北京来去至少要一个星期,家里的病号怎么办?汪静红陷入了沉思:自己从小生活贫困,嫁给张慧军还没过上几天好日子,一连串的苦难接踵而至。几年来靠着旋转木马的微薄收入、亲邻接济、四处借贷、变卖家产,一家人才得以相互扶持、相依为命、艰难生活。她太想利用电视这个平台道出自己的心声,然而如果去北京,一家老小谁来照顾?经过一番思考,汪静红很快做出了放弃去北京的决定。

在汪静红的眼中,婆婆和丈夫家人就是她在这个世界上最亲近的人。婆婆久病卧床、大小便失禁,但却从未患过褥疮。为了能照顾好一家四个病号,汪静红还到新华书店买来医学护理方面的书籍,照书上说的一一实践,快成了称职的"护理专家"。寒冷的冬天,为了防止婆婆长褥疮,她每天给婆婆擦洗身子、活动筋骨、敷药按摩、洗漱更衣、倒屎倒尿,及时换洗床单、被褥。春夏之交,她将婆婆抱到窗前晒太阳。性格好强的婆婆,脾气也越来越大,汪静红就经常提醒自己,不能惹婆婆生气,要多说体恤婆婆的话,多做让婆婆高兴的事。平日里木马生意再忙,她都会抽出时间同婆婆聊天,给她讲外面发生的事情,读书读报,尽量让婆婆和家里几个病号心情舒畅。

提及这么多年的生活经历,直言快语的婆婆哽咽着说:"要不是我这儿媳,我活不到今天呀!唉,这辈子我亏欠媳妇太多了,是我拖累了她呀!"

"我所做的一切都是做儿媳的本分。"说起这些年的艰辛,汪静红的语气很平静,"我最大的愿望,就是多挣钱治愈家人!"

汪静红平时从不乱花钱,什么时候都惦记着家里四个病号,对自己极为吝啬,多年来几乎没买过新衣服。她觉得自己少买件衣服,少吃顿好饭,就能给家里几个病号多买一些好药,就能减轻他们的痛苦。

一次朋友过生日请客,汪静红也在被邀之列。她把自己的那份饮料悄悄装起来,中途找了个借口提前离开,急匆匆回家把饮料给了小叔子。

2010年夏天,酷热难当,汪静红买了一台小电扇降温。一天,正在守木马的她突然接到婆婆的电话,说电扇着火了。汪静红飞快地赶回家,发现电扇正在冒烟,婆婆躺在床上干着急——她够不着。从那以后,每次出门前,她都会认真检查一下家里的电器,确保万无一失才会放心出去。

人道是久病床前无孝子。15年来,丈夫、婆婆、丈夫前妻女儿、小叔子、妯娌罹病,灾难一次次降临,但汪静红坚强面对,她用羸弱的身躯,背负生活的重重磨难,克服了常人难以想象的各种困难。她知孝感恩,任劳任怨,不离不弃……

三

2015年3月初的一天,上午10点钟左右,汪静红在玉山县人民医院附近早餐店吃早点。就在吃完早点正要离开早餐店时,她发现边上一张没有人的桌子上有一个白色塑料袋,意识到是前面吃早餐的顾客落下的。打开袋子一看,里面全是现金。汪静红立即拨打110报警。民警到场清点发现,袋子里装有人民币共计11万多元。随后,民警通过袋子里的一个电话号码联系到了失主。

在确认失主身份后,民警将所有现金归还给失主程先生。失主程先生非要给汪女士夫妇两人1万元作为酬谢,却被汪静红婉言谢绝。

为了早日让丈夫换肝,汪静红和女儿媛媛一块去上海的医院做了肝体移植术前配型试验,如果配型成功,就不用等别人捐献肝脏。可喜的是,对比结果显示,汪静红和女儿媛媛的肝脏都符合移植条件。"媛媛执意要捐自己的肝,可我坚决不让。"汪静红说,"按理说,最好的选择是父女之间移植。但我考虑到她年纪太小,手术毕竟有风险。"为此,媛媛和她大吵了一架,这是媛媛平生第一次顶撞了她。汪静红怕拧不过媛媛,就骗她说:"仔细检查之后,医生说你的肝脏还太嫩了,移植了也怕长不活。"

汪静红表示,医生粗略算过,做肝移植手术,费用至少需要50万元。这对她家来说简直就是天文数字。消息传出,社会爱心人士纷纷出手相助,帮她家渡过难关。

2015年3月17日,市委宣传部相关科室的同志带着市委宣传部全体干部的委托和捐款,来到县人民医院看望因病治疗的汪静红的丈夫张慧军。县委领导也前往看望慰问,并送上慰问款。

尽管汪静红百般努力,但张慧军还是于2016年8月病逝。"只要他能活下来,别说是割下我的肝,用命去换我都愿意!"没能挽回丈夫的生命,汪静红难以抑制多年来的心酸,泪水止不住地再次往下流。这位善良的女人,永远都以自己朴实的行为,让身边的人们感受到内心世界的馨香甜美,感受到每一个平凡的日子是如此的美好。

事迹点评:转动木马,转动生活,转动希望。你以吃苦负重的言行,书写了一页孝老爱亲的美丽诗篇;你以深沉恒久的挚爱真情,唱响了一曲淳朴善良的动人旋律。是你挺直的脊梁,把亲人们痛苦的眼神化成对生活的希望。你看起来无比坚强,其实你的内心比谁都柔软。

无悔青春一腔热，一路成全一路歌
——记上饶市道德模范徐林树

王春香

人物档案：徐林树，1974年5月出生，江西省玉山县人，中共党员，本科学历，中小学高级教师。1992年参加工作，现借调至玉山县怀玉书院工作。2013年8月，与99届毕业学生周伟创建"玉山县九九人才教育爱心协会"。从2008年起开始献血，到现在已献血16次，总量6000多毫升。2017年12月5日国际志愿者日，主动到玉山县红十字会签署遗体器官捐献登记卡和造血干细胞捐献志愿书。

主要荣誉：2017年被上饶市委、市政府授予"优秀教师"称号。2018年被江西省委宣传部授予第四批"岗位学雷锋标兵"称号，被江西省教育厅授予"教育系统关工委先进个人"称号。2019年6月，被上饶市委宣传部、文明办授予第六届"道德模范"称号；9月，被阿克陶县委、县政府授予"优秀教师"称号；12月，被克州教育局授予"优秀校长"称号，被江西省援疆前指党总支授予"优秀党支部书记"称号。

且将用心付旅程，赢得敬爱情

20世纪70年代，徐林树出生在下镇镇的一个山村。

1992年，徐林树从上饶师范普师毕业。当时农村缺少英语教师，组织就把徐林树直接安排到下镇中心小学辅导区所属的一个不完全初中担任英语教师。

面对职业生涯中的第一个新岗位，虽专业不对口，徐林树却激情澎湃，信心满满。他没有退却，知难而上，暗暗地强化英语学习，边学边教，边教边学，任劳任怨。

期末统考，徐林树所教学生的英语成绩名列前茅。

下镇地处浙赣两省交界,那时人们都想着改善生活,很多青壮年都到外面打工,一时村里只留下老人和孩子,给学校对留守孩子的就读管理加大了难度。

徐林树到了下镇初中后,学校分管领导发现他性格开朗、工作负责,做学生思想工作热心专注,遂推荐他到政教处协助主任开展德育教育工作,兼住宿生管理。

单身的徐林树以校为家,经常与学生同作息——同出操、同劳动、同娱乐,既做严师,又做益友,成了顽皮好事学生的"克星"。

"记学生名字是小细节。老师能叫出学生姓名,学生有被尊重的感觉。学生违纪时被叫出名字也不敢轻易开溜。"徐林树颇有感触。

一天晚饭后,徐老师邀约班上的两个男生带路,决定进行家访,展开"侦查"。

经过近半小时的摸黑骑行,他们到了一个没几户人家的偏僻小村落,经问询后,找到了一栋破败的土瓦屋。

徐林树敲开门,与屋里年迈的爷爷交谈。

原来该男生家庭惨遭变故已家徒四壁,父亲外出务工,家中只有一个年老多病的爷爷和一个三四岁的小弟弟。每天他得烧饭,做好其他家务,照顾好老少的生活起居,喂饱小弟弟后一路小跑六七里山路才能到校。

"老师错怪你啦!"徐老师当即应允男生以后只要能赶上第一节课就行。

几天之后,徐林树又通过修理铺帮忙为男生选购了一辆合适的二手自行车代步,还嘱咐住在附近的学生组成援助小组,利用放学或周末空余时间,抽空帮忙照顾老人、辅导功课。

男生自此没有迟到过,也有了十多岁孩子该有的笑容。

用心赢得敬爱,尊重换来感激。徐林树结婚时,学校腾出一套两居室的家属房给他当婚房;学生用自己特有的方式祝贺老师新婚,有

的自告奋勇来装扮婚房,有的倾尽所有零花钱买可爱的小礼物送给新娘,全班几乎所有学生都给徐老师送来了温馨的祝福。

有什么比这纯真的情意更重?徐老师满载祝福,带着幸福快乐启航。

2014年,徐林树担任学校党支部副书记,分管学校文明创建、校园文化建设和关工委工作。

"立德树人""常态管理",徐林树创新管理服务理念,又和同事一起,制定完善管理制度,健全关工委机构,争取社会各阶层的广泛关注和支持,积极开展有益于学生健康快乐成长的活动。

全方位、常态化管理下,学生的综合素质提升了,学校面貌焕然一新。2017年,下镇初中荣获江西省首届"文明校园"和上饶市"先进学校"荣誉称号。

一天晚上熄灯铃响后,徐林树照例巡查寝室情况时,察觉一男生宿舍有动静。他凝神细听,一会儿抬手敲敲宿舍门,寝室刹那间一阵窸窸窣窣后转入静寂。徐林树再敲敲门,点名让其中一个男生打开宿舍门后,径直走向一张床,掀开被子,已经"睡觉"的陈某手里还抓着几张牌……

陈某傻眼了,哀求徐林树不要跟家长告状。

考虑陈某成绩优秀、聪明、个性倔,他父亲性子急,对他期望高,徐林树把陈某拉到一边,向陈某提出要求。陈某点点头。

徐林树就答应了陈某不"告发"。

陈某也践诺没再违纪而是刻苦学习,后来顺利上了重点高中、考上了大学。

众所周知,"支教"是教育创新一大举措,受助学校一般在比较偏远的山区或者条件更加简陋、艰苦的地域。出于综合考虑,如果没有什么特殊情况,一般教师都不太会主动申报。

然而徐林树却主动申请援疆支教。

2018年5月,经过组织严格选拔,徐林树和妻子双双被选中,到祖国西部最边缘的新疆阿克陶县开展支教工作。

在阿克陶实验小学,徐林树又主动快速融入集体。

他自觉坚持在一线承担教学任务,带头参加推门听课、课间巡查。

学校管理事务繁多,参加各种会务,整肃师德师风,整治校园环境卫生,创新教研教改模式,制定、完善部门管理细则……

有时候忙着忙着,到饭点了,又接到临时开会的任务,徐林树顾不上吃饭,立即奔赴会场。

南疆气候非常干燥,昼夜温差大。

到阿克陶不久,徐林树水土不服、饮食不适,咽喉炎和腰肌劳损老毛病复发。他嗓子嘶哑,几近失声,口里吐出的是血丝,鼻子里擤出的也都是血丝。白天,徐林树拖着病体到校上班,身子站不直就半靠在椅子上办公,一下班就赶着去做按摩理疗,回到宿舍基本赶不上饭点,只能随便吃点泡面。

两个月后,受援地教育局和江西援疆前指借鉴江苏援疆支教经验和做法,拟重点在阿克陶县打造三所江西援建学校,徐林树又被阿克陶县委组织部和县教育党工委考核推荐为实验小学党支部副书记、校长,负责行政管理,协助书记全面开展学校的整体工作。

某一天上课时间,徐林树发现一个男生在单杠下玩泥沙。

他走过去,平静地问:"同学,大家都上课了,你在这里玩沙。为什么?"

男孩看都没看徐林树一眼。

"你喜欢玩沙?"男孩看了一眼徐林树,还是没理他。

"我小时候也喜欢玩。我可以跟你一起玩吗?"

"真?"男孩看了一眼,惜字如金。

"你吃早餐了吗?我的早餐,分一些给你。"

男孩看了看徐林树,慢慢接过了早餐,慢慢吃了起来,和徐林树慢慢玩了起来。

徐林树把见到的情况反馈给其他老师。老师们告诉他,这孩子有自闭症,不与人说话,不听人劝说,想做什么就做什么,想打人就打人,总是制造麻烦。

接连几天,徐林树只要有空,就去接近男孩,与男孩聊天,把特意留下的美食与男孩分享。

男孩对徐林树也越来越友好,甚至会到办公室探探,发现办公室只有徐林树在,就会溜进去与徐林树说话。

在与他人争执时,男孩一听徐林树的话,立刻会安静下来,停止攻击。

亲见男孩变化的实验小学老教师赞叹:"精诚所至,金石为开。这孩子能开口说话,能听话,徐校长真了不起!"

一对河南籍姐妹相差两岁,可户口登记信息错误地写成相差两个月,因此姐妹俩在同一个班级上学。毕竟妹妹岁数不符合上学年龄,各方面都跟不上同学。带班老师特恼火,徐林树听说了情况后,默默记下了。

趁休息日,徐林树约上妻子同去女生家家访。

女生母亲是残疾人,生活不能自理,父亲四处收购废品供养家小,没有时间管孩子上学的事儿。

人在他乡,徐林树的内心又被触动。他亲自跑公安局,为女孩出具户口登记证明,请户籍民警帮女孩向原籍地申请更正登记信息。

徐林树一直关注事情进展,给女孩送衣物和食物,又送学习用品。

几个月后,户籍更正了,学籍也重新办好,小女孩回到她该入学的班级学习,再也不会因年龄登记错而饱尝求学艰辛。

一分耕耘,一分收获。2019年9月,徐林树被阿克陶县委、县政府授予"优秀教师"称号,获得克州教育工委颁发的"援疆贡献奖";同年12月,被阿克陶教育局授予"优秀校长"称号,被江西省援疆前指党总支授予"优秀党支部书记"称号。

愿携"九九"走远方,完释人之义

徐林树曾教过的学生周伟,毕业后经过多年辛苦经营,事业有成后来到母校,找到了徐林树,说:"徐老师,毕业这些年,我一直想着您。我赚了点钱,想为学校做点事。您觉得做什么好呢?"

"还记得你班上那个要照顾小弟弟而经常迟到的同学吗?还记得在学校搞活动时小朋友看见新书包的欢喜神情吗?还记得因家人生病而辍学的那些孩子看见同学玩耍而羡慕的眼神吗?赞助想上学却没能力上学的孩子吧。你是发起者,是九九届毕业生,基金会名字就叫'九九人才基金会'吧。"

2013年8月,徐林树协同周伟倡议的"玉山县九九人才教育爱心协会"成立了。之后,策划、实施精准帮扶贫困中小学生系列活动。

连续几年重阳节,徐林树都带领协会志愿者们去敬老院,给老人送去现金和慰问品,陪孤寡老人们拉家常,让老人们享受快乐。

多年来,不论昼夜寒暑,徐老师和九九公益基金会成员利用业余时间走访留守贫困学生,关爱留守学生,足迹遍布下镇镇乡村的每个角落。截至目前,开展了50多场爱心捐助活动,共捐赠资金近120万元,精准资助帮扶贫困生不少于3000人次。

怀揣热情驶远方,一路成全一路歌

一份善心,坚持不易。

2020年新冠肺炎疫情期间,徐林树多次向羽毛球协会、骑行协会捐款捐物,向所居住的小区捐款捐物。他还主动申请参加疫情防控值守,协同小区业主成员通宵达旦值班,尽心呵护每一个生命的健康。

2020年2月底疫情稍微稳定,怀玉书院前期筹建缺少人员,组织推荐徐老师协助开展工作。

又一个全新的开始。虽说隔行如隔山,但从基层一路走来的徐林树已经轻车熟路。他毅然接受。

他从容走进临时设置在县城某单位的书院筹建办公室,捋起了工作头绪。提供详细数据材料,跑各个部门,买锁,买办公桌椅,添置办公用品,跑图书馆,查阅建立书院的有关资料,查找与怀玉书院相关的史料,督查过程进展,采购相关器物,设置展厅,安排厨卫,张挂楹联、壁饰,起草规章制度,培训工作人员,落实接待任务……

古颜焕新,光芒绽放。

在七八月份旅游旺季,在游客集中区域,徐林树经常带上工作人员拉起横幅,架起音响,现场为大家推介宣讲,他的声音一次又一次沙哑了……

朋友称赞徐林树功不可没。他又笑笑说:"这是职责所在,成全他人、快乐自己。"

徐林树有一个心愿：当青春逝去重担已交，当岁月静好，他将与妻儿一道，把年少青春的故事讲述，将援疆的辛劳和欢喜、异域的美艳、他乡的风情写成《援疆侣行》，分享他人生路途的所见所闻、所思所感。

"成全他人，快乐自己。"生命不易，人生无常，徐林树始终怀揣一颗热爱之心，用 37 摄氏度的热血，行走在温情世界，温暖身边之人，以绵薄之力弘扬人世之美。

事迹点评：坚守人生三信条，恒将关爱付旅途，无悔青春一腔热，一路成全一路歌。

心底光明天地宽
——记上饶市道德标兵陈新平

查福春

人物档案：陈新平，1966年4月出生，中共党员，玉山县文化广电新闻出版旅游局驻南山乡政府新闻报道员，玉山县盲人协会主席、上饶市诗词楹联学会会员、江西省作家协会会员、中国盲人协会文学委员会会员。

主要荣誉：2002年12月被上饶市委授予"十大道德标兵"光荣称号，被评为2019年度中国残疾人事业十大新闻人物、江西省广电系统先进个人、第六届上饶十大杰出青年、玉山县劳动模范、新时代赣鄱先锋等。

自幼残疾不屈服

陈新平出生在三清山下的中关村源头。4岁那年，左眼意外受伤，虽经多方辗转治疗，仍无济于事，左眼从此失去了光明，右眼仅存0.09微弱视力。

小小年纪就遭受如此重创的陈新平，没有被厄运击倒，反而磨砺出了坚忍的意志。看不清黑板上的字就用心听，小学毕业，他以全校第一的成绩考入枫林初中重点班，三年后又以优异成绩考上玉山一中。因家庭困难，陈新平转学至樟村中学。当年山路崎岖，他每周两次步行30多里往返学校，自带大米和干菜。樟中的教学环境自然无法与县中相比，但他通过加倍努力，一直是班级的尖子生。

十载寒窗易过，一朝科考难熬。1983年，陈新平高考成绩上了大学录取线，却因视力低下落了榜。这个打击比以往所有痛苦的总和更为沉重。然而，他依然没有屈服：不能上大学，那就争取成为一个合格的农民吧。

回家务农的陈新平没有放弃学习。这年10月，他带上书本，跟随亲戚步行100多里山路，来到德兴市绕二镇植树造林，期望能赚钱帮家里减轻负担。没想到的是，一个月后因劳累过度，他仅存的右眼视网膜脱落，世界顿时一片黑暗。

邻里乡亲见此纷纷摇头,不断叹息:多好的孩子啊,怎会是这样的命运?

土里刨食的父亲抹了眼泪,卖掉家中所有能换钱的物件,就连平素相依为命顶得上半个劳力的耕牛,也变卖成了陈新平治疗眼疾的费用。一头红薯干,一头棉被,父亲挑着沉甸甸的担子,牵着他辗转玉山、上饶、南昌各大医院,最后住进上海眼科医院。尽管手术做得相当成功,但是他的右眼视力仍然大不如前,眼前的世界一片模糊。

现实中的噩梦和噩梦中的现实统统呈现在陈新平的面前。愁容满面的母亲背着儿子长吁短叹,为了儿子今后的生活,她甚至偷偷地向邻村的独眼老人苦苦哀求,想让儿子跟着算命学艺。

迷恋写作见光明

陈新平在人生的十字路口痛苦、彷徨……为减轻儿子的寂寞,父母不惜用从牙缝中抠出来的钱,为嗜书如命的儿子买来收音机和《钢铁是怎样炼成的》《假如给我三天光明》等书籍。保尔·柯察金、海伦·凯勒身残志坚的精神在他的心中产生了极大的震撼,他感到一股新的血液在血管里涌动,有一种新的生命在躯体中萌生。

就在这一年,陈新平从收音机里得知光明中医函授大学招生,抑不住内心的兴奋报名参加,并尝试着把学习体会投进校刊。意想不到的是,校刊竟然全文刊发。拿着散发着油墨芳香的校刊,他激动得掉下了眼泪,激发了写作热情和欲望。他尝试着写了几篇新闻稿,全被报刊陆续采用。《创业难,残疾人创业更难》破天荒地在中央人民广播电台播发。文章不断发表,所得的稿费足够他去上饶、南昌参加中医培训的费用。他更是一发而不可收,每月都有稿件发表,成为当地小有名气的"土记者"。

1988年9月,陈新平被南山乡政府聘为专职报道员。视新闻如生命的他,把组织的信任当成一种强大的动力。他要用笔更好地讴歌这片乡土,使手中的笔更好地为文明乡村建设做贡献。此后,新闻写作成了他的精神寄托。他用那仅能看见微弱光亮的右眼和超常的双耳,捕捉到一条条有价值的新闻,用手中不辍的笔,锲而不舍地写出一篇篇饱蘸着心血和汗水的稿件。

因为视力微弱,陈新平看书写字几乎贴近鼻尖,简直是在"闻书刻字"。有时停电,他凑近蜡烛灯火一笔一画地写稿,头发烧得"吱吱"响竟浑然不知。尽管生活拮据,他还挤出钱报考南昌大学新闻专业函授班,不断为自己"充电"。在做好新闻报道的同时,他也尝试文学创作,通过书信,认识了全国各地的许多文友,学到了更好的创作方法,得到了来自五湖四海的赞许和鼓励。

跋山涉水爱事业

新闻界有句行话——"百闻不如一见",可是"见"对于有视力障碍的人来说,却异常艰难。出于一种高度的责任感,陈新平采写每一篇稿件,都做到亲临现场,掌握第一手资料。这意味着他比常人要付出更多的心血和汗水。

1996年8月,陈新平听说三清山南麓发现溶洞群。凭着职业的敏感,他意识到这是很有价值的新闻。第二天,他请当地老农当向导,穿荆棘、攀山崖、越溪涧、过木桥,渴了以山泉代茶,饿了用干粮充饥,硬是磕磕碰碰地爬了30多里崎岖山路。到了溶洞,已累得气喘吁吁的他顾不上擦去涔涔汗水,摸索着进入溶洞细细触摸起来。在获得翔实的资料后,他写出了《三清山下溶洞奇》的独家新闻,被中央人民广播电台等主流媒体刊播,引得各方游客慕名前来,中央电视台还为此拍了专题片。

传递新闻正能量

作为一名报道员,陈新平不仅把新闻作为单纯的信息传递,还把写新闻当作义不容辞的社会责任。他深知"舆论导向正确是党和人民之福"这一朴素的真理。1997年7月初,他听说退休干部何耀基拒练法轮功,到离家30多里的深山承包140亩荒山办果林,当天就爬山越岭来到何老的果园现场采访。《不练法轮育果林》稿件见报后,引起强烈反响。老干部们争相传阅,曾练过法轮功的老干部也与法轮功划清了界线。

1998年6月,陈新平的家乡遭遇百年不遇的特大洪灾,为及时报道抗洪救灾,他毅然冒着倾盆大雨,深一脚、浅一脚地步行到15里外的枫林村。采访结束后,大雨仍下个不停,阵阵惊雷不时在头顶炸响,村干部再三挽留他住一晚再走,可他想到还要赶回写稿,又一头钻进雨帘中。

此时,肆虐的洪水已经漫上公路,到处是白茫茫的一片。心急如焚的他不顾脚下的洪水,沿着公路两旁绿化树的中轴线不停地向前走着。渐渐地,洪水漫过了他的脚踝,蹿上了小腿,直至淹到腰间。走着走着,他感觉脚底下有一团

软绵绵的东西,定睛一看,原来是一条一米多长的毒蛇,正瘫软在脚下。好险呀!要不是穿着高筒靴的脚正好踩着蛇的"七寸"之处,这只脚就要遭殃了。

就这样,陈新平冒着暴雨,蹚着齐腰的洪水,一步一步地挪到了乡政府。他顾不上歇息,连夜写下《洪水困孤儿,专车送回家》传真发出,第二天就在《江西日报》全文刊发。

双眼黑暗心明亮

为了心爱的事业,陈新平把爱人吴金梅也拉了进来。每次到路途较远的地方,爱人就骑自行车、摩托车带他,成了他的免费专职"司机";碰到晚上突发新闻,又是爱人搀扶着他前往现场;遇到积水,瘦弱的爱人竟能一把背起粗壮的他,蹚水如平地,令目睹者啧啧称奇;令他至今想起仍后怕的是,1998年7月23日,为了采访到抗洪抢险现场,他们夫妇冒雨下村,被洪水堵住去路,爱人背起他,一脚深一脚浅地向齐膝的洪水对岸走去……就这样寒来暑往,夫唱妇随,夫妻同进同出采访成了当地人的佳话。

2010年初,因劳累过度病情恶化,陈新平仅存的右眼也失明了。单位为他添置了盲人语音读屏办公软件。与明眼人不同的是,在语音输入的过程中,因为发音不准或同音字的缘故,容易出现错别字。他在校对稿件时,必须一字一字地点,一句一句地听,每个字至少摸读三遍,写1000字的稿件至少要反复摸读3000次以上,手指磨痛了,脑袋也被读屏声音震得嗡嗡响。就这样,他以耳为眼、以声为笔,坚持着自己的新闻记者梦想。

陈新平虽然双眼黑暗看不见,但他心底光明有信念,借用高科技,在新闻写作的道路上继续跋涉着……尽管异常艰难,但他从未耽误工作任务,全身心投入脱贫攻坚战。采访对象分别荣获全县"十大最美脱贫人"和最美扶贫人,参与整理的帮扶车间工作经验被省、市推广,并在中国乡村振兴网刊发。他是全县乃至全省脱贫攻坚新闻用稿最多的乡镇报道员。

2020年6月7日，跟踪采访30多年，写过50多篇报道的农村留守孩子"代理妈妈"钟文花老师突然病逝。陈新平闻讯直奔恩师灵前，长跪不起，痛哭失声，为恩师通宵守灵。整个晚上，他和当年接受老师帮助的同学们一起追忆斯人，追忆往昔，任凭泪水肆意长流。

冒雨送别恩师后，他化悲痛为力量，挥泪写下《"代理妈妈"的最后党费》，后经县委宣传部推荐和报社记者修改，6月28日在《光明日报》头版头条发表。这是继2005年之后，钟文花老师关爱农村留守孩子的感人事迹第2次登上《光明日报》头版头条，受到中宣部关注，产生良好社会反响。

当好残友服务员

陈新平多次参加全省残联代表大会，提交议案反映残疾人的心声。因工作出色，2017年12月他当选玉山县盲人协会主席。

盲人是"残中之残"，其中之苦，陈新平感同身受。他组建微信交流群，将分散全县各地的盲友拉在一起，谈天说地，取长补短，抱团取暖。在劳动就业、生活质量和文化学习等方面，他竭尽所能当好服务员，组织盲友前往上饶集中营、怀玉山清贫园、三清山奉献园和南昌、铅山、万年、婺源、鄱阳等地，用手触摸革命旧址，缅怀先烈，感受祖国强大。

短短三年时间，他先后开展了《我和我的祖国》文艺会演，自编自演的快板书《夸夸咱们的新时代》在上饶市庆祝建党100周年文艺会演中闪亮登场。他会同县图书馆为盲友赠送阳光读书机；协助春江水暖群主许春水等爱心人士开展助盲奖学公益活动，连续三年为全县视障家庭优秀学生颁发奖学金；推荐盲友参与文学创作，其中5人进入中国盲人协会文学委员会，并有多人获全国大奖，展示了残疾人新形象。

2021年5月20日，在相关部门的支持下，他和团队成员多方奔走，完成玉山县盲人协会法人登记,成为江西省第2个成功注册的县级盲人协会。

助残济困不歇步

倍受组织关怀的陈新平不忘初心回馈社会,参与繁星志愿等10多个公益团队,用言行带动更多残疾人自强奋起,让更多人关注残疾人,成为公益路上与众不同的"黑马"。

2020年6月,他跟随县作家协会到四股桥采访抗美援朝老兵,发现其曾外孙查泽熙是智力障碍者,可以办理残疾人证,但办证系统页面却查无此人,到派出所查询发现小孩户口信息正常。多方查找三个多月没结果,残疾人证迟迟不能办理,家属很是着急。陈新平将此事反映到省残联,后经中残联和公安部比对,发现查泽熙户口信息将"查"字误录成异体的"査"。明眼人都难察觉的笔画错误,竟被有视力障碍的他追查发现,公安人员很是惊讶,立即纠正。残疾人证随之办好并落实两项补贴和帮扶措施。

这年夏,陈新平得知盲人养蜂户程坤林蜂蜜滞销,立即会同广东爱心企业家梁路金、上饶市盲协主席马高亮和上饶市养蜂协会副会长缪寿龙,专程驱车赶到德兴市大茅山养蜂基地,上门开展技术指导,现场取样、拍视频,并将视频上传至网络,库存的蜂蜜最终销售一空。

"爱传递"是广东残友梁永宁等爱心人士创办的助残平台,通过文学创作联络全国各地的残友,通过爱心捐赠为残友提供帮助与服务。陈新平乐在其中,发稿上百篇,组队参与每周一分捐,荣获"爱传递"最佳作者和爱心使者,应邀参加在洛阳举行的第六届全国残疾人公益研讨会。

事迹点评:他以耳为眼、以声为笔,扎根全县最偏远的山区,一干就是33年,采写新闻报道上万篇,采访身边好人上百位,并有多人荣登中国好人榜和省、市、县好人榜。

捐献儿子器官挽救新生命　天降福报再添新丁
——记无偿捐献儿子器官的毛乾明

陈 磊

人物档案：毛乾明，1965年4月出生，江西玉山人。

主要荣誉：参加"生命的选择——全国人体器官捐献缅怀纪念暨宣传普及活动"并受到全国人大常委会副委员长、中国红十字会会长陈竺亲切接见。

捐献器官受误解　两省联合排非议

毛乾明已故儿子毛杭，2014年初在萧山打工，在一家汽修厂当修理工。5月21日晚，毛杭和朋友一起外出时，在路上不幸遭遇车祸，被紧急送往萧山区第一人民医院进行抢救治疗。由于伤势过重，医生宣布他已进入了脑死亡状态。接到噩耗后，远在江西老家的毛杭父母，连夜赶往萧山。在医院的重症监护室里，他们见到的，却是靠仪器维持生命体征的儿子。然而，悲痛欲绝时，他们做了个惊人的决定——把孩子的器官进行捐献，让有需要的人获得生命的希望。毛杭的一肝两肾救了3个人。遗憾的是，回到家的毛杭父母却因为儿子的器官捐献遭受了很多的流言蜚语和不理解的目光，有时甚至连家门都不敢出，夫妻俩几近崩溃……

在得知这一情况后，2014年7月14日下午，浙江省人体器官捐献办公室、江西省红十字会、上饶市红十字会、玉山县红十字会的相关工作人员，以及央视、江西都市频道、《江南都市报》、上饶市电视台、玉山县电视台、《今日玉山报》等新闻媒体，专程赶到玉山县下镇镇毛宅村毛乾明家，为他

送上毛杭的捐献证书和"红十字生命之光"奖章,并对毛杭有偿捐献器官一说特意进行澄清,"器官捐献一定是在无偿的条件下才会进行的,不然的话就涉及器官买卖,是不被法律允许的,所以毛杭的捐献绝对是无偿的,他父母的大爱之举是永远值得我们敬佩的",让当地有非议的村民给予尊重和理解。当地的村民得知事情的真相后,都为毛乾明夫妇俩的善举而深深感动,都表示这是一种大爱无疆的举动,毛乾明夫妇俩把痛苦留给自己,把快乐带给别人。

毛乾明也说,毛杭生前也经常帮助他人,在乡里乡亲中口碑很好。毛乾明说:"毛杭短暂的一生都在做善事。我是为了完成他的遗愿,决定把这个器官捐给社会的。捐了孩子的器官,延续了他人的生命,也是他自己生命的延续。我儿子的器官捐出去,等于我儿子还在这个世上。不管别人怎么看我们,怎么说我们,从决定捐献开始,我们就没想过后悔……"朴实的话语,彰显出一颗大爱之心。

福报降临　家中喜添新丁

2015年9月,从毛杭父亲毛乾明那里传来好消息,家中再添新丁,福报来到了这个伟大的家庭。毛乾明当时已经50岁,其妻占美燕也已四十有四。在儿子毛杭出事以后,悲痛一直萦绕着夫妻俩,长时间未能缓和过来……经过长时间的思想斗争,他们决定尝试着再要一个孩子。由于年纪问题,他们多方求医,在概率非常小的情况下,于9月29日凌晨在县人民医院诞下儿子,取名毛林羊。县红十字会工作人员得知这一情况后,立即专程来到毛乾明家为他送上2000元慰问金,并为毛林羊带去了几件新衣服,还和他们亲切交谈,希望他们保持乐观积极的心态把小林羊抚养长大。毛乾明说:"毛林羊的出生,给我家带来了新的希望,我有信心在政府和红十字会的关心下,把日子越过越好。"

让爱流动　点亮生命之光

清明节,这是一个追忆和缅怀已故亲人的节日。每年的这个时候,我们除了会想起离自己远去的至亲、至爱,还有一群人,也让我们倍加思念和动容,那就是我们曾经报道或没报道过的,深深感动过我们、令人敬佩却已离我们而去的那些平凡又伟大的生命——遗体和器官捐献者。

2017年3月31日,"生命的选择——2017年全国人体器官捐献缅怀纪念暨宣传普及活动"在上海成功举办,来自各界的近300人相聚于此。江西省上饶市玉山县的器官捐献者毛杭家属毛乾明也赴上海参加了此次缅怀活动,并受到全国人大常委会副委员长、中国红十字会会长陈竺的亲切会见。

"器官捐献,是生命的延续与新生。"毛乾明在缅怀活动结束后第一时间来到县红十字会,与时任常务副会长陈美讲起了心中所感,"当初将儿子的一肝两肾捐出,能让3名徘徊在死亡边缘的生命再次获得新生,我不后悔自己的决定。我知道我儿子并没有走,还在我们的身边,在鲜活的、蓬勃的、有力量的生命中延续着。"陈美也对其大爱无疆的做法表示了赞赏,称赞他为进步的思想做出了表率,为进步的中国做出了贡献。

生活简朴　乐于助人

毛乾明是下镇镇的一个普通泥水工,妻子在家带娃,家中收入并不丰厚,只能勉强维持生计,然而,他却是村民眼中出了名的热心肠:修房子、照顾老人、耕田施肥……只要乡亲有需要,能做到的他绝不推脱。哪怕时下手头有事,待忙完自己的活,他也会第一时间到乡亲们家中去帮忙解决事情。他最常说的一句话是:"我能力有限,其他的做不了,但出力的活儿还能做一些。"毛乾明藏在心里最简单的想法就是,能帮助别人,一方面快乐了自己,一方面也希望可以为天上的儿子积德行善。

事迹点评:独生子毛杭2014年在杭州不幸因车祸与世长辞。悲痛之余,毛乾明夫妇按儿子生前遗愿,将小儿一肝两肾进行无偿捐献,挽救了三个陌生人的生命。

上饶好人

黑暗中擎灯的人
——记"上饶好人"方新华

邱晓兰

人物档案：方新华,1974年4月出生,中共党员,就职于玉山县供电分公司仙岩供电所。

主要荣誉：2016年被评为上饶供电公司"优秀安全员"、玉山供电公司劳动模范;同年3月,被评为"上饶好人"。

一

职业是人生道路的重大抉择,因为它是通向理想的大门,又同现实利益相连。当他背起电工"三大件"成为电力企业的一名工人的时候,如果说纪律是军人的生命,那么安全就是他的生命。

方新华从不羡慕别人光鲜亮丽,嗟叹自己平凡无奇,他深知世上只有一个贝多芬,也只有一个卓别林……岗位的平凡绝不意味着渺小,默默无闻更不意味着无所作为。自2003年参加工作以来,方新华始终把工作岗位当作"闪亮的舞台"。其间任过抄表员、资料员,现任仙岩供电所所长助理、配电班长、安全员。

2008年，玉山遭遇了百年不遇的特大冰灾。进入数九寒天以来，持续的低温雨雪天，使本来薄弱的低压线路不堪重负，方新华带领班组员工，战风雪、排险情。在那段时间，他带领班组抢修线路达80多次，其中夜间处理故障达30多次。他经年累月风里来雨里去，晴天一身汗，雨天一身泥，冬天吹裂嘴，夏天晒脱皮。他却深深爱上了这一行，哪里需要他，哪里就有他的身影。

2010年8月27日凌晨1点多钟，睡梦中，方新华手机骤然响起，接电话得知外地拉水果的卡车，由于车体太长，不熟悉路况，倒车的时候把电线杆撞断了。电线脱落在地是很危险的事情。他一挂电话，就组织人员冲到所里拿好工具赶往现场。处理好险情，回来已是4点多钟了。等妻子帮他放好洗澡水的时候，他已在沙发上睡着了。望着他疲惫的脸庞，她轻轻地拭去他脸上的泥。

任何时候，只要接到报修电话，他总是以最快的速度赶到现场。2008年，为了保证群众正常收看奥运节目，他时刻绷紧了弦，只等一声令下便迅速奔往事故现场；2009年夏天的一个正午，他顶着炎炎烈日，在电杆上连续奋战近6个小时，及时恢复了供电，令在场的群众无不备受感动；2016年零点抢修，又是他带队火速奔往现场，连续奋战5个多小时，直到成功恢复供电。元旦、春节……无数个节假日一如既往地坚守，方新华总是奔波在一个又一个台区。

二

2016年，全省供电所同业对标工作你追我赶，竞争日趋激烈。为抓好日均采集率指标，他每日早出晚归巡视线路，查隐患、加班加点完善资料。为了提高采集率，他经常晚上提着手电去现场排查，忙到子夜时分，直到表计采集成功。经过他的努力，终于将年初的64.67%采集率提高到99.98%。至今，通过全所员工的共同努力，仙岩所采集率成功率一直保持在100%。

4月11日凌晨0时30分，10千伏仙岩二线故障跳闸，停电就是命令，方新华立即调集班组人员巡视线路,排除故障点。当时,天正下着大雨,可他们没有退缩,克服一路的泥泞,经过6个多小时的冒雨检修消缺,成功恢复10千伏仙岩二线正常供电。

5月的一天,一场突如其来的特大暴雨席卷玉山。短短5小时,洪魔将整个玉山变成了"泽国"。虽然此次洪水中方新华所在的仙岩镇灾情不大,但方新华毅然召集班组成员,分别到村镇各低洼地带查看水情。连续三天,他带领班组风里来雨里去,奋战30多个小时。

天有不测风云。方新华岳父患上食道癌去世。当时,仙岩供电所同业对标工作正处于关键时刻,而方新华是不可缺少的主力。他为了不耽误工作,毅然放弃请假,继续工作。

2017年4月,方新华头痛厉害,家人要求他去上海检查,他怕影响工作,坚持在玉山治疗。他的妻子心疼他,也只能暗自抹泪。他内疚地说:"父亲方天祥有严重的胃病,母亲吴凤香患高血糖,他俩要长期吃药打针,都是妻子在细心照顾着,我根本无暇顾及。"

三

岁月匆匆,十几年以来,该班组从未发生安全事故,实现了安全零事故的目标。"冰冻三尺,非一日之寒""打铁的还需本身硬"。他立足本职,干一行、爱一行,用知识和汗水把握自己的命运。他把班组建设落到实处,不停留于布置和口头,每周组织一次班组安全理论学习,贯彻上级有关文件精神,把班组安全理论学习制度化、经常化,并做到理论联系实际,学以致用;在学习中密切联系自身的工作特点,善于分析问题、解决问题。

该班组在担负更换线路绝缘子的工作任务时,认真吸取别人的教训,就如何防止导线高空坠落问题进行深入研究和分析,找出问题症结,集思广益,多方论证,吸取在更换绝缘子时扳手葫芦因齿轮打滑而发生导线高空坠落事故的教训,创造性地采取有效措施,在导线与横担之间,加装一条临时防坠钢绳,并让登高作业人员加带后备保护绳,做到"双保险",从而有效地保证了登高作业人员的安全和防止导线高空坠落。

该班组还适时开展"安全生产在岗位"及"岗位成才"活动,并进行严格考核,提高自身的安全意识和电力生产实际操作技能,如组织岗位培训活动等。

重点对班组成员进行登杆作业、设备抢修等业务技术培训,从中总结经验,查找差距,真正在职工中掀起了比学赶帮超的良好学习氛围。冬练三九、夏练三伏,班组职工的整体素质得到了不断提高,锻炼出了一支拉得出、过得硬、打得响的队伍,在电修第一线筑起了一道坚实牢固的屏障,不愧为电力战线上的排头兵。

方新华说,当听到住户"来电了,来电了"的欢呼声时,所有的苦和累都会随之而去。正因为有了方新华这种"舍小家而顾大家"的无私奉献精神,十四年如一日地坚守工作岗位,在黑暗中奋力擎起一盏盏明灯;正因为有了全体班组人员的坚韧与执着,才有了玉山电网的安全稳定。

事迹点评:人的生命是一本自己描绘的日历。他没有惊心动魄的故事,也没有色彩斑斓的传奇,追溯走过的路,只有默默无闻的奉献、勤勤恳恳的工作。方新华平凡而淡泊,淳厚而朴实,像小草为人间增添着一丝生气,像蜡烛为人们擎起了一束亮光。

"最美护士"演绎生死急救
——记"上饶好人"叶艳英

胡明乾

人物档案:叶艳英,黄家驷医院(玉山县人民医院)护士。

主要荣誉:2018 年第二期"上饶好人"获得者,玉山县优秀护士。

病房管理、资源调配、督促检查……虽然更换了工作岗位,现在的"最美护士"每天还是忙忙碌碌,充实而快乐,用她自己的话说就是"因为爱,所以累并快

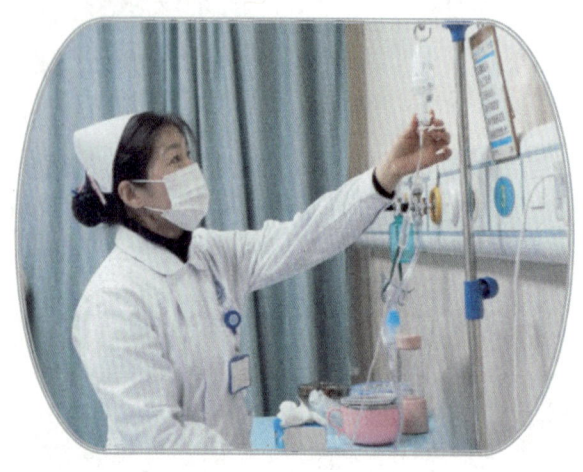

乐着"。叶艳英深谙救死扶伤的真正内涵,不管在哪个岗位,她始终待病患如亲人,视工作为全部,精谨细致,一丝不苟。"至今那场生死急救还历历在目。如果有下次,我还会毫不犹豫地冲向前方。"虽然离开了CT 室,加入医院护理部工作,叶艳英对白衣天使的职责依然执着,钟情不变。

2017 年 12 月 29 日,一篇玉山县人民医院发表的微信文章以极快的速度在赣东小城玉山传播。两天后,这篇微信文章阅读量达到近万人次,点赞数持续攀升。12 月 31 日,中央电视台新闻频道《新闻直播间》播发了这条微信公众号的消息。之后,上饶电视新闻、《上饶日报》、凤凰网、江西新闻网、上饶好人网、江西微上饶以及玉山当地的微信公众号等众多媒体转载播报了这则消息。

这起好人好事就发生在江西省玉山县人民医院。事件的主角是该院的女护士叶艳英。

2017年12月29日上午,玉山县人民医院急诊科上演了一幕现实版的惊心抢救。一名护士跪在急速行驶的担架手推车上不停地为病人做着徒手心肺复苏的动作……经过一路的胸外按压,几分钟后,CT室顺利将病人送至急诊科。"患者是脑出血病人,情况十分危急,护士及时果断地给他做心肺复苏,极大地增加了患者挽回生命的概率。"该院急诊科主任胥亦龙说。经过一系列紧张的抢救,医生终于将患者从死亡边缘拽了回来。

这位跪在担架车上的白衣天使就是叶艳英,当时是黄家驷医院(玉山县人民医院)CT室一名普通的护士。当天早上,她像往常一样提前来到科室,一切准备就绪迎接病人检查。突然,CT室门口传来急促的呼救声:"医生,医生,救命啊,救命!"叶艳英凭借职业的警觉性立即跑出去察看情况,发现一老年患者刚被推车推到CT室门口就突然丧失意识,拍打呼叫无反应,颈动脉搏动消失,胸廓无起伏。叶艳英迅速判定该患者出现了心跳呼吸骤停,情急之下她直接跨上推车为患者做徒手心肺复苏术,还一边喊护送人员马上联系急诊科。

与死神作战,福祸就在一瞬间,正因为叶艳英有着敏感的急救意识和娴熟的业务技能,才为患者赢得了抢救生命的最佳时间。"叶艳英刻苦钻研业务,学习积极性很高。她在ICU工作期间,科室需要选派人员到省城学习CRRT技术。由于出门不能照顾家里,很多人不愿去,而她却第一个主动报名参加,且不负众望,回来后与其他同事在我院成功开展了该项技术。"该院副院长、护理部原主任占妍说,叶艳英不仅是业务骨干,还是医院"急救小分队"成员,每次的技能比赛、应急演练总少不了她。

工作中的叶艳英敬业、执着,生活中的她照样不逊色。家住江西省玉山县冰溪镇燕子窝社区的83岁老人林喜玉,说到叶艳英时,大拇指翘个不停。老人前段时间到上海瑞金医院做了心脏搭桥手术,回来后伤口并发感染,需要每天换药。叶艳英在了解到林喜玉老人天天来医院换药很不方便后,便主动提出利用下班休息时间上门为老人家换药。"小叶真是比亲闺女还亲呐,从今年5月份一直到10月,不厌其烦地天天给我清洁伤口、换药,而且死活不收一分钱。"一说到叶艳英,总能见到老人幸福的眼泪在眼眶里打转。

把志愿服务当作家常便饭,2020年春节期间,叶艳英主动加入新冠肺炎阻击战中。她每天都打起十二分精神,从年前忙到年后,24小时待命,一个多月时间没有休息一天。她常说:"疫情当前,护士虽是高危群体,但她身边的姐妹都

毫不犹豫地冲在了最前线,没有一个退缩!国家需要我们时,再苦再累也值得。"

"我觉得自己所做的一切都是一名护士应该做的。每当自己的所学所能给病人带来温暖和帮助,每当自己在关键时刻挺身而出,我都会感到无比的满足和幸福。"叶艳英就是这样用朴素的语言和实在的行动诠释着"白衣天使"这个神圣而光辉的称号。

叶艳英胆大业精,冒着从手推车上摔跤的风险抢救病人也只是该院正能量的冰山一角。在市级文明单位——黄家驷医院(玉山县人民医院),像这样屡被点赞的事迹屡见不鲜,奶爸胥亦龙背着刚满3个月的孩子奔赴手术台、儿科主任周丹华锻炼身体路过医院时毫不犹豫加入诊疗救治、中医师许丰敏危难时刻跳水救人……到底是什么成就了好风尚?自2015年4月以来,该院就开办"国学课堂",坚持每两周开一堂课,至现在已开百余堂课。中国传统文化博大精深,其中优秀的文化思想对个人世界观、价值观的塑造有积极深远的影响。"国学课堂"在提高医务人员的品德修养、丰富职工的精神生活的同时,也塑造着仁德新风尚。

事迹点评:危急时刻,她不假思索地跳上担架手推车,演绎惊心动魄的现实版"急诊室故事"。这既是作为一名白衣天使的"本分",又是一名年轻护士不惧险阻、冲锋一线的美好"见证"。

上饶好人

一朝感慨萌念想　年年岁岁忙奉献
——记"上饶好人"欧阳东

陈　磊

人物档案：欧阳东，1988年12月出生，江西玉山人，中共党员。玉山县爱城者协会创始人之一。

主要荣誉：2017年被评为"优秀志愿者"；2019年被上饶市文明办评为"上饶好人"。

因爱结缘　触碰志愿服务

欧阳东自2012年起就开始在玉山志愿者协会参与公益活动，直至2014年开服装店时真切感受到环卫工人劳作艰辛，萌生了组织学雷锋志愿者服务队专门服务县城一线劳动者的想法。他回忆，那时候他经营的服装店门口有一个垃圾箱。不管刮风下雨，他都看见穿着单薄、身材瘦小、满脸沧桑、双手苍老的环卫工人一遍又一遍地把垃圾往环卫车上倒。多次问候寒暄后，他得知那位名叫苏朝火的环卫工人，生活贫困，以每月200元租住在逸夫小学后面的民房内。此后，他经常把店里的衣服、鞋子送给苏朝火穿。

有段时间，欧阳东兼职在微信朋友圈里卖桃子。一天晚上，环卫工苏朝火在店门口打扫卫生，欧阳东刚好在整理桃子。欧阳东顺手拿了6个桃子用袋子装好给苏朝火。苏朝火说"不要"，欧阳东硬塞在他手上。他接过去了,无意间问桃子卖多少一斤。欧阳东回答,8.8元一斤。苏朝火听后愣了一会儿,然后把装有桃子的袋子还给欧阳东,说:"阿东,桃子还给你。这个桃子不是我们这种身份的人吃的。"欧阳东听见这话,流下了眼泪。他把桃子又塞回苏朝火手上,说道:"叔,你每天这么辛苦,为城市卫生付出这么多,我觉得这个桃子给您吃是最适合的。"自此之后的每年除夕夜之前,他都会和妻子去一趟超市,购买大米、油、肉、零食等居家用品,拉着满满一车来到环卫工人苏朝火家给他拜个早年,并送上一些慰问金。苏朝火只是一个案例,在生活当中欧阳东遇见家庭贫困的需要帮助的家庭,在他能力范围之内都会给予一定的帮助。比如店里的服装、鞋子,他每一个季节都会拿出一部分赠送给环卫工人。

义无反顾　投身爱心公益

苏朝火的事情触动了欧阳东,他想到组建一个爱心团队专门服务、帮扶城市一线工作者,在生活上给他们小小的帮助。经过一段时间的琢磨,他召集了几位志同道合、有爱心的青年创业者,在2015年11月联合爱心企业,开展了第一期爱城者公益团队志愿活动,分别在县城三清广场、将军庙广场、七里街城门口为县城300多位环卫工人免费派发爱心早餐,在派发过程中得到了环卫工的认可与支持,同时也得到市民的赞美与鼓励,并有不少市民现场加入派发活动当中。此项活动的开展,为后期的其他公益活动做好了铺垫。2016年12月15日,在玉山县委宣传部、玉山县精神文明建设委员会的领导下正式成立了玉山县爱城者公益协会——以关爱城市一线工作者(环卫工人、交警、城管、园林工人等)为导向的一个公益组织。该协会2017年被评为上饶市学雷锋志愿服务示范队。2018年,玉山县爱城者公益协会爱心早餐项目荣获上饶市"优秀志愿服务项目"。2020年12月,该协会被玉山县委、玉山县人民政府授予创建第六届全国文明城市工作"先进单位"称号。协会自创立以来到2021年底,共开展活动110余次,派送爱心物资80余万元,服务人群5万余人次,欧阳东自己的志愿服务时间已达5000小时以上。

精心组织　不断完善管理

玉山县爱城者公益协会有公益项目2个——免费派发爱心早餐项目、"爱心冰柜"项目,以及免费理发、助力湿地生态保护等各类公益活动。随着协会知名度越来越高,会员也成倍增加,会员的社会阶层也越发复杂。如何组织会员更好地进行公益活动、更好地奉献爱心,成了欧阳东迫切需要解决的问题。为此,他从网上查阅了各地爱心组织的管理方式和活动方法,结合自己协会的特点,先将协会中活动积极且有见解的一部分人独立出来列为骨干,并牵头制定各项规章制度,完善工作流程。协会的爱心公益自此有章可循、有度可依。

投身防疫　彰显党员情怀

2020年初,受疫情严重影响,他关闭了县城新建路的服装店,居家期间一心想着怎样为在防疫一线的工作人员做点好事。一日,爱心企业怀晟食品有限公司的老板黄震问他可否每天晚上为防疫卡口的志愿者们送去新鲜面包,他一拍即合喜上心来。自2月5日起,他伙同志愿者好友,连续7天傍晚自愿到高铁新区的怀晟食品有限公司生产车间帮忙,然后与怀晟食品有限公司老板及伙计们把一箱箱的新鲜面包送到县城中、西、南、北的7个防疫站点,慰问在岗位值守的志愿者和部门工作人员,每天晚上行程30余公里,直到深夜11点钟才回家;之后又在做好防护措施的前提下,多次组织爱心商家为医院、防疫站等单位进行爱心益剪,为在防疫一线的工作人员送口罩、酒精、饮用水等防疫物资。他的善言善行得到玉山县多名领导点赞。身为岩瑞人,他还带上2000多个口罩、几箱八宝粥到离家不远的320国道浙赣交界点慰问防疫一线干部,被"玉山之窗"微信公众号和《上饶日报》报道,在数十个微信亲友群及微信工作群产生积极

影响。

欧阳东说:"我一直以中国好人虞元顺、江西省优秀志愿者程丹为榜样,把好事一直做下去,把队伍带好。"他只是一个普通的"80后"创业者,一个朴实无华的奋斗者,处在一个还可以装酷耍帅的年龄段。然而,与许多同龄人不一样的是,他正走在一条"标新立异"的路上。欧阳东用自己的行动证明着自己的誓言:公益事业是我一生所求,我必将为此付出一生的时间。

事迹点评:他是一位普通的个体经营户,是玉山县爱城者公益协会的主要创始人之一,是活跃在环卫工人等弱势群体、交警城管等一线工作者身边,不断进行资助的领头人,年纪虽小,办的事却很有影响力。他和他团队的事迹多次被市、县主流媒体报道,在整个上饶市志愿服务领域都颇有影响力。

奋斗在守护平安的路上
——记"上饶好人"钱少彬

颜吉长

人物档案： 钱少彬，1977 年 1 月出生，现为玉山县公安局 110 处警队负责人。

主要荣誉： 自 2013 年入警以来，先后获评"上饶好人"、上饶市政法系统"政法标兵"、上饶市公安局"最美警察"、上饶市公安局"我是党员我带头"先进个人，荣立个人三等功一次。

"先把人救出来，如果发生其他情况，我一个人进去，也算是把损失降到了最低。"这是钱少彬在冲进火场救人前所想的。

初见钱少彬，其干练的形象便给人留下深刻印象——短发，精瘦，中等个头，腰杆挺直，目光炯炯。

钱少彬出生于 1977 年，1998 年大学毕业，先是当了一年多人民教师，后来参军入伍，成为人民子弟兵。2012 年他从部队转业回来，进入公安系统工作，现在是玉山县公安局 110 处警队负责人。

一

服役期间，钱少彬勇救投掷手榴弹失手士兵，荣立"个人三等功"和"个人二等功"各一次，并在部队光荣地加入中国共产党。2012 年，他从部队转业回来。在面临二次择业时，根据当时的转业政策，他可以在全市范围内多元选择。他认为"保家卫国"和"保护人民"是一脉相承的，就毫不犹豫地回到家乡玉山，选择当一名人民警察，到距离县城 30 多公里的偏远乡镇南山乡派出所工作。

进入公安系统工作之后，钱少彬始终保留着部队优良的作风。为了尽快进入角色和胜任工作，他虚心求教、不耻下问，刻苦钻研公安业务知识，并将所学知识及时运用于实际工作中。当谈起在基层派出所工作的感受时，钱少彬说，

基层工作很平凡、琐碎,处理的都是小事、小案,没有轰轰烈烈,经常是"白加黑""五加二",节假日几乎没空陪伴亲人。他反而喜欢这种工作氛围和节奏,特别是当他以"人民警察"的身份和群众打交道的时候,能够融入群众、帮助群众、守护群众,是一种别样的快乐。

融入群众才能真正解决问题。2015年的一天,钱少彬接到群众报警,反映的情况是一个少年跑去他家里偷东西吃。在初步掌握情况后,钱少彬对这位"失足少年"的相关情况进行了详细了解。原来,这位少年是一个留守儿童,名叫王子华(化名),其父亲是在押人员,母亲已离家出走,平时和年过八旬的奶奶相依为命,生活十分困难,偷吃只是为了填饱肚子。面对王子华所犯下的错误,钱少彬少了一份警察的威严,多了一份父爱般的关怀。他积极主动联系学校,希望学校能让王子华重返校园,并表示自己愿意担负王志华的学费。在钱少彬的努力下,学校不仅同意让王子华返校学习,还减免了一些学杂费。之后,只要是遇到值班,钱少彬总是会去学校找王子华来所里坐一坐、聊一聊,了解他的思想状况和学习情况,问他缺点什么,及时给他添置学习用品,并资助他生活费。

在钱少彬的持续跟踪教育感化下,王子华顺利地完成了初中学业。

"后来,虽然王子华没有考上高中,去学理发手艺了,但是这个孩子非常懂事,逢年过节都会和我联系,和我聊他的工作、下一步打算,有拿不定主意的地方也会向我咨询意见。"钱少彬非常自豪地说。

二

"烈火无情人有情,奋不顾身勇救人""大火无情人有情,救命之恩永记心"。这两面锦旗是双明镇徐村居民杨某及家人为感谢双明派出所和钱少彬个人所赠。

哪里有危险,钱少彬就出现在哪里。2019年1月14日的中午,家住双明镇的杨某家中因电线老化导致房屋着火。而此时,钱少彬和同事们正在食堂用餐。接警后,他们立即放下手中的碗,以最快速度到达现场,立即分组分工,开展救援灭火工作,并疏散围观群众。

火灾现场到处浓烟滚滚,火势也越来越大。得知杨某还被困在屋内,危急时刻,钱少彬没有半点迟疑,顾不上同事和群众的阻拦,并果断拒绝同事和他一同进入火场搜救。他将上衣打湿当作面罩,带上手电筒,独自冲进火场救人。在搜救时,他凭借过硬的消防知识和心理素质,克服可见度极低的困难,认真搜寻目标。在二楼搜寻未果后,他便前往火势更大的三楼搜寻,幸运的是,在楼梯拐角处发现了处于昏迷状态的杨某。在检查杨某是否骨折后,他快速抱起杨某,从火场中逃离到外面安全地带。

钱少彬把杨某从火场救出后,发现他们带去的灭火器也已用尽,但火势仍在蔓延。他于是又爬上附近村民家的房顶,从楼顶蓄水塔里取水来灭火,尽最大努力控制住火势,协同消防人员最终成功灭火。

救援结束后,钱少彬才发现自己在火场救人时吸入了大量的浓烟,导致喉咙里出现了异物。后来经过住院治疗,他咽喉的疼痛才逐渐好转。

直到现在,他的咽喉还会经常发炎,甚至失声,说不出话来,还引起了头痛、听力下降等症状。

"你为什么拒绝同事和你一起进去救人呢?"我好奇地问道。

钱少彬说:"其实在救人的时候没有多想,只是觉得要先把人救出来。我毕竟是当过兵的,我感觉我的素质会比我同事好一些,还是有信心救出杨某的。如果发生其他情况,我一个人进去,也算是把损失降到了最低。"

危险时刻,冲在前面,钱少彬用最美逆行诠释共产党员的担当。

三

2021年1月,钱少彬被组织任命为110处警队负责人。110处警队工作很忙,要24小时接警、出警,就连睡觉,也多是半睡半醒,随时待命。那么,到底有多忙呢?过去一年,110处警队共接到群众报警8000余起,每天都要出警,多的时候一天出警三四十次。

在钱少彬办公电脑桌面上的一份名为"工作掠影"的文档中,记录了包括警情类型、报警时间、处理结果等信息的警情小结。

例如，2022年1月1日中午12时许，110处警队接指挥中心指令称：在玉华中路附近有老人找不到回家的路。110处警队接到指令后立即赶到现场，对老人进行救助。在走访周边群众时没有得到有效消息，加之天气寒冷，为了更好地保护好老人，民警将老人带回110处警队。在处警队，老人情绪慢慢平静，回忆起自己小孩的名字。民警根据老人提供的小孩信息，通过大数据平台查找到老人儿子的信息，通知老人儿子到处警队将老人接回。

再如，2022年2月12日上午9时许，110处警队接指挥中心指令称：有群众捡到遗失身份证，求助110找回失主。民警联系报警人，根据报警人提供的地点迅速赶到现场，将遗失身份证带回到处警队，通过大数据平台查找遗失身份证的主人，通知失主到处警队领回丢失的身份证。

110处警队什么事都管吗？是的，包括抓捕犯罪分子、打击赌博、指导群众安装防诈骗App等警察该管的分内之事，还有帮助老人回家、找回丢失的手机、处理家庭矛盾、协调消费纠纷、讨回拖欠工资等之类的琐事。只要是群众反映的问题，只要接到群众报警，110处警队就会立刻出警，一管到底。

春节，对于110处警队而言，是工作最为繁忙的时候。2022年2月10日中午12时许，钱少彬和同事利用出警后返回警队的间隙，对武安西路附近的群众进行反诈骗宣传教育，询问相关人员是否安装反诈App？当得知有少部分群众未安装反诈App后，钱少彬手把手地教他们安装反诈App，告诉群众不要轻易点开未知来源的链接，特别是涉及转账返利等情况，一定要多加小心，守好守牢自己的钱袋子。

110处警队的工作虽然很忙、很累，可是钱少彬一点儿也不觉得辛苦，反而觉得很快乐，特别是看到成绩或是群众脸上露出满意的笑容时。"钱警官，您帮了我这么大的忙！给个机会，我想当面向您致谢！"这是钱少彬和同事们通过三天的不懈努力，帮助浙江金华市失主小张找回一部遗失在高铁上的ipad平板电脑后,小张给钱少彬发的微信。

钱少彬告诉我:"110处警队是服务群众最好的一个平台,可以24小时无时无刻地和人民'捆绑'在一起。"他是这么说的,也是这么做的。在他的带领下,现在110处警队不满意警单已经下降到1%以下,获得了诸多荣誉,荣誉室墙上挂满了群众赠送的锦旗。

入警以来,钱少彬荣立个人三等功一次,获得"最美警察""先进个人""优秀共产党员""上饶好人"等多项荣誉。

从部队到地方,从乡镇派出所到城区110处警队,从人民子弟兵到人民警察,变的是岗位、角色,不变的是钱少彬一直在坚守的、他在党旗下做出的为人民服务的郑重承诺。

采访结束后,钱少彬又回到值班岗位,继续他的守护。而夜色中的县城街头,已是华灯璀璨、流光溢彩,处处洋溢着元宵佳节的欢乐、祥和气氛。这里欢乐、祥和,是因为有像钱少彬这样千千万万个人民警察在时刻准备着,默默地守护着。

事迹点评:忆往昔,一身戎装保家卫国;看今朝,一身警装服务人民。

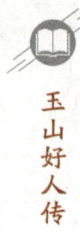

让爱心顺着电网流淌
——记"上饶好人"黄宏伟

吴慧敏

人物档案：黄宏伟，1980年2月出生，玉山县冰溪街道居民。

主要荣誉：2019年"上饶好人"获得者，2018年上饶市"优秀志愿者"获得者，2017年获全省第六批"雷锋哥(姐)"荣誉。

一条两公里的三相线路，连通了脱贫户杨水岗的脱贫致富路。2018年，脱贫攻坚工作在全国全面展开，黄宏伟在党和国家的号召下，成为一名基层扶贫干部，与当时还是贫困户的杨水岗结对帮扶。"要脱贫，不能只想着靠政策、等政策。"抱着这样的想法，在深入了解杨水岗的情况之后，黄宏伟决定在及时传送党和政府对贫困户关怀的

基础上，鼓励杨水岗努力劳作，扩大鱼的养殖规模。当时鱼塘养殖处较为偏远且只有一间废弃的老屋可以栖身，这里还没有报装用电。

没电，意味着晚上没有稳定的照明，也意味着在这里养鱼不能使用现代化养殖仪器，养殖和捕捞都要完全依靠人力，这样不仅限制了鱼的产量还增加了平时养殖和捕捞的人力成本。黄宏伟得知这个情况后，通过主动倾听贫困户杨水岗的诉求，配合所在供电所管理人员查看实地情况，与村干部商讨解决方案。最后，他将三相电网延伸的方案提交给国网玉山供电公司，在公司领导的支持下，通过相关部门、单位的通力协作，及时争取项目资金和组织施工力量。从

2020年5月正式接到杨水岗的诉求,到2020年12月完成架设10千伏线路近2公里、新增100千伏安变压器一台、新建0.4千伏低压线路100米,最终次年1月完成三相电线路架设,打通村民用电"最后一公里",让杨水岗的养鱼基地实现"用电自由"。如今,杨水岗在养鱼基地守夜时也能用上电灯,养殖和收获时也可以用上现代化农机设备。打通杨水岗用电"最后一公里",极大地助力他实现自主劳动脱贫的目标。在这个过程中,黄宏伟不仅履行了扶贫干部和国网供电职工应履行的岗位职责,还用心用情想群众所想、急群众所急,得知群众有困难时,尽最大努力帮群众走通办事流程,助力他们实现改善用电情况的心愿。

像这样帮助群众解决用电困难的事情,黄宏伟做了很多,一个人的力量有限,他就带动身边的同事组成安全用电志愿队。2016年4月,单位安排黄宏伟到仙岩镇供电所担任负责人。"担任供电所负责人,意味着组织把这里的人民群众用电工作交到了我的手上,不仅要保障这里的人民群众用电稳定,还要保障他们的用电安全。"黄宏伟接到新岗位任命时提醒自己,要保障用电稳定,更要保障用电安全。那么,如何才能让仙岩镇居民,特别是偏远村庄的村民用电更安全呢?

定期上门检查线路使用情况,普及安全用电小知识,这是黄宏伟想到的最直接的解决方案。只是,一个人的时间、精力有限,于是他号召供电所的同事组成安全用电志愿队,定期开展安全用电宣传。此外,他还从村镇要来辖区范围内的困难户、留守家庭、独居老人家庭等名单,每逢换季或者用电安全问题易发时期就组织安全用电志愿队的队员上门入户检查线路安全,维修用电设备,同时也为他们带去党的关怀。

2017年除夕的前夜,在仙岩镇毛家社区的刘在焕家里,当灯泡亮起来时,81岁的老刘紧握黄宏伟的手:"感谢你!一直帮助我这个无儿无女的老头子,让我用上电。"2016年5月初的一天,他在走访仙岩镇毛家社区0.4千伏刘坞坑台区用户时了解到

81岁的刘在焕是五保户,家中的电力线路"细、乱、差",时常因用电线路漏电造成漏保频繁跳闸。第二天,黄宏伟自己掏钱买来了用电线材,带上工具直奔刘在焕家。他辛苦两天,为老人居住的房屋重新安装了新线路、新电灯和新开关,让老人能在夏季前用上"放心电"。一年来,他不仅用心照顾刘大爷安全用电,而且节日里为大爷送去米、油等日常用品,顺便干点重活。

仅2016年,他在仙岩供电所工作期间利用业余时间先后5次帮助敬老院、学校、医院等公益性单位做好安全用电宣传、检查和隐患消缺工作,定期上门为16户孤寡老人、43户空巢老人、27个贫困户免费电力维修。

"我带的东西不值几个钱,我更担心大爷烤火的柴够不够、水缸里的水有没有,他心情好不好。见到他挺好,我就放心了。"2016年,黄宏伟在巡查0.4千伏线路时,得知仙岩镇黄坳村69岁的周大爷是空巢老人且身患重病,生活状况非常差。自认识的那一刻起,他就决定义务担负起照料周大爷的日常生活的责任,一帮就是五年多时间。其间有不少质疑的声音,他都一笑而过,他告诉自己:"帮助这些空巢老人不图什么回报,只是在自己力所能及的情况下,能帮一个是一个。"黄宏伟家住县城,就职于国网上饶市玉山县供电公司,已经很久没有务农的他帮周大爷挑水、劈柴、春播、秋收,照顾周到,为周大爷人生的最后几年送去些许温暖。2017年2月12日,突如其来的冰雪天气让居住在大山里的周大爷几天都无法出门。为了不让周大爷生活受到大的影响,他带上肉和蔬菜等生活必需品,徒步走了两个多小时的山路,终于把东西送到了周大爷手上。有人问他:"这么冷的天,山路这么难走,现在是正月,老人家应该不会饿着,你又何必着急赶进山里去呢?"黄宏伟从不多做解释,而是遵循内心的想法,默默地做,默默地穿梭在大山和城市之间。

2017年底,他了解到仙岩镇黄坳村的贫困户、80岁的邱发友老人独自抚养3个孙辈,便主动联系公司相关负责人,希望能成为邱发友的结对帮扶对象。在确定为结对帮扶对象以来,他积极协助老人联系看病的医院,帮助解决小孩上学的难题,让邱发友有依靠。

刚确定为结对帮扶对象时,黄宏伟了解到这位80岁老人的儿子已经去世,儿媳也下落不明,家里只剩下年迈的她和3个未经世事的孙辈。其中最小的才上小学,最大的也不过正在读初中。变故来得突然,邱发友老人一家几乎丧失所有经济来源,但是生活还要继续,小孩未来的学费和心理教育都是亟待解决的困难。

"我希望她的3个孙子努力学习,通过知识改变命运,当然,更重要的是做好他们的心理疏导,让孩子健康成长,也让邱发友可以看到生活的希望。"黄宏伟请教身边有经验的朋友,学习相关心理知识,决定先从融入他们的生活、打开他们的心结开始。于是,黄宏伟没事的时候就往邱发友家中跑,帮她做家务,陪她聊闲天,偶尔也解答孩子们在学习上的问题。邱发友的腿脚不方便,虽然已经有政府的补助,但是为了给孩子们更好的生活,也为了给孩子们树立自立自强的榜样,邱发友还是坚持务农和捡些板栗等"山里货"到集市上卖。为了让邱发友进出家门更安全,黄宏伟买来水泥、砂石、砖等材料,与自愿前来帮忙的同事一起将邱发友门前屋后坑洼不平的泥土路铺平,修起平整的台阶。经过长时间的相处,孩子们的心结慢慢被打开,生活中、学习上遇到困难也愿意找黄宏伟倾诉。现在,邱发友最大的孙子已经进入职业学校学习技术,2个年纪较小的孙子也立志好好学习,并且学习之余常常帮助奶奶捡板栗、做家务,还在学校和村子里做些力所能及的事情,老师评价他们是乐于助人的好孩子。经过多年的相处,黄宏伟对邱发友来说不仅是党和政府派来的一名帮扶干部,更像是家里的"儿子"。邱发友经常招呼黄宏伟到家里坐,捡了新鲜的山里货也要打电话让他来家里拿些去吃,与乡亲聊天时对黄宏伟赞不绝口。

黄宏伟乐于助人的事迹很快在村居群众当中广泛传开来。"他服务挺不错的,平时我们家里用电有个问题,一打电话他就及时赶到。家里新买的电器,他也来帮我们装。"仙岩镇黄坳村的人们这样评价他。

在采写这篇人物事迹的过程中,有一位来自仙岩镇官溪社区卫生院的驻村医生跟我们说:"杨水岗和邱发友来我这里检查身体的时候也经常和我们说帮扶他们的帮扶干部黄宏伟是一个大好人。""本来没有期望太多,但是黄宏伟的所作所为,让我们感受到了温暖,看到了发展的希望,也正是他在我们人生最灰暗的时候将希望之火带到了我们原本困苦的生活之中。"

事迹点评:你像一根电杆,立足乡野,为深山里的生产养殖带去希望;你像一根电缆,坚韧无言,为乡村贫弱妇孺连通发展和希望。一个人的力量有限,所以,千千万万的电杆和电线将爱心汇聚,让希望连通,点亮一户又一户乡村房屋,也点亮屋主追求美好生活的希望。

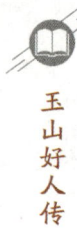

身边好人的发现者
——记"上饶好人"封凡礼

陈新平

人物档案：封凡礼，1972年5月出生，中共党员，中学高级语文教师。
主要荣誉：2019年第六期"上饶好人"获得者。

说起中国好人虞元顺、王登国、胥亦龙、吴令、许丰敏、王谷卫、纪金星……封凡礼耳熟能详，因为这些好人的素材都是他和同事们第一时间发现、采写、报送的。2013年4月至2019年2月，他在县委宣传部工作6年间，在领导指导和同事协助下，先后采写、报送身边好人事迹材料70多份，成功申报"中国好人"6人、"江西好人"11人、上饶好人18人。他在做好玉山本地美德人物推荐的同时，以宽广的胸襟和敏锐的眼光，积极协助周边县（区、市）文明办同志在中国文明网、《江西日报》等宣传平台传播好人事迹，为姹紫嫣红的上饶好人百花园增添亮色。

封凡礼参加玉山县首届新时代"十个最美系列"颁奖

报送"中国好人""江西好人"是有严谨的工作程序的。为了及时发现身边好人，封凡礼一天到晚忙个不停，不仅浏览各大媒体对玉山身边好人好事的报道，还收集各单位张榜的好人好事。他每月传报好人好事线索数百条，总数达到7900条,示范引领各单位在"江西好人网"和移动平台传报好人好事线索。合力助推玉山县传报好人事迹线索上一万条、两万条、三万条……玉山县好人好事传报数连续十几个月居上饶市所属县(区、市)之首。

得知王谷卫、许丰敏("中国好人"获得者)在冰溪河救人的消息,封凡礼和电视记者第一时间采访,当天该新闻被"文明江西"微信公众号采用,首创该平台单条新闻阅读量100000+。这个事例被江西省文明网总编辑在中央文明办组织的全国县(市、区)文明网骨干人员业务能力培训班上引用并解析工作法。

因其工作谨慎务实,封凡礼先后两次参加全国宣传干部学院培训,后在省文明办跟班学习,并跟队深入抚州、宜春两市22个县(市、区)开展文明指数测评。

2019年,玉山县创建全国文明城市进入第八个年头。这年3月,封凡礼转岗到玉山县教育体育局创建办。在县创建指挥部和局领导指导下,他先后参与实地指导和把关软硬件建设质量、创城标准的解释、文明城市管理平台后台条目的设计、创建全国文明城市基础知识题库的采编、县城路段及公共场所基础设施改造数据统计等方面的创城技术指导,同时利用"教体局创建办"微信公众号宣传文明礼仪卫生常识,营造全民同心共建氛围,为2020年玉山县创成第六届全国文明城市竭尽全力。他的事迹先后被中国文明网、江西省文明网、江西新闻、《上饶日报》等媒体报道。

封凡礼对待本职工作是认真严谨的,志愿服务也是勤恳负责的。2013年7月,他自愿加入玉山县青年志愿者协会。随后他又加入了爱城者公益协会、教体系统学雷锋志愿服务队、科技志愿者服务队、春江水暖公益群等多个志愿服务群体。妻子了解他的兴趣爱好,主动承担了家务杂活,让他"有时间就做志愿者"。

爱城者公益协会是玉山县一支专门服务县城环卫工等劳动者的爱心团队,是上饶市学雷锋志愿服务示范队。自2016年12月创立以来,协会开展活动112次,派送爱心物资80多万元,服务城市一线劳动者逾30000人次。该团队被市级以上媒体报道近十次,被市、县领导表扬多次。2018年,封凡礼获聘担任名誉会长。他与会员在法治广场和金沙溪湿地公园以横幅、口号和捡垃圾方式宣传文明休闲;他与会长欧阳东倡议并协作,率团队骨干在十天内完成了资金筹集、鱼苗采购和放流河段勘察,组织市民和小学生放流个体较大的草鱼、鲢

鱼、鳙鱼、鲫鱼8000尾。每月28日早上例行举办"爱心早餐"活动,封凡礼会早早来到七里街,与在另两个点位服务的志愿者相呼应,把300余份面包牛奶送到城管局环卫所工人手中。至2021年底,爱心早餐活动共开展49次,封凡礼在场服务26次。

给城市美容师免费体检、给防疫值班人员免费理发、组织环卫工和交警包粽子、组织全体环卫工免费聚餐、深夜送点心到值守点……八年来,封凡礼参与爱城者公益协会组织的志愿服务活动50多次。

玉山县教体系统学雷锋志愿服务队是上饶市学雷锋活动示范点,在创建全国文明城市过程中发挥了重要作用。2020年,在局领导的密切指导下,封凡礼所在的局创建办完善了这个团队的架构,充实了队员人数,使队伍服务能力更强大。在县城,封凡礼经常参与局机关工作人员所在的红旗志愿服务队的活动,如路段文明行为劝导、社区文化活动、路口文明交通劝导、爱心物资搬运等。多年来,他参与县教体系统学雷锋志愿服务队组织的活动80余次。同时,他又加入"春江水暖公益群",与群主许春水等数十位爱心人士一起捐款,救助车祸受伤人员,救济重病老人,为视障家庭优秀孩子颁发奖学金,为弱势群体撑起一片天。

2019年春季,以封凡礼为"生产队长"的七人环保酵素推广小组,业余时间生产100多桶环保酵素和万余斤堆肥,试验用环保酵素种植大豆、花生、蔬菜、瓜类逾5000株,种植水稻田两块。这个互助组推广使用环保酵素一事被《上饶日报》报道,一群群学生学习制作使用环保酵素并体验采摘乐。学生群体劳动画面印证了玉山县推崇生物多样性保护,图片被选用为年度全国文明城市测评资料。

多年来,封凡礼随青年志愿者参加活动的次数比较多。官溪、樟村、紫湖……他走过玉山县16个乡镇街道。每一次访问,车的油费由志愿者个人掏腰包。有一次,他驾驶的小汽车在樟村一个偏远村庄的桥头遭遇大坎,一个车轮悬空,进不了,退不了。同行的志愿者搬石头把大坎垫平,车才下去。另有一次,小汽车在偏远乡镇的一条村道靠边行驶时,车胎蹭坏了,他费了一番工夫才继续前行。志愿服务路上风风雨雨,他们相互帮助,平安走来。

未成年人可以参与哪些类别的志愿服务?农村中小学校的未成年人在怎样的情况下开展志愿服务?带着丰富的专业知识,封凡礼深入中小学校,向未成年人倡议志愿服务。结合数年志愿服务的经历、感受,凭借数年创建工作的知识积累,他把"关爱社会,关爱他人,关爱自然"志愿服务送进学生心坎,师生纷纷点赞。

一场场公益行动,一次次志愿服务,封凡礼的善举得到各方好评。他连续四年被玉山县文明办、玉山县爱城者公益协会评为"优秀会员";2017年12月被玉山县社会公益组织孵化中心评选为"公益之星";2019年12月被玉山县志愿者协会评为"杰出星级志愿者"并奖励"特殊贡献奖"奖杯。玉山县创建第六届"全国文明城市"工作先进集体和先进个人表扬会上,他作为"先进个人"上台亮相;上饶市委宣传部、市文明办主办的2018年度"上饶好人"优秀志愿者现场交流活动,他作为优秀志愿者代表展示形象。

2021年7月,上饶市教育局选派封凡礼到玉山县下镇镇渎口村参与巩固拓展脱贫攻坚成效同乡村振兴有效衔接工作。他虽然离开了创建工作最前线,仍然把生态文明、精神文明、人类命运共同体等善念在人群传播。乡村林荫路上,他用心捡拾垃圾;整治通道沿线和里弄小巷卫生环境,他十分卖力;宣讲卫生防疫和户外环境卫生,他东奔西走。他觉得志愿服务在城乡广泛开展,每个"优秀志愿者"都要做示范、当表率。

2022年,封凡礼把大量时间用在钻研和参与乡村振兴工作上,他计划业余与好友从县外引进专家开展道德讲座,参与开发青少年劳动教育场所,参与公益读写活动,把志愿服务的旗帜高高举起……把爱、慈悲和责任扛在肩上,是他对自己灵魂的告白。

"怀一份至善的心思,说一些让人温暖的话,每天做一点让别人开心的事。"这是封凡礼微信上的一段话,也是他的人生格言。

事迹点评:心怀责任、慈悲和爱,言出诚意、正直和友善。感恩奋进是他生活的原动力,量力助人是他的处世原则。他用细心热心发现身边好人,弘扬社会正能量;他把点滴智慧和力量融入志愿服务行列,在精诚合作与不懈进取中锻造幸福人生。

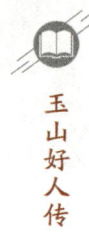

一位脱贫户的"小康情结"
——记"上饶好人"罗满堂

叶琳利

人物档案: 罗满堂,1966年12月出生,玉山县怀玉乡玉峰村八组村民。
主要荣誉: 2020年第一期"上饶好人"获得者。

玉山县怀玉山景区,群山环抱,"盛夏夜盖被,立秋桃始熟"是山中气候的真实写照。

地处景区中心的玉峰村,游客开始成倍增长。每逢节假日,玉峰村天天车水马龙;不仅如此,80多家民宿也全部爆满。

"现在大家都憋着一股劲,不仅要脱贫,还要致富,让玉峰村成为人人羡慕的'绿富美'新时代秀美乡村。"玉峰村民宿协会会长罗满堂表示,他现在成了村里的"脱贫明星",民宿加上培植红豆杉苗、桂花盆景,每年的收入近20万元。他的脱贫历程激励着更多村民走上脱贫创业之路。

一

因为各种原因,过去这里是偏僻贫穷的小山村,群山蜿蜒,交通落后,山道十八弯,老百姓过着与世隔绝般的闭塞生活。罗满堂的父亲是个农民,仅仅读了36天书就辍学了,脸朝黄土背朝天地靠老天爷施舍一口饭吃,遇上大旱或大灾,饿肚子就是寻常日子。但他从不抱怨,得空就捧着书本自学,时间久了,竟也没什么字能难倒他。为了活下去,他逮着机会跟人学医。一开始别人不肯认真教他，他非常有心地把捣烂的药渣留起来，悄悄种到地里，居然等到这些顽强的生命力再次生长，一一认出来并重新认识它们。就这样，他成了远近闻名的中医，各种疑难杂症药到病除，家里的日子一天天好起来。

　　罗满堂一共有九个兄弟姐妹，他排老六，上有三个姐姐两个哥哥，下有两个弟弟一个妹妹。父亲看书多，唱得一口好越剧。罗满堂继承了具有革命乐观主义精神的父亲的一身优点。他跟着父亲学毛主席语录、学医，尤其擅长治疗骨髓炎（俗称"黄鳝洞"）和蛇毒等疑难杂症。他利用"升丹""降丹"技巧，剔除腐肉、拔毒生肌，给当时不少上门求医的病人解除了痛苦。时间久了，方圆百里的人们循着名声过来寻医，罗满堂也从来不让人失望。遇上被毒蛇咬了的病人，抢到时间就是抢回了一条命。很多时候病人身上没钱或带的钱不够，医者仁心，罗满堂都是免费为他们治病到好。

　　改革开放的春风终于吹进深山，罗满堂也和村里人一起背起行囊，来到温州打工。在这里，天性好动的他就像鱼儿游进了大海，练武术，喜开车，交朋友，就像生命力旺盛的"百草"，扎根在温州。不久，秉性善良实诚的他遇上了贵人，开始学做生意。加上勤奋又肯钻

研，不久挣到了第一桶金70万。在二十世纪，这是一笔巨款了。就在罗满堂沉浸在对美好生活的向往中时，不幸骤然袭来，年轻的妻子突然心梗离世，丢下3个儿女丢下他，不管不顾地离去。看着9岁的大女儿抱着4岁的妹妹和3岁的弟弟哭成一团，罗满堂堂堂七尺男儿，忍不住潸然泪下……就这样，他又当爹又当妈，扯着三个孩子艰难地过日子。春天雨水多，孩子总跌倒，衣服动辄脏兮兮的。屋角的脏衣服堆成小山了，罗满堂才用箩筐一口气拎到河里，倒些洗衣粉，用双脚一通踩，囫囵洗个遍儿，然后连夜晾上。有时衣服再穿身上，还看得见上一次没洗尽的污渍。男儿有泪不轻弹，不容易啊。

　　为了儿子读书，罗满堂回到了家乡，从此再没有出门。他的想法很简单，若

儿子因为他的缺席而不学好,他挣再多钱又有什么用?但坐吃山空总归不是办法,罗满堂尝试着在家乡做生意,然而这偏远的赣东北毕竟不是沿海发达地区,很快,他的70万打了水漂。罗满堂再一次回到10多年前,一贫如洗。这个时候,为了不让小孩受委屈,罗满堂更不肯再婚,得过且过和茫然无措是那段时光的真实写照。

二

随着到怀玉山旅游的人越来越多,急需建设一批精品接待服务项目,既提升旅游品质,又切实为玉峰村群众拓展增收渠道。

一个细雨纷飞的日子,如往常一样,罗满堂坐在家里歇息。这时候,村支书卢芳与扶贫干部登门拜访,陪他聊天。

聊着聊着,话题突然转到发展民宿上,村支书言明要罗满堂带头来搞。老罗听后苦笑道:"我倒是愿意,可场地在哪里呢?"没想到他话音未落,卢支书就站起身说,你既然把话说到这个份上,余下的事好办,老村部让给你。

罗满堂想,这样的地方,改造一个院子,应该会有城里人来。作为曾经出去见识过、在商海历练过的人,他深知城里人的需求。比如旱厕得改成卫生间,且每间房子都得有,还得解决水、电、供暖等问题。改造院子,自然需要投入。可他早年做生意血本无归,至今还欠下一屁股债,拿什么来改造门面?正低头生闷气时,村扶贫干部拿出一份创业贷款申请材料,让他在上面签字,他轻而易举地获得了5万元创业贷款。几个月之后,基础设施基本改造完成,民宿就开始营业了。

第一拨客人来的时候,罗满堂内心还十分忐忑。没想到,客人对他家的民宿和服务还挺满意。独特的风景、别具一格的经营模式以及各种当地小吃,为罗满堂的民宿带来了无限生机。旅游高峰时,一个月收入2万多元。

"我是怀玉山的儿子,我永远不会忘记这片养育过我的土地和淳朴的乡亲们。"为了儿时回报家乡的梦想,罗满堂毫不犹豫地将这个收入告诉了大家。山民们开始感到惊异,以前在外拼死拼活,一年下来赚不到几个钱,现在待家里,也能轻轻松松挣钱。于是,村民纷纷仿效,政府及时引领,一家家风格迥异的民宿如雨后春笋般开设出来。

扶贫更扶智。在接下来的经营中罗满堂发现,真正意义的扶贫,是要让曾经只会种地的贫困农民学会一技之长，然后通过技能去赚钱脱贫。要运营好民宿，平台很重要，要善于借助平台推广。他把想法说给村两委班子和扶贫干部听，建议很快得到采纳。于是，村里组建民宿协会，通过相互合作，充分利用平台很好地解决了客源问题。对新建的60套旅游民宿，全部按三星级标准予以装修，昔日破旧的民房，如今经过设计装修，变成了乡情、乡恋、乡愁等主题民宿。对开办农家乐和民宿的农户，给予贴息贷款和创业补贴，极大地激发了群众创办旅游民宿的热情。

三

在玉峰村，不仅能够体验红色与绿色相得益彰的旅游文化，也能感受到浓厚的历史与文化传承。坡屋顶、石头墙、篱笆院、密树林，还有那一口纯正地道的怀玉山土话，让人一进入山村，就有一种返璞归真的亲切感，再浮躁的心也能沉静下来。

唐大历年间（766—779），由僧志初担锡入山，创法海寺。后来，汪端明、曾黄州、王安石等均有题咏。五代时，法海院禅月大师贯休，于此完成十六罗汉手稿。宋赵章泉有"禅月诗僧古道场，山雄吴楚接华阳"的诗句。清赵佑亦有"题洗墨池"诗。北宋文士杨亿，建精舍于法海寺侧，为儒宗进山之始。

淳熙五年（1178），朱熹莅玉。朱熹、汪应辰、吕东莱、陆象山等先后讲学于草堂书院（即后来的怀玉书院）。玉山之会，鹅湖之争，轰动一时。草堂（怀玉）书院，遂与白鹿洞、鹅湖并立于东江。玉山留下了《玉山讲义》卷，传为朱熹手笔。怀玉山上并存有朱熹后来栽植的梨树一棵，以及狐仙洞、狐氏墓等遗址、传说。宋末，书院废，王奕与谢叠山同隐怀玉，复建草堂书院（又称斗山书院）。嘉靖三十三年（1554），江西提学王宗林改寺为书院，题额"怀玉"，怀玉书院之名，由此而始（据王宗林《怀玉书书记》）。有《佚名题怀玉书院》曰：

修身诚意正心致知格物，先齐其家，孝事君，弟事长；

博学审问慎思肯辨笃行，果能此道，愚必明，柔必强。

自幼耳濡目染怀玉文化，罗满堂心中有大义。为抗击新型冠状病毒疫情，他献上绵薄之力，带头捐款3000元人民币，用于购买抗疫防控物资；作为村里的文化宣传员，他主动请缨要求参加防疫工作，组织了由多名贫困户参与的义务宣传队，挨家挨户发放防疫宣传资料，宣传上级的防疫工作要求；作为民宿协

会的会长,他上门督促会员们落实政府通告,不得擅自营业,排查是否有湖北方向的游客近期居住过,积极配合村两委开展防疫工作。

他说:"我不是医生,去不了一线治病救人,但是在这里能做一些力所能及的事。在我贫困潦倒时,我是靠着党的温暖才一步步走向小康的,现在我是一名党员,疫情面前更要'见红旗就扛,遇困难就上'。"2014年被纳入贫困户后,罗满堂家里一度异常拮据,欠下过不少外债。在各级党委、政府和帮扶干部的帮助下,他敢于第一个吃螃蟹——办起了农家乐,租田地搞种植园艺。他重拾生活的信心,成功脱贫致富,重组幸福家庭;带领全村人致富,成了玉峰村民宿协会首届会长,以行业协会力量促进全村民宿农家乐产业发展。

横峰县领导听了罗满堂开设民宿带领全村人脱贫致富的故事,特意请他去讲课。罗满堂用智慧的语言,风趣地告诉大家:"当今开民宿,是老百姓最好的职业。在家能够照顾好父母,解决夫妻异地分居的问题;白天挣钱,晚上数钱,搂着老婆睡好觉,这样的生活你要不要?"大家开心大笑,再多的顾虑都被抛到了脑后。课上掌声、笑声、问答声不断,效果特别好,以至于领导特别感谢他,后来又邀请他去横峰讲课。罗满堂不负众望,毫无保留地将经验倾囊相授:"下一步,准备成立乡村民宿志愿者协会,大家出钱、出力,融合当地红、绿、古文化,在有生之年努力奋斗,让更多人实现追求美好生活的目标!'人的生命是有限的,可是,为人民服务是无限的,我要把有限的生命投入到无限的为人民服务之中去。'(雷锋语)这样的人生才有真正的价值!"

而他自己,也在一次次洗礼中得到精神升华:"农村民宿,最关键的是安全——食品安全、财物安全、消防安全……"为了不让游客因以木质结构为主的民宿担惊受怕,正月十六日,玉山县两会胜利召开之际,新履职的人大代表罗满堂,带来了他的提案《关于农村民宿"特种行业"消防许可证的办理建议》。

今天,青山绿水的怀玉山遍地是金山银山。来自全国各地的游客在这里接受红色教育,体验书院文化,欣赏高山盆地美景,感受这个清贫故事发生地上产生的变化,对新时代更加充满期待。

事迹点评:自古雄才多磨难,以苦为乐勇追求。致富不忘儿时梦,怀玉民宿富全村。你用星灯点亮山村,用棹桨破浪起航,用一颗永不知倦的心,携手乡亲们一起迈向更加美好的未来。

十八年如一日照顾瘫痪丈夫传佳话
——记"上饶好人"周冬兰

胡明乾

人物档案：周冬兰，女，1947年11月出生，下镇镇生姜村生姜塘小组农民。
主要荣誉：2020年第二期"上饶好人"获得者。

"没有妻子就没有我，这么多年她受累了。"2020年4月16日，面对镜头，84岁的下镇镇生姜村村民占彦祖几度哽咽。虽然常年卧病在床，言语不畅，但他意识清晰，对妻子周冬兰18年如一日的悉心照料感动不已。这种感激化在日复一日的生活重担和琐碎的伺候中，每当需要喝水、翻身、大小便时，占彦祖只需一个眼神、一个简单的手势，周冬兰即刻心领意会。

每半个小时给丈夫翻身、按摩，一日三餐一口一口喂饭，每天更换十多次纸尿裤，擦身子、熬中药、料理家务，这就是周冬兰的日常生活。同是生姜村人的周冬兰，命运多舛，年轻时前夫意外身亡，后改嫁给占彦祖，重组家庭后早年的生活还算幸福，一家人平平安安。丈夫占彦祖奔波于各矿山采石打炮，收入尚可，是远近闻名的矿山放炮员。"那时，彦祖还担任了我们炮山班排的小组长，干活卖力又细心，对我们这些刚参加矿山工作的新人格外照顾，经常冲在一线、身先士卒。"据同一时期参加矿山放炮工作的村民回忆。占彦祖白天出门辛勤劳作，傍晚，贤惠的妻子就将热腾腾的饭菜备在桌上等候他归来，乖巧的儿子会时不时地围着他，"爸爸，爸爸"叫得惹人喜爱，画面满是温馨。然而天有不测风云，在一次放炮采石中，一块飞石恰好砸中在边上整理废料的占彦祖。当时只是一阵疼痛，皮破流血，经过简单包扎后并无大碍，可就是这次"并无大碍的受伤"彻底改变了占家人的命运。占彦祖身体逐渐出现不良状况：手脚行动不便，继而出现偏瘫，行动越来越不便，进而演化成全身不遂。为了治愈病情，占彦祖四处就医花光了所有积蓄，还是不见好转，从此瘫痪在床。本不富裕的家庭从

此陷入困境……

这种不幸的家庭生活一直维持了18年,18年来,妻子周冬兰既当妈又当爹,生活的担子全部压在了她身上,家里家外东奔西跑,忙得像个陀螺,勉强维持着生活。尽管生活极度贫困和身体劳累不堪,周冬兰对卧病在床的丈夫还是坚持悉心照顾、不离不弃。"最难的是刚开始几年,一边要照顾一个年幼的儿子,一边要照顾瘫痪丈夫,全靠我一人,感觉太难了。特别是早年还用不上纸尿裤,天天给丈夫换洗大小便弄脏的衣物都洗得几次落泪。"她说,为了解决一家人的温饱,自己从来都不敢偷闲,春播秋收,耕耘的季节田地从未荒废。虽吃不上大鱼大肉,自家的菜园子里一年四季都有家常菜蔬,一亩多地种满了玉米、青菜、水果。"亲戚朋友和政府也给了我不少帮助,旧衣物、旧家具对我们来说也是一种奢侈。前几年,村里还给我们申请了低保,慢慢地度过了最艰难的时期。现在孩子们都已长大,基本上不用自己操心,有时还会给自己添点生活费。外甥也很争气,考上了大学。"逆境中生活的周冬兰总是乐观向上,对生活一点儿也不气馁。

这些年,为了将苦难的生活过得有滋有味,周冬兰时常苦中作乐。她说,穷人家的孩子早当家,自己的儿子八岁开始就能洗衣烧饭做家务,独立能力特别强,这也要感谢我们这个不幸的家庭啊。每次干活回来,丈夫咿咿呀呀的言语,自己总能不学自通,"我还学会了盲语呢!"周冬兰打趣道。

为了把生活过好,周冬兰还学会精打细算,勤俭持家。由于生活困难,生活开销不足,她就盘算着每年多养几只鸡鸭,逢圩赶集时,用自家的鸡蛋换取日常生活用品。"这么多年一个人扛下这么多压力、这么难的家庭确实了不起,换作自己也不一定能做到。"乡亲们对周冬兰的坚韧善举和辛勤持家纷纷点赞。

除了生活的苦,周冬兰也有自己的顾虑。"几十年的夫妻,长年陪伴和照顾,丈夫的一言一行,我都知道他要表达什么。"看着四肢瘫痪的丈夫,她含泪告诉笔者,自己也70出头了,最好的情况就是她的身体不出差错,能坚持照顾丈夫,直到送他终老。

"我既然选择和他结为夫妻,就必须同甘共苦,这一辈子都不会放弃,不管他成什么样。"周冬兰说,"丈夫其实就是我精神上的寄托,我再苦再累也愿意坚持。"

再苦再累也要坚持,是啊,就是这样一句朴实无华的话语让一个普通的农村妇女恪守着誓言,与艰难和苦困做斗争,践行孝老爱亲的真善美。

"农村人喜欢有样看样,周冬兰的事迹在整个生姜村都传为佳话,她是我们生姜的道德典范。"生姜村党支部书记袁延丰告诉笔者,周冬兰的榜样行为在生姜村传播带动着一个接一个的善行,孝老爱亲的故事在他们村接二连三地发生,有多位村民长年照顾瘫痪卧床的妻子(丈夫)不离不弃,如庙后小组村民廖明凤背着残疾丈夫做手工,宅山小组村民占水清带着盲人妻子四处务工。虽患难,但他们在用天底下最朴实无声的行动诠释着"一日夫妻百日恩"。

事迹点评:面对苦难的生活,她选择无怨无悔;面对瘫痪的丈夫,她选择悉心照料;面对捉襟见肘的日子,她选择精心打理。作为一名最普通不过的农村妇女,她用爱与行动诠释夫妻之情,将道德善意、孝老爱亲体现得淋漓尽致。

救死扶伤医者心
——记"上饶好人"林伟宏

杨业大

人物档案：林伟宏，1978年9月出生，玉山县紫湖镇卫生院执业医师。

主要荣誉：2021年第一季度"玉山好人"获得者，2021年"上饶好人"获得者。

早春的雨，似雾非雾，似雨非雨，在天空中飘洒着：像飘浮的柳絮，丝丝缕缕缠绵不断，无声地飘落着；又像无数蚕娘吐出的银丝，荡漾在半空中，披在绿色群山上。

无尽的春雨夹着料峭寒气，根本没有停下来的意思。然而这些阻挡不了我前去采访林伟宏的决心，满腔热情冲淡了向我扑来的阵阵寒流。我骑着单车，背着行囊，向坐落在大山深处的紫湖镇卫生院奔去。

来到紫湖镇卫生院，在向导引领之下，我走进了林伟宏的办公室：一间背靠西边的简陋办公室里，明亮的窗子正对着他那伟岸的背影；一个铁皮档案柜横靠在角落里，两张办公桌背靠背地放在东北边，紧贴着墙体，将房间一分为二，桌上摆着一台白色电脑与一大叠资料；一名身材苗条的中年男子，正聚精会神地给一名患者看病，以至我的到来也没能惊动他。

当那位患者满意地起身之后，看着我的到来，林伟宏以为我是待诊的病人，热情地示意我坐下来，像往常一样，正要询问我的病由。我说明了来意，顷刻他脸上浮现了一丝丝绯红，推辞着自述他没有什么好采访的，最后在我诚恳的要求之下，才叙述着那个不平常的傍晚。

那是去年7月19日下午5点48分，像往常一样，忙碌了一天的林伟宏，来到紫湖镇卫生院背后河边散步，倾听潺潺溪水声，以缓解工作压力，正当他陶醉在这美妙的自然音乐中时，突然耳边传来了一阵急促的呼喊："救命啊，救命啊！有人掉进河里了，大家快来救命啊！"

他循着喊声望去,只看见几个小孩子,指着河里,急切地呼叫着。

时值盛夏,河水爆满,水流湍急,人根本无法在河里站稳。职业的敏感性让林伟宏感觉不好,他不假思索,飞快地向出事地点奔去,看到急流中一个小孩在水中无力地挣扎着。他顿感情况不妙,来不及解衣脱鞋,毫不犹豫地从高耸的堤坝上跳进急流当中,在随后赶来的村民林克华、林亦坚的帮助之下,合力将落水小男孩抱上岸边。

当将小男孩抱上岸,发现小男孩早已无知觉时,林克华与林亦坚顿时吓了一跳,一下子慌慌张张,不知所措。这时,只听见林伟宏大声地吼了一声:"快,让我来,大家别急,听我的!"

只见他快速拨开人群,调整小男孩的身体姿势,用随身携带的棉签为小男孩擦去口鼻处的异物,让林克华、林亦坚帮小男孩做人工呼吸,他就负责做胸部按压和心肺复苏。

"1、2、3、4、5、6……"

一组、两组、三组……林伟宏娴熟地按压着小男孩的胸部。身边围着的许多观众个个急切地叹息着,以为回天无力了。时间一秒一秒地流逝着,林伟宏全然不顾周围的焦虑声,不知疲倦地有规律地按压小男孩的胸部,适时指挥林克华与林亦坚帮忙。当做到第4组心肺复苏时,突然"扑"的一声,小男孩嘴部微张,吐了一口污水,已折腾了半个小时的林伟宏满头大汗,才稍微松了口气。但林伟宏知道小男孩还没有真正脱离生命危险,他不顾自己早已衣裳湿透,果断地指挥村民帮忙,将小男孩送到卫生院,并即刻向院长报告事态严重性。

在去卫生院的崎岖小道上,长满了荆棘,林伟宏身上早已被划出了道道伤痕。他顾不了身上阵阵伤痛,只想将小男孩安全地送到卫生院。

这时紫湖镇卫生院院长张曰林立即启动抢救预案,林伟宏与全体医生一道,全力抢救小男孩。经过一个多小时紧急施救,小男孩有了微弱的生命迹象,但急性肺水肿、急性左心衰等多种风险依然很大,必须马上转诊救治。林伟宏又立即联系黄家驷医院(玉山县人民医院)急诊科胥主任,让他们先做好急救准备工作,接着乘坐紫湖镇卫生院的急救车将小男孩送往黄家驷医院。在小男孩到达医院后,黄家驷医院急诊科专家组立即全力抢救。在确认小男孩已经脱离生命危险之后,林伟宏才放下心来,返回家时已是凌晨1点了。

跳水救人、心肺复苏、指导救援……这些溺水急救的每个环节都在数分钟

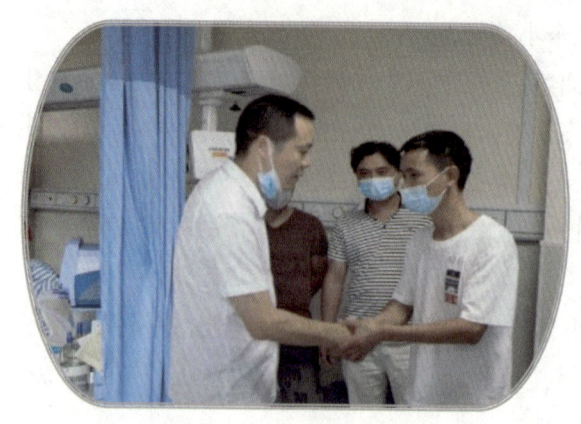

内精准实行。林伟宏对溺水小男孩进行了一场教科书式的抢救,并多次去黄家驷医院探望落水小男孩。得知小男孩已经慢慢恢复了健康之后,他心里才放下沉甸甸的包袱。当小男孩的父亲林克利带着礼物上门酬谢时,他婉言谢绝了。

讲述完这个故事,我追问林伟宏还有没有其他类似的经历。他笑而不答,我明白他的经历还不止这些。在我刨根问底式的追问之下,他像一个初出茅庐的小伙子,羞答答地把所有经历倒了出来:

1994年11月中旬的一天下午,他在波阳卫校边的公园闲游时,发现一位中年妇女落水。他急忙跑到事发地,来不及脱掉衣服,第一个跳下三米多高的河堤,与后来的群众一起,将落水者救上岸来。

2017年初秋的一个中午,他去双明镇梨园村同学家,在半路上遇到骑电瓶车的中年妇女与一辆三轮车相撞。看到受伤的中年妇女手脚鲜血直流,他马上停下车来,用随身携带的急救包将伤者伤口包扎好,并将伤者送往最近的医院。

2019年农历正月的一天,他在浙江省开化县桐村镇花山村土坑访亲。一名50多岁的心脏病患者心脏病发作,他了解情况后,毫不犹豫地拿出心脏急救药,对他进行及时抢救,然后将他送到附近医院,才知是急性心肌梗死,幸亏他救得快,要不然后果不堪设想。

2020年3月4日的凌晨2点29分,紫湖镇土城村村民颜立班病情发作,疼痛难忍的他拨通了林伟宏的电话,但疼痛让他说不出话来。林伟宏立即反应过来,急忙拿起药箱火速赶到颜立班家中,一边为他诊断,一边鼓励他放松配合治疗,经过5个小时不断调整,颜立班才疼痛减退。在当时的卫生院条件下,要想救治颜立班是不太可能的。很多同事都劝他不要接手,但他一直坚持着,坚信自己能行。事实证明他做到了,颜立班的病情得到了很好的控制,发作次数也越来越少。

…………

"冰冻三尺,非一日之寒",林伟宏崇高精神品质的养成亦是如此。他从小将雷锋作为自己的学习榜样,他这么学也是这么做的,这在一个个鲜活的故事当中,得到了验证。他不愧为上饶政法委表彰的"见义勇为"先进个人、2020年玉山县抗疫先进个人、2021年玉山县卫生与健康委员会先进共产党员、2021年"上饶市好人"。

　　当我问及他救人时有什么想法时,他铿锵地回答:

　　"救死扶伤"是每一个医生必须具备的品德,不管是过去、现在还是将来,他都将义不容辞地履行职责,将这美好的医德一代一代传承下去。

事迹点评:三清山下闽南人,救死扶伤医者心。你用你的行,医治世人的病;你用你的善,触动人类的心;你用行、德、善,谱写一首文明之歌。

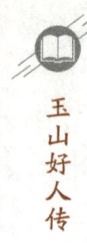

遭人生变故，悟世间真情
——记"上饶好人"袁丰福

罗来寿

人物档案：袁丰福，1976年12月出生，紫湖镇建设村人，现住四股桥乡十七都村湖山。

主要荣誉：2020年"玉山好人"获得者；同年8月"上饶好人"获得者。

一

袁丰福的老家在紫湖镇建设村，离县城较远。为了方便妻子治疗，也便于自己在县城找个工厂打工，他在离县城不远的四股桥乡十七都村湖山买了一套便宜的二手房。

袁丰福和妻子肖萍香的住处，房间干净整洁，屋内窗明几净，地板一尘不染。袁丰福在给躺在床上的妻子肖萍香做全身按摩时，手法熟练，从头按到脚，非常有耐心，两人还时不时说上几句，一幅温馨和谐的画面。

23年前，袁丰福在广东东莞打工时认识了于都县姑娘肖萍香，她觉得袁丰福敦厚老实，为人上进，对人和善，值得托付终身。

他们的恋爱时光没有轰轰烈烈的山盟海誓，仅是一些稀松平常的生活琐事，但他们是把对方的冷暖都看在心里的人，这一点足以撑起他们的一生。

经过一段时间的了解，肖萍香知道袁丰福特别善良，被他的痴情和善良打动，最终嫁给了爱情。1999年，袁丰福与肖萍香走进婚姻的殿堂，结为了夫妻。次年，这个温馨的家庭迎来了爱情结晶。他们育有一儿一女，一家人幸福美满。

袁丰福对这个比他小一岁的妻子宠爱有加，夫妻二人相敬如宾，恩爱和睦，家庭幸福。在结婚的几十年里，他们风雨同舟、患难与共。

随着时间的悄然流逝，看着孩子一天一天长大，他们对未来的生活更有信心，对未来也充满了希望。

二

天有不测风云,人有旦夕祸福,2016年4月,一场突如其来的灾难打破了生活的平静。袁丰福在浙江东阳红木厂做木工期间,妻子肖萍香突发剧烈头痛伴恶心呕吐,进而神志不清,昏迷过去。袁丰福立马第一时间将妻子送到横店医院抢救,因病情危急,接着由横店转至东阳抢救治疗。

从医生那里得知,肖萍香脑干出血,高血压2级(极高危),低钾血症,苏醒概率不大。看着病床上的妻子,袁丰福脑中一片空白。突如其来的灾难,犹如晴天霹雳,那一刻,袁丰福懵了。

住院治疗数日,妻子迟迟没有好转,袁丰福不顾亲朋好友的劝阻,决定带妻子去更好的医院进行进一步治疗。袁丰福回忆道:"虽然经过浙江横店、东阳的治疗,效果都不明显,可是我不甘心啊!我们几十年的夫妻感情,怎么舍得?!想想还是要再试一次!"

在妻子生命垂危的时刻,袁丰福并没有失去信心,一直对妻子矢志不渝。

看着浑身插满管子在死亡线上挣扎的妻子,袁丰福心如刀绞。他让二叔和姐夫分别从上海和杭州等地请了专家会诊。看到专家皱眉,袁丰福说:"你们尽管讲,我能承受住。"专家说,这种情况很麻烦,救的意义不大,看能不能出现奇迹吧。

事实就是事实,不容许你有任何的疑问。袁丰福也许从来没有想过有那么一天,电视剧里的厄运会降临到自己头上。他曾经在病房里无数遍地问自己,为什么老天爷要这么对自己?

在ICU病房,袁丰福第一次近距离地接触出事后的妻子,看着她浑身插满管地躺在只有监测仪响动的病房里,好像下一次呼吸会永远暂停。房间里好像

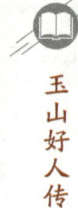

开足了冷气一般,袁丰福禁不住打了好几个寒战。

曾经能顶起半边天的人,如今却因这场突如其来的变故,被医生告知以后会成为植物人。袁丰福特别想抚摸一下妻子,可就这么近的距离,却好似隔着黄泉一般,阵阵寒意传遍他的全身。

想着年幼的两个儿女,袁丰福咬着牙告诉自己:"一定要挺住,一定要把妻子照顾好,一定不能让孩子没有妈。"这个信念支撑着袁丰福担起了生活的重担。

送走所有探望的亲朋好友,袁丰福独自站在倾盆大雨的医院大门口,想着躺在重症监护室病床上的爱人,悲凉、心酸、心痛伴着泪水涌了出来。这时两个孩子正处在读书的关键期,妻子需要长期接受治疗,医疗费用支出大,让本不富裕的家庭雪上加霜。儿女需要他,爱人需要他,年迈的父母都需要他,因此,他必须坚强起来。

三

之后,袁丰福跑了大医院,也拜访了不少专家,在医院住了40多天,医生采用了多种综合的治疗手段,但是妻子的疾病依然不见好转,他几乎崩溃。他还找熟人把片子和病历寄往各地大医院找专家咨询。北京协和医院的某专家说,这种病能维持几年不死就非常不错了,好转的可能性很小很小。

令人绝望的是,继续治疗已经没有效果,医生也说结果就这样了,花再多的钱也没用。专家会诊后决定只能选择医药和人工康复保守治疗。

在与病魔较量的残酷搏斗中,袁丰福为妻子四处求医的车票可以拼成一副扑克牌,检查的片子足有一斤多重。

婚姻最大的意义莫过于彼此关爱,相扶相助,陪伴终生。常言道"夫妻本是同林鸟,大难来时各自飞",可袁丰福却用他的行动告诉我们什么是"岁寒知松柏,患难见真情"。

"别看她现在这个样子,以前她可漂亮了。"看着结婚照,袁丰福不禁红了眼眶。在他眼里,妻子一直是那个皮肤白皙,一笑两个酒窝的大眼睛姑娘。当初的俊男靓女,现如今成了患难夫妻,跨度太大。

妻子得病的这一年,袁丰福40岁,肖萍香39岁。他们的大女儿刚上初中,儿子还不到8岁。袁丰福把家里所有值钱的东西都变卖了,带着妻子四处求医,花光了所有的钱,可惜都无功而返。

四

妻子出院回家后,袁丰福按医生的指导方法进行护理,每两小时给她翻一次身,每天要做五次手脚运动,每一个动作做五下,每天要擦两次澡。要不然,妻子身上就会长褥疮,还会形成脑栓塞和肺栓塞,生命就有危险。

捏捏手,揉揉脚,捶捶背,抬抬胳膊,伸伸腿。每天伺候十几个小时,袁丰福常累得大汗淋漓。

自妻子得病起,他睡觉时很少脱过衣服,因为夜间同样每两小时要给妻子翻一次身。开始时他要定闹钟,后来形成习惯,两小时准醒,差不了几分钟。到现在,妻子病倒6年多,身体表皮完好无损,这就是耐心护理出的奇迹。

这样一个毫无知觉、躺了6年之久的植物人,大小便失禁,但是在袁丰福的细心呵护下,全身没有一丝异味。

袁丰福从刚开始什么都不会,到现在什么都会。他自豪地说:"现在的我比医院的高级护工都要专业呢,厨艺也长进了不少,植物人的营养、康复理疗等不知道查阅了多少资料。"6年里,经历了多少辛酸只有他自己心里清楚。这些年来,没有任何医学基础的袁丰福,慢慢地总结出了一套护理经验。哪怕妻子一个细微的眼神变化,袁丰福都能看出她是否身体不适。其间有不少人在护理方面有问题都向袁丰福请教。

让人们没有想到的是,这样的日子不是只有一天或者几个月,而是已经持续了整整6年,2000多个日夜,50000多个小时!

人间自有真情在,恩爱夫妻渡难关。这么多年来,袁丰福的确吃了不少苦头,家里内外大大小小的事务都由他一人操持。他每天按时给妻子做康复训练,给妻子喂药,希望妻子有朝一日能够再站起来,能够为这个家庭重新带来希望,即使医生已经明确地告诉他这种概率几乎为零。

五

每天早晨起床,袁丰福先给妻子做一次全身性的按摩,再把饭和菜搭配好,还尝试着挖一些中药材用豆浆机搅碎,然后用针筒通过鼻管缓缓灌进妻子的胃里。为了保证妻子的营养,每天还要给妻子吃一个鸡蛋、一个苹果。

给妻子喂饭是一件特别费时又特别需要耐心的事,饭必须做得特别碎,即使是豆腐、面条都要弄得很碎很碎,这样才不会噎着。因为她不会咀嚼,只能吸吮,一顿饭喂一到两小时很正常。为了保证食物温度,常常是凉了再热,反复几次。喂完饭后,就要清洗褥疮、换药包扎。换完了药,还要彻底清洗脖子上的套管并且进行高温消毒,接着插套管、按摩、翻身。这一切都忙完后,袁丰福还要抓紧时间去工厂上班干活。

植物人到了一定程度便会出现大小便失禁的情况,可是袁丰福并不嫌弃。每天都会有大量的被换下来的尿布,袁丰福稍有空闲就要洗刷。同村人每每看到都会感叹:"这到啥时候是个头啊,一个大老爷们整天洗洗刷刷,真是难为他了!""他真有韧劲,换作别人,不要说洗了,仅看着闻着那味就受不了!""他都干了6年多了,真不容易,他对他老婆真没啥说的!"袁丰福也经常跟邻居说:"万一她能醒过来呢,人家电视剧里面不都是这么演的吗?"

六

值得欣慰的是,虽然生活在这样一个不幸的家庭,他的女儿却比同龄人更成熟懂事,在校期间学习成绩一直不错,而且完成作业之后,就主动帮忙扫地、洗碗、照顾妈妈,主动帮着做一些力所能及的家务。眼见父亲对妈妈的悉心照料,她渐渐明白了父亲多么伟大,她对父亲由衷地敬佩。受父亲的影响,她初中刚毕业就决定选择读卫校当护士,以便将来能更好地护理好妈妈。现如今,袁丰福的女儿已经卫校毕业,在南昌从事护士工作,这是生活回馈给他们的一抹曙光。但愿通过他们父女的努力,肖萍香的病情会有意想不到的奇迹出现。

6年,他用内心的坚守兑现婚姻的承诺;6年,他用无微不至的照顾,诠释着"丈夫"二字的内涵;6年,他用不离不弃的守候谱写了一曲爱的赞歌。这个现年46岁的男人,用责任与担当铸就了平凡人不平凡的故事,用坚持和执着抒写了人间最美的真情。

问起袁丰福为何这么能坚持,他感叹道:"爱是你我,用心交织的生活;爱是你和我,在患难之中不变的承诺;爱是你的手,把我的伤痛抚摸;爱是用我的心,倾听你的忧伤欢乐。"

事迹点评:常言道"夫妻本是同林鸟,大难来时各自飞",他用实际行动告诉我们什么是"岁寒知松柏,患难见真情";他用对妻子的挚爱真情,悉心照料植物人妻子,不离不弃,演绎了人世间又一个平凡而动人的故事。

玉山好人

不畏风雨泥泞　只为他人顶起艳阳天
——记"玉山好人"黄晓鹤

陈　磊

人物档案：黄晓鹤，1977年3月出生，江西铅山人，中共党员，冰溪中学教师，国家二级心理咨询师，国家级救生员。

主要荣誉：2021年"玉山好人"获得者，玉山"最美志愿者"和玉山县"科普形象大使"，玉山县先进科普工作者，上饶市科普使者，获上饶市风能利用二等奖。

聚焦主业以特长育人

2000年，黄晓鹤加入玉山县冰溪镇初级中学教师团队。教书育人是黄晓鹤的主业，在育人方面，黄晓鹤有特长。他既是语文教师，也是学校政教处副主任。在学校举行大刀阔斧的改革和校园环境集中整治、教育教学质量爬坡的起始阶段，黄晓鹤与学校政教处同事一起，应对各种挑战，进行全方位的校园环境治理：既狠抓全校学生的养成教育，又频繁进行个别化的谈心和行为矫正；既抓实严重违纪学生的思想转化，又疾恶如仇地处置校外违法分子对学校的袭扰。通过与校外违法分子硬碰硬的斗争，冰溪初中艰难而有效地净化了校园周边环境。就因为有黄晓

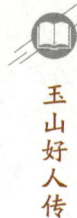

鹤所在的政教处同志们的保驾护航,冰溪初中教育教学质量显著提升,毕业班学生升入玉山一中,有了零的突破。

2009年以来,黄晓鹤作为主导教师参与人防知识讲座20场,作为骨干教师组织人防疏散演练20次、人防知识竞赛和书画展各10次。2014年以来,黄晓鹤先后在玉山县中小学、企事业单位承接"泳安计划"、五防五救、心肺复苏、创伤急救、防溺水等宣教活动113场,免费为师生和家长做心理咨询1000余次。2018年,全市人防办主任、人防宣教骨干及高安市人防办一行人来到冰溪初中交流学习。

防疫值班彰显党员情怀

疫情期间,县红十字会组建"抗击新型冠状病毒性肺炎"志愿者群。他第一时间报名,成为该群第一批志愿者,并积极宣传招募第二批、第三批志愿者。自1月27日以来,他放弃与家人安全舒适地在家中度假,坚持每天八点半上岗,下午五点半离岗,尽心尽责,无怨无悔。尽管很累,尽管家人很担心,但他看到防疫工作有成效,心里就很欣慰,第二天又精神抖擞地投入到工作中。

他连续60天在冰溪街道东门社区防疫卡口值守。2020年1月27日至3月27日,每天上午八点半或更早,黄晓鹤来到东门社区进出三清大道的一个三岔口,服务至下午五点半结束。为了提高居民对疫病的防控意识,黄晓鹤陪同社区工作人员每天日行万步,在小区、街巷、路口向市民群众宣传疫情防控知识,同时劝阻和制止扎堆聊天、聚众打牌、聚餐集会等行为。为了让从湖北返乡的居民安心在家,他协同社区干部频繁送东西上门。对极少数不理解、不配合防控疫病传染的居民,他用肺腑之言耐心劝解。

博爱源自平日养成

这种责任心和怜悯心非一日养成,源于过往数十次的历练。1997年6月,黄晓鹤在江西师范大学读书时,首次参加了学校组织的爱心献血活动。"当时献了400毫升血,学校奖励了两斤白糖。"黄晓鹤对志愿者朋友说。此后他来玉山县城一所中学工作。在县城中心区三清广场、解放路献血点,黄晓鹤多次主动献血。每一次献血结束,他都把实景照片发在朋友圈。"早年我无偿献血时,家里不怎么支持。后来他们知道无偿献血对家人有帮助,都支持我。特别是看到我响应血库求助，他们都赞赏我的行为。"黄晓鹤告诉好友。2010年，黄晓鹤获得年度义务献血金奖。曾经一同献血的同事郑小华评价他："献血总量很多，有时还献血小板。"至2021年12月，黄晓鹤无偿献血总共8000毫升，带动三名好友无偿献血。

无私奉献收获至善口碑

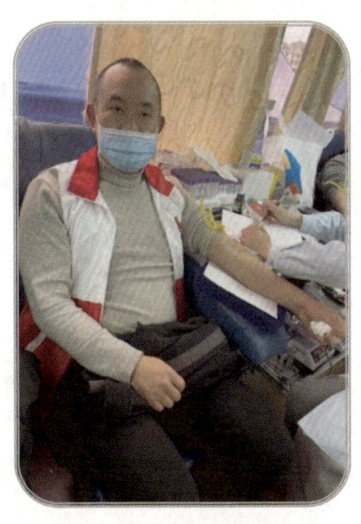

持有"五证"(国家二级心理咨询师证、沙盘游戏心理咨询师证、国家五级救生员证、江西省红十字会救护员证、江西省红十字会养老服务师证)的黄晓鹤，业余时间把县红十字会组织的"泳安计划"志愿服务活动搞得风生水起。2014年以来，他先后在玉山县中小学、企事业单位承接"泳安计划"、五防五救、心肺复苏、创伤急救、防溺水等宣教活动150余场，免费为师生及家长做心理咨询1000余次。如2021年的3月1日是第49个国际民防日。这天中午，黄晓鹤就在冰溪镇初级中学的教学楼进进出出，做好大型活动准备。下午2时30分，玉山县人防办联合玉山县人防蓝天救援队在冰溪中学开展应急逃生疏散演练，参加疏散演练的学生约1500名。疏散演练结束后，志愿者黄晓鹤用心讲解了防溺水知识，精确演示了如何对受伤人员进行紧急救援等避险求生方法。

黄晓鹤不擅打牌、不喜电游、不好串门，他总是把双休日、节假日黄金时间用在助人的公益服务上。"上饶市玉山红十字会""三清湖""玉山冰中""科普玉山""玉山蓝天救援"等微信公众号记录了他参与公益活动的场景。他所在的冰溪初中人防宣教活动得到省、市人防部门的肯定与好评，冰溪初中已是县级人防宣教基地。

事迹点评：以舍我其谁的使命感和精益求精的责任心建起学校心理咨询室、县级红十字会示范学校、人防宣教基地，献血总量8000多毫升，从2014年起执行红十字会"泳安计划"至今，进校入村(居)志愿宣讲150余场次。频繁参与志愿服务活动，累计志愿服务3000小时。2020年，其志愿服务事迹被《上饶日报》和"玉山创建"微信公众号报道。

玉山好人传

不计个人得失的村民理事长
——记"玉山好人"周合金

邱荣燕

人物档案:周合金,1949年10月出生,玉山县樟村镇百果村周塘村民理事长。

主要荣誉:2014年"玉山好人"获得者。

一

村民理事长应该说是我国小得不能再小的官,只办事不领钱,受苦受累不说,还要吃亏受气,芝麻大的事都得管。"快乐每从辛苦得,便宜多自吃亏来",要想成就一番事业,不能计较恩恩怨怨、是是非非,本文主人公周合金正是这样一位村民理事长。

周合金,是玉山县樟村镇百果村周塘村民理事长。周塘,属于樟村镇百果村,紧挨集镇中心街道。它是一个沿溪水而建的、非常美丽的村落,村庄的整体布局匠心独运。在村口,建有一座八角亭,作为周塘村的水口。八角亭边,是一个文化广场。再往里走,有一口水塘。据说清代初期,周塘有一人外出经商,在江南各地经营几家当铺,但他的老母一直在家乡,年事已高,行动不便。孝顺的儿子,便想打造绝美的风景,供老母游玩,于是斥资挖塘,垒坝成堤,叠石栽花。老母因为有美景相伴,自然心旷神怡。

随着岁月的变迁,昔日的景象早已湮灭在历史的烟云之中。今日,当我们走近周塘时,一种印象怎么也抹不掉,那就是,美丽乡村的美是永恒的。映入眼帘的是整洁的村容,往昔的单人小道变成了宽敞平坦的里弄巷道,破败不堪的空心房、路边厕不见了,取而代之的是900多平方米的休闲广场。这些都是周合金带领村民努力建设的成果。

二

今年 72 岁的周合金是一个勤快的农民,他平时主要种些蔬菜到集市上去卖,一天也闲不住。自从 2012 年当上理事会会长之后,为了协调好美丽乡村建设各项工作,他不得不放下自家事,一头扎进美丽乡村建设热潮,奋力绘就美丽乡村新画卷。

周塘自然村发生了翻天覆地的变化,引起了社会各界的广泛关注。一些领导到周塘自然村参观后都给予较高的评价:"周塘自然村改变了生态环境,也改变了它的生产生活条件。人的精神面貌也完全不一样。它很重要的一点就是有自力更生的精神。"僻远的小山村周塘自然村,成了山区美丽乡村建设和巩固拓展脱贫攻坚成果与乡村振兴有效衔接的一个亮点。

在村民理事会会长这个小小的职位上,周合金做出不凡的业绩。但也有不理解的人说怪话,说周塘自然村是上级树立的门面,上级大把大把的钱送给周塘,周塘自然村接钱的手都酸痛了!其实周合金心里清楚,他们没有得到政府开的"小灶",得到的扶持和其他地方没有多大的差别。周合金测算了一下,村里所做的这么多美丽乡村建设工程,80% 的工作量全靠自己动手来完成。前段时间,周合金和理事会的同事盘点了一下,从 2012 年至今,为了周塘自然村的建设,周合金自己垫支了 3 万多元。大山里的山水田园路是村民们汗水的结晶,周合金他们所做的一切,不是吹出来的,不是写出来的,也不是画出来的,而是脚踏实地干出来的。

三

周塘与周合金,真说得上是血与水的关系。

改革开放前的周塘自然村,集体贫穷得叮当响,生产队连一间像样的房子都没有。当时的周塘自然村,用周合金的话说,由于紧靠河溪,地势低洼,旱天一庄土,雨天一汪泥,横竖没有路;家家住着破瓦房,扭七别八不成行;街无三尺平,车辆无法行;雨天光脚丫,晴天漫天沙;柴草满街舞,到处是粪土。

那年,村民推举周合金当村民小组长。村民小组长的主要职责是协助乡里、村里的干部,收上交提留款和两税一费(农业税、特产税、教育附加费)。这

个工作说大不大、说小不小,但特别劳烦人。周合金每家每户跑,嘘寒问暖,哈哈打得山响。张三说我这账算错了呢,李四讲我的自留山、责任田没有划好,不方便,你们干部什么时候给我把问题解决好了,我就给你们交那些款项。更有甚者,根本没什么问题,也临时瞎编一条,恶作剧一般,刁难周合金这个村民小组长。

几年之后,周合金把村民小组长让给了年轻人去干,自己搞了个菜园一门心思种菜。可没等周合金清闲多少日子,美丽乡村建设开始,村民理事会成立,理事长这顶帽子又落到了他的头上。村民理事长正是负责村小组美丽乡村建设资金筹集与实施的领头人,既然村民信任他,他只能硬着头皮把担子挑起来!

于是,周合金开始挨家挨户做工作,说好话,用尽各种办法。通过一段时间紧锣密鼓的工作,周塘村民小组大部分村民都按要求缴了款,但也有"钉子户"。虽然只有个别村民没上交,但如果收不齐款项,工作就无法开展。老李就是一个特殊的例子,什么理由也没有:要钱没有,要命有一条! 周合金与老李商谈了几次无功而返,村民理事会最后商量出一个折中的办法:老李钱可以不交,但要以劳代资。

2012年年初,周塘自然村新农村建设正式拉开序幕,新农村建设要拆除空心房、修路、改水改厕。周合金召集理事会成员商量,发动群众捐资,他自己带头捐了1.4万元,随后大家踊跃捐资,仅用10天时间就筹集到资金29万多元。周合金自己被征了40多平方米猪圈,没有要一分钱补偿,连出工的钱也没要。在新农村建设的关键时刻,周合金连续三个月连吃饭都是在工地上,却未拿过一分工钱。在他的带动下,全体群众积极上场献工投劳。两年来,周塘自然村先后修建村道2000米,拆除空心房5000平方米,改厕70多处。

"周合金这个人有两大特点,第一大公无私能出面,第二他自己能吃亏,不计报酬,肯干。这一片原来都是旧房子,全部拆出来,成为现在这个广场,旧貌变新颜,没有路变成路,把整个村庄规划起来。"百果村支书叶小平说。

四

如何才能让周塘村发展得更好?周合金始终认为:美丽乡村建设不仅仅是修几条村道、建几幢新房,而是要与脱贫攻坚、乡村振兴相结合,必须把全体村民的注意力和积极性引导到寻找致富门路、发家致富上来。为此,村民集中思想、统一认识,确定了"扩大种养业,形成规模,良性循环,稳扎稳打,滚动发展"的干事创业的总体思路。

引不来资金,可以引技术;引不来技术,可以引人才。有时候引来一项技术,引来一个人才就可以带动、搞活一个产业;引来一个项目就可以搞活全村的经济。为发展养殖、种植产业,周合金他们从县农科所聘请一位食用菌栽培技术专家,带领群众搞食用菌种植,现全村已发展黑木耳种植大棚100多亩,取得了良好的规模经济效益。

周塘自然村是从传统的封闭大门撞出来的。人生一世,草木一秋,周合金觉得,既然大伙儿推举自己当村民理事长,就要为民办点实事。村民理事长要为群众服务,心中要装着群众,脑子里要想着群众,眼睛要看得见群众的疾苦,耳朵要听得见群众的呼声,嘴巴要为群众讲话,手脚要为群众办事。把比自己穷的人带动起来,才算是有本事。要成为一名"带动型"的村民理事长,周合金是这么想的,也是这么干的。这从周塘村美丽乡村建设的丰硕成果中可以直接体现。

农忙之余,周塘村民会在休闲广场上唠嗑,聊聊新近的开心事;每当夜幕降临,他们便带着音响,在休闲广场上翩翩起舞……在构建和谐、美丽、幸福农村的过程中,周合金和理事会成员着重开展文化建设,群众的素质提高了,村风民风正了,整个村居经济健康、稳定、良性发展。

乡村治,百姓安。好人的力量,就是榜样的力量,这是乡村治理中的软实力。在村民理事会会长这条路上,周合金走得艰辛,却也自得其乐。因为他是大山的儿子,他将一如既往、义无反顾地走到底。他没有什么崇高的追求,只想老老实实做事,认认真真做一个好人,给后人留下一段好故事!

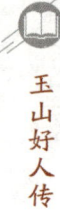

欲问秋果何所累,自有春风雨潇潇。周合金就是这样,心系美丽乡村建设痴情不改,情牵美丽乡村建设无怨无悔,用真心、真情、实干描绘着美丽乡村建设的壮丽诗篇。

事迹点评:没有惊天动地的壮举,只有默默无闻的付出;没有振聋发聩的豪言,只有掷地有声的承诺。他也想建好小家,可更知村庄也是自己的家。他的心中自有一片天,深爱的家园美丽如画。

三十七载悉心照料大伯哥的好弟媳
——记"玉山好人"王水芹

姚丽春

人物档案：王水芹，1966年9月出生，家住玉山县樟村镇方村社区。
主要荣誉：2020年第二期"玉山好人"获得者。

一

"我妈妈是个苦命的人，也是一个非常善良的人。"我刚开口采访水芹姐，正巧周末在家的大女儿就开始以总结式的话开了一个头。

水芹姐5岁丧父，7岁丧母，家中有7个姊妹，她是家中的老幺，兄妹6人都由长姐带大。那时大姐也还只是个小大人，也没能力对付这七张口，所以16岁时由叔伯张罗招婿进门，姊妹7人仅靠大姐夫一个人出工分挣口粮吃，有一顿没一顿地过着。一年后外甥女、外甥相继出生，水芹姐接力式地帮大姐带孩子，9岁时就学做饭。营养不良导致她个子偏小，连灶台都够不上，别说能不能吃、好不好吃，能把饭菜安全无误地整下来就不错了。她每次做饭都得垫个凳子，有一次没站稳，不小心把一盆玉米糊摔了，遭了大姐夫的一顿打。"生疼生疼的，那可是用锅铲柄打的，背上都青一块紫一块的。唉，那时粮食多金贵呀，人小想帮忙都帮不上，还帮倒忙，谁叫我个子小又没力气。可是我大姐对我很好，把我养大成人，已经很不容易了，虽然没供我读书，但我还是很感激大姐一家的抚育之情。我不认识字，但不影响我的三个子女，我夫妻俩一直供他们读书，读到他们不能读，培养了三个大学生，大女儿程青还是小学校长呢！"渐高的声调里透着自豪，不觉中脸上像开了一朵花。她57岁了，大樟村的山水滋养了她的好皮肤，但操心操劳还是让她的眼角长出细小的皱纹。

二

正聊着,看到门口有一个清瘦的个子偏小的老爷摸索着进来,走到大厅一隅的沙发边,熟练地给自己点了一支烟,我悄悄问这是大伯哥吗?

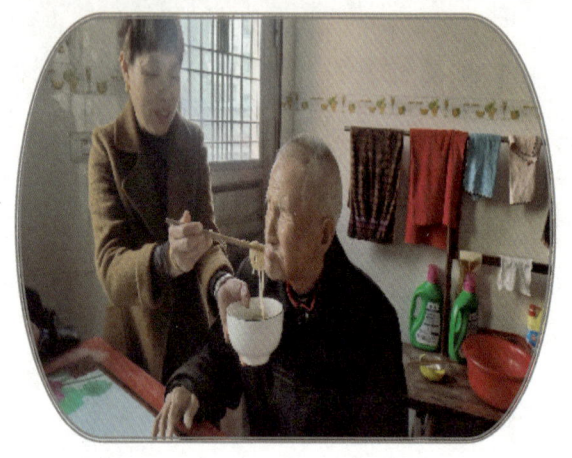

大伯哥今年已77岁高龄,面容清秀,高鼻梁上一对眼窝深陷,戴着鸭舌帽,身穿咖啡色的睡衣套装,打扮得还蛮时尚,清清爽爽的,一点都没有残疾老人惯有的那种邋遢样。他斜靠在沙发上,眯着眼,一手夹着香烟,一手揣着暖手宝,好享受的样子。在听到我表扬他精神好身体好时,他马上回了我一句:"唉,我本来还更好,三年前生过病,手脚不是太灵活了。"大伯哥的回话吓了我一跳。没想到他耳朵这么灵,难怪人家都说,眼不好的人,耳朵可尖了,我第一次见证了视障老人的听力,还真神奇!

"是的,三年前突然人就晕倒了,马上打120叫救护车,脑出血,花了十几万。

"共产党真好,那么多的医疗费都给我报销了,这老大的一笔钱啊,要不我又要拖累春桂了。"

大伯哥名叫程春标,家有姊妹七个,他排行老三。4岁的时候,因为痢疾发烧导致双目失明,所以他没有进过学堂,19岁时失去了可依赖的老母亲,从此与经营铁匠铺的老父亲和最小的弟弟春桂(当时才5岁)相依为命。水芹姐当家的就是春桂,排行老幺。

"穷得掉渣,但我爸还是让我读到初中。"春桂哥很骄傲地说,"所以我娶到了老婆,娶到了水芹这样的好老婆。"

57岁的大姐经不得表扬,马上就羞涩起来:"好什么呀,也没做什么大名堂出来。"

"还不好,我们周围村镇有几个人比得上呀?当年你嫁过来才20岁,长得又标致,不嫌我个子矮,房子破烂,80多岁老父病在床上,老的老,瞎的瞎,碰上你也是我命好。"

"什么苦不苦的呀,以前大家都差不多,不过你还是比别人更穷。"说完她就大笑了起来,尝过的苦难,现在都已成回忆,豁达的心态仿佛在聊别人的故事一样云淡风轻,"那时老父年岁大,卧在床,需要服侍。春桂个子矮小,连出个工分都比不过别人,只有六七分。还有一个不能出工分连饭也讨不到吃的大伯哥(那时正当壮年)。我大概就是这么命苦的人吧。不过,你看现在我们也不比别人差,住着三层楼,出了三个大学生,添了四个小孙辈,有的吃,有的穿,好人有好报,傻人有傻福。"

"什么四个,应该是五个,还有一个长不大的老小孩呀。"春桂朝大哥呶着嘴抢着说。"是呀,家里有着这个老小孩,这37年来,我都不能像邻居一样自由,想去旅游就旅游,想要去亲戚家就去亲戚家,哪怕想打一场安心点的麻将都不能。唉,每天都担心他,我要是去当个保姆,都有三四千工资,如果服侍残疾老人,是不是工资更高?带小孩太容易,一天比一天可爱,一天比一天有出息,一天比一天有成绩。可带瞎眼的老人家,老难了!其实我也晓得我们夫妻没有法定义务赡养大伯哥,兄妹7人中,我老公还是老小,要轮也轮不到我们出面,但是良心过不去呀。哥姐年纪大不供他,又不能丢掉,不能看着他没饭吃,去做乞丐。这三十几年来,除了有一次他无理取闹外,我气得在外面待了半个月,其余时间我从来都没有在外面去走动下亲戚过个夜。大女儿嫁在玉山县城11年了,我都被牵绊着没法去识个场地;我老公也不敢去外面接活,以前在家做面条索面,后开手扶拖拉机,现开小货车,都只在附近接活,不敢跑远,就怕大伯哥有什么突发事件呀。"

突然,前面东厢房处传来大伯哥的叫嚷声,水芹姐一听,慌得赶快跑过去。一看,老小孩指着地上的暖手袋嘟囔着:"给我一个破的袋子,把我香烟都灭了。"
"唉,又害人了,前两天刚买的电暖手袋,肯定又是被

他手上的香烟头烫破了,真危险。"春桂哥好气又好笑,另外给他点了一支利群烟。大伯哥烟瘾极重,以前每天要抽一包,得了心梗后,医生建议少抽,所以现在规定他只能在早、中、晚各抽两支,每天6支。

"不定时定量,肯定要害人,以前大哥晚上在床上也禁不住要抽烟,差点把床点着了,所以现在要看着他抽完再让他上床。防不胜防,防他伤风感冒,防他磕碰,防他在洗手间滑倒(现只能在他房间里放置便桶),防他乱摸电器,最怕的是防他掉到后门口的大河里。有一年从大桥上面摔下去,幸好那时水不多,没淹着,但摔得鼻青眼肿,脸上流了很多血,幸好命大。可是我们再也不敢大意了,防贼一样防他。"

春桂哥说完,赶快把大哥手上的烟屁股丢了,"不要等下把两个孙女买给你的新衣服烧了"。

"衣服破了,青青、翠翠会给我买新的;烟抽完了,鹏仔也会给我买好烟的。"老小孩瘪着嘴骄傲地说。

"我儿子女儿都很孝顺,都敬重他大伯,他们小的时候我们俩要做事,只能让大伯带他们,在大伯背上高一脚低一脚地摸索着在门口的石板巷里活动。那时人少车少,还好,没出过什么大乱子,所以娃从小跟大伯亲,现在长大了也不嫌弃大伯是累赘。利群烟、白沙烟,都是儿子鹏仔买的,一年四季,衣物都是由两个女儿买的。"

说完,他转身到厨房端了一大盆热气腾腾的三粉饺出来,叫我们几人垫下肚。我们受宠若惊,连忙客气地说中午吃饱了,大姐不由分说地塞筷子给我们:"不是专门给你们做的,大伯哥每天都要吃点心,有时是面条,有时是汤饭,有时是包子,别的他也吃不太动。"边说边喂,几分钟一大碗三粉饺就落进了大伯哥的肚子里。我问老小孩,好吃吗?他忙不迭地点头,歪着头可爱地回应着。

"他要比我们更饿一些的,我们正常人有事忙,忙着忙着就不会想着吃,大哥又没事要做,唯一想着的就是吃饭和抽烟。"水芹姐姐通情达理地解释着,生怕我们错怪大伯哥贪吃。

"更好笑的是,如果我忙到没给他做点心,他自己还会寻到街道小吃店去找吃的,会赊账,厉害着呢,一辈子钢板没赚过两块,还知道花钱呢。"这口气我也不知是批评大伯哥贪吃还是表扬他机灵。

"我妈是个做饭大师傅,平常还帮亲朋好友烧酒席呢,只是有时担心大伯,远点的活都不敢接。"程青接过话柄。

"我哪是大师傅,还不是被你们逼出来的。每天三餐我要做各种不同的口味和菜式,老的不能吃硬的,小的不能吃辣的。这一大家子,11口,老的老,小的小,口味不一样,要求也不一样,我难服侍。每天早上5点多先熬稀饭给大伯哥吃,又要分开给这几个屁孩准备不同的早餐样式;再从一楼打扫到三楼,倒屎倒尿,洗衣买菜,三餐烧煮,添饭喂饭,老的要喂,小的要哄,每天都要忙到晚上10点多,像个陀螺转,可又没忙出一个名堂。"说着说着她还抱怨起自己来。"不过,像我这样的麻利劲,我如果出去挣工资,应该值五六千吧?"我还没来得及回答,她女儿抢着说:"妈,你工资值上万,没有你的大包大揽,辛勤付出,我们仨还能读大学?还盖得起这栋三层楼?我们还能安心生二胎?大伯还能活到77岁?"

程青校长这话总结得有水平,不愧是在大爱家庭长大的娃,体会得到父母的付出,感激父母的养育。在耳濡目染下,她传承了父辈善良且孝顺的传统美德,真不愧是家中孝亲的模范、学校的领头羊!

三

临别,我提了一个窝在心底的问题,为什么不把五保户大伯哥送到镇福利院去呢?政府会救助供养他呀,这样你可以少忙一些,也不用担惊受怕。你一家人已照顾37年了,其他兄弟姊妹反正也不会干涉。

"我也想轻松一下呀,毕竟我也马上要到60岁了,老骨头不经用了,可是大伯哥眼盲心明,他觉得这是他家,跟我们过,想吃就吃、想睡就睡、想骂就骂,舒心着呢。他不去福利院,说不想受人管,他晓得我会服侍好他,赖上这个家,讹上我呢。再说我已照顾了快40年了,也习惯了他的存在。"

是的,聪明的大伯哥讹上小弟家了,谁让他不幸中又万幸地遇上这么能干又勤快又"傻冒"的弟媳妇呢。

左拐上大桥,桥坝上碧波如镜,右边沿堤而建的粉墙黛瓦,并排倒映在水中,水天一色。两岸的大樟树葱葱郁郁,如伞如盖。坡岸上花黑色的鸭子在水草地上巡逻觅食,黄褐色的草丛里已然透出青青的芽头。桥坝上、桥坝下,形成了两种截然不同的风景。"那就是水芹,过几天,天一暖,满岸都是水芹、马兰等野菜。水芹不用栽种,只要沾着水边,就能整片整片地生长。这种野菜不光可

以吃还有药理作用,可降血压,还可清理血管杂质;烹饪更是简单,可清炒可花荤,可凉拌可打汤,从春天吃到秋天,还不用花钱买,真是宝哦。我们当地人可喜欢了,虽然水芹是野菜,可比花还好,能绿化能当菜!正是清水浮红鱼、野菜铺两岸的时候。"

樟村本地人小梅喜好这一大片野菜——水芹,我则更喜爱勤劳善良的好人——水芹姐!

事迹点评:37年如一日悉心照料丈夫失明的哥哥,一日三餐,洗衣铺床,日常照料,病时护理,不离不弃,无怨无悔。

忠诚之子力耕赣鄱大地
——记"玉山好人"罗嗣善

刘双珠

人物档案:罗嗣善,1939年9月出生,中共党员,玉山县六都乡纱帽村村民,以村为家五十余载,热心公益从未懈怠。

主要荣誉:2020年7月被评为"玉山好人"。

端菜送水忙,创幸福食堂

从高空俯瞰,玉山县六都乡纱帽村一带的房屋活像一尾鲈鱼。人们依仓溪河建居,鱼腹处人声鼎沸。两条公路都自田畈村而来:一条由鱼头向鱼眼处蜿蜒,到鱼腹处通向湖口村;另一条自鱼鳍向鱼肚延伸,拐弯后走向鱼尾,直达群山怀抱。村头是一方方耕田,村尾是一片片丛林。东南风来,人们赶牛犁田,播种插秧;西北风将至,人们背篓扛袋,拣茶榨油。年年岁岁,周而复始。

据徐绍森回忆,2019年11月,村里组织开办老年人幸福食堂,村里75岁以上老年人可以到食堂就餐。消息一经通知,罗嗣善便主动提出承担力所能及的所有事项。村委委员担心他年事高,他却坚持说试试看。这一试,便坚持了几个月,直至疫情席卷,才不得不停办。

幸福食堂每天九点多钟开始忙活,罗嗣善每天都是第一个到达,开门,记

账,今天采购蔬菜几两、肉蛋几斤,花销多少,一分一毫的账目,全部对清。昨天有人说辣椒炒肉太辣,今儿盼个蒜苗炒肉;昨儿还有点酸辣汤的,今儿也都要和厨师沟通好。村里提供免费饭食,本不提供"点菜服务"。这在别人眼中,一句"众口难调"就可以带过,但在罗嗣善眼中,都是事关村民幸福感的大事。他常常说希望"事事有回音,件件有着落",这都是党的教导,所以平日里想得少、做得多。

幸福食堂缺少跑堂小二,他便放下纸笔,立刻拿托盘去上菜。每桌五个人,三菜一汤,天气好时,一顿要开十桌;天气不好时,也要开八桌。他常常是最后一个吃饭,却从不觉得不妥,"我们方言有句话说'到最后,一大口'"。

"食堂建在这最好,离得又近,菜蔬又好。最远的也就一里多路,走两步就到了。"一起在食堂吃过饭的老人如是说,"罗嗣善每天还要去地里田里看看。食堂忙完,时间来不及,他就骑个电瓶车逛逛去,闲不住。"

"不过他这人,一向就这样。"

理事会会长,双手种希望

"你当了这理事会会长,一言一行都有规则参照,可由不得性子来。"罗嗣善笑着说,"忙是好事,打定主意潜心干,收获就是自然而然的事了。"

2020年拆除危房的文件下达之后,村里的工作开展得较为艰难。村民们安土重迁,虽然都住进儿女们新建的水泥房,但还是对当年的土坯房念念不忘,放些稻谷机等家什在土坯房里,迟迟不同意拆。罗嗣善始终践行党的誓言,站在带头示范的最前沿。他先把自家土房整理了,没人住的危房先行拆除,然后跟着村委委员们一起,家家走访,户户开导。一遍没说通,就去第二、第三……第十遍。他说:"这是党的指令呀,有什么好迟疑的?"他劝说村民时,总是谈起以前的峥嵘岁月,细细回味,让对方知道,时代洪流滚滚向前,中国共产党肯定会带领着我们走向文明和谐的新时代。有的村民看到他们就绕道走,抿着嘴一言不发。村里前妇女主任吴女士说:"那时候,可难了!我们还拿着锄头跟村民一起去田地里干活,才慢慢说动他们。罗老从不服老,解决好些'疑难杂症'。"

2019年初,村委开展环境整治活动。在理事会上,他提出很多建设性意见;在实干中,他更是不可或缺的将士。"各人自扫门前雪",难度并不大。有一阵子村里垃圾聚集成堆,垃圾桶渐成摆设,人们老远把垃圾袋往垃圾桶一投,便算完成清理工作。村里清扫垃圾的人忙得脚不沾地,也没能让情况改善多少。罗嗣善思前想后,从自家拿扫把、簸箕、铁铲,就守在垃圾桶边上。一则督促乡亲们垃圾分门别类地投放,二则把垃圾堆分化,蚂蚁搬家一般,细心整理。没过多久,纱帽村的整体卫生情况得以改善。那时养成的习惯,到现在也都保留着。如果你来村里玩,还会看见他溜达着捡垃圾的身影。

2018年,村里拉到投资,有老板来村里建大棚种香菇,种出来的香菇拉超市去卖,既解决农村人口再生产的问题,又解决村民收入低的问题。罗老在土地流转这块的工作,细细说来三天三夜也说不完。

做村里理事会会长以来,他事事以党的文件为纲,以村民的利益为要,宁可牺牲自己的利益,也会把事情办得周全。他无愧于党员的身份,身先士卒地做好志愿队队长的工作。在他的感染下,村里迅速成长了一批优秀的志愿队员。

以村为家耕种忙,责任随光阴绵长

说起年少读书的时光,罗嗣善眼底泛泪花:"读书?家庭困难,又是老大,哪读得起书哦?父亲死得早,我十八九岁被村里派去修七一水库。天蒙蒙亮吃过早饭走路去双明,中午到那吃饭,中间没饭吃,更别说自行车了。同村民工十几个,选我做大队排长,每天推蛤蟆车装泥沙两三百斤,上下陡坡好几百米,一天走上几十趟,累到双腿都没知觉。我们同村一小伙子,差点被车带跑,还好我及时顶住,才没伤到眼睛。那时要是眼睛坏了,这辈子难哦!

"修建七一水库是国家重大项目、江西省重点工程,上级拨付资金,上饶市直接过问。1962年开完庆功会,一回村,村里就培养我到大队做党支部书记。那时候才开始真正的读书写字哩。

"后来我们村被县里分配种棉花、甘蔗。大家都不会,就每天白天干活,晚上聚在村部开会学习。1981年、1982年都是摸着石头过河。嘿!到1983年,我们纱帽村就得了先进单位,官溪、八都、华村、六都四个乡镇里,我们纱帽村排第一!上饶市农业局还奖励我们500斤尿素。

"村里大发展,哪是我的功劳?那是党领导得好,党教育得好,一代又一代的党员都很优秀。还有我们的村民,勤劳肯干,都是大家的功劳。我只是做了

我该做的。

"给年轻人的建议？没有。每个人有每个人的使命，少想多做勤练习。关关难过关关过，仓溪河能过就过，过不了就架桥。就这么多事。

"工资？没有。这个年岁了，千金难买康健。你愿意去干的事，即使没有工资，你都会做很好。入党54年，党已经给了我太多、太多。"

事迹点评： 村庄有多大，家就有多大。对罗嗣善来说，一个共产党员的职责，并不是过好小家的生活，而是带领全村的村民一起走向富裕、康健、文明与和谐。他，用双脚丈量土地，以纸笔描绘幸福。五十余载辛勤耕耘，让纱帽村在周边四个乡镇的评比中，一次次摘得"创先争优"桂冠。他，是党忠诚的儿子，是村民迷航知返的方向。

甘当孺子牛的"活"雷锋
——记"玉山好人"邱国标

邱晓兰

人物档案：邱国标，1971年10月出生，玉山县四股桥乡人，现居住玉山县冰溪街道十字街居委会鸡山小区。

主要荣誉：2020年5月，被评为"玉山好人"；12月，荣获2018—2019年度全国无偿献血奉献奖金奖。

一

"人生应该如蜡烛，从顶燃到底，照耀别人，融化自己。"这是邱国标十多年前说过的话，我不甚了解。那时候，他的儿子邱安亮在我创办的幼儿园上学前班，他和大弟在金山角开了一家副食品批发店，经常送货下乡。

冬天的雨绵延不停地下了二十来天，路面湿漉漉的，像一块油布。那天下午，其他小朋友都接走了，唯独邱安亮迟迟没家长来接。我打电话给亮亮妈妈，她说在外地进货，亮亮爸爸会去接，但他的电话总在通话中。天渐渐暗下来，我左顾右盼，心里也暗暗着急，因为年迈的公公等我回家烧饭呢。于是，我决定把亮亮带回家，亮亮极不情愿地点头答应，眼泪噙在眼眶。晚上9点多钟，我才听见电话铃响，亮亮都睡着了。我劈头盖脸地说了他一顿，他嘿嘿地应着，也不解释。

第二天，我问清原委。原来，邱国标傍晚途经四股桥十七都路段时，发现一辆摩托车连人侧翻在路中间，摔在一边的小女孩跪在地上不停地哭泣，连喊路人："救命，救命！"他连忙叫弟停车一起下去查看，只见伤者头上不断冒着血泡，昏迷不醒，情况危急。邱国标一边指挥着路边车辆绕行，一边拨打120，直到帮忙办好入院手续，并通知家属到来才放心离开。

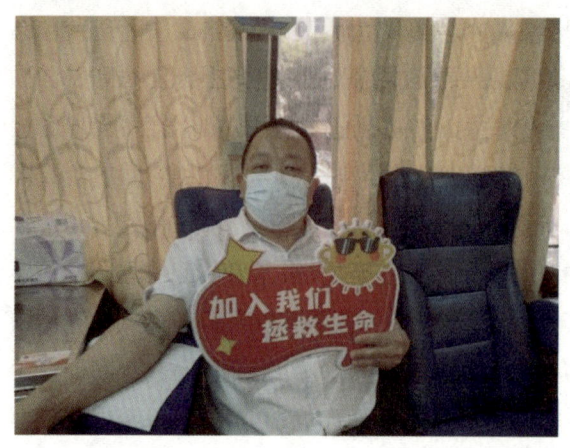

良好的家风与家教培养了邱国标助人为乐、团结和谐、孝老爱亲的高尚品格。他父亲曾是一位乡村教师，对他们的教育非常严格，他在勤劳肯干、孝老爱亲、明理增信、团结友爱等方面深受其影响。作为老大的他，结婚后白手起家，苦做生意，先在乡下开了五年店，积攒一点资金后于2002年到县城搞副食品批发，还把父母带到县城生活；动员大弟跟他一起做生意，另两个弟弟考上大学后在政府事业单位上班。

各兄弟成家立业后，因买房等经济原因，生活不是太宽裕。他体贴父母抚养的辛苦，为使老人家老有所居，老有所乐，在手头经济拮据的情况下，贷款买下一套房给父母居住，并由他一人独资装修。此孝老爱亲行为在他邻居及亲朋好友中成为佳话。

二

岁月无痕，却留下了邱国标默默奉献的足印，在小区、学校、献血车、疫情防控的帐篷里……

"有困难，找老邱"，这是鸡山小区居民遇到问题时的口头禅。邱国标现居住在十字街鸡山小区，50岁的他参与社区公益已有12年，家长里短、零星琐事，小区居民第一想到的就是他。

"老邱，小区南栋南面的垃圾堆得不像样了，您看下怎么处理？"一听小区居民反映问题，老邱立刻赶到现场了解情况，联系清运车辆，忙得不亦乐乎。

鸡山小区是个无物业老旧小区，从2008年起，热心人邱国标主动无偿管理起小区卫生。这个小区的"老娘舅"，不管大事小事都"操碎了心"。小到为小区安装指示牌、修补破损路面、处理邻里纠纷，大到移除老旧电杆消除小区安全隐患、为小区安装路灯等，他都像处理自己家里的事情一样，多方奔走，沟通协调,直到圆满解决。

自从玉山创文以来,老邱的劲头更足了,清运垃圾、清理牛皮癣、修排水管道……小区里的大小事情由他处理解决,小区居民既省心又放心。邱国标说:"玉山现在是全国文明县城,得来太不易,修一盏路灯、清理一处垃圾、讲一句文明用语,保持常态化管理,是我应该为玉山做的小事。"

在学校工作期间,邱国标自掏腰包、自带牛奶关心、鼓励和帮助贫困学生,勉励他们克服困难,好好读书。部分学生在他的鼓励和帮助下,顺利考入大学。"邱主任很有爱心,时常关心贫困生。"在校园成为师生的美谈。

从2006年至今,邱国标坚持无偿献血16年,献血量达1万多毫升,获得全国无偿献血金奖。他说:"用自己的一份力量给他人带来生命的希望,用自己的实际行动感染他人参与公益事业,是一件很开心的事!"邱国标表示自己会把这件事情一直坚持做下去。

疫情防控期间,社区人手紧缺,他二话不说,义务加入社区志愿者队伍,帮助社区张贴疫情宣传告示、走街串巷播放防疫小喇叭等。他带头在小区群里发动捐资捐物,为抗疫贡献自己的一份力量。小区卡口执勤值班排班时,他作为志愿者、卡口组长,主动把自己放在最后一班,连续40个晚上值守到凌晨2点。在防控的日日夜夜里,他时时处处在小区里发挥着"领头雁"的作用,用实际行动温暖着小区里的每一位居民。他的拳拳爱国之心、雷锋精神如此光亮,温暖着这个小区的每一个角落。

谁说他不是一个大忙人呢,但像他忙得这么"有时间"的却少有,上有老下有小,承上启下的年纪谁都在慢慢地经历。他不仅是父亲、儿子、丈夫,还是批发部老板,更是江西阳光技工学校(玉山校区)政教处、总务处、招生办主任,身兼数职,依然坚守公益岗位,守护温暖的家园。

习近平总书记说,我们既要学习雷锋的精神,也要学习雷锋的做法,把崇高

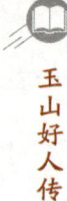

理想信念和道德品质追求转化为具体行动,体现在平凡的工作生活中,做出自己应有的贡献,把雷锋精神代代传承下去。我想他就是这种人,是这种未必光芒万丈,却始终温暖有光之人。

事迹点评: 无私奉献,没有惊心动魄的场景,只有默默无闻的付出,这是一支灵魂的交响乐。邱国标的可贵之处,不仅仅在于他16年不间断地无偿献血,更在于他助人为乐甘当孺子牛的雷锋精神折射出心灵深处最善、最真、最美的光,这一缕光,足以照亮前行之路。

心善女子不计前嫌照顾前夫
——记"玉山好人"聂冬仙

顾梦芽

人物档案:聂冬仙,1971年10月出生,文成镇六村村知青场村民。

主要荣誉:2020年第二期"玉山好人"获得者。

一

一行人驱车在公路上,一路小雨,我们眼前浮现的不是车窗外清新迷蒙之景,而是横街镇江口村大坞场那个偏僻的小山村,是狭窄的水泥路,是简陋的泥土墙。这是过去聂冬仙所生活的地方,而她就是我们一行人这次所要采写的唯一对象。

1971年10月23日,聂冬仙出生在玉山县横街镇江口村大坞场一个穷苦家庭。在她三岁的时候,父亲便生病去世,是母亲一手将家中的四个孩子拉扯大。

1992年,21岁的聂冬仙经人介绍嫁给了比自己大了整整14岁的本村村民黄添木。然而老夫少妻的婚姻并没有给她带来幸福,反而是无尽的痛苦与委屈。为了照顾儿子、照顾家庭,她在家中任劳任怨,丈夫早出晚归,不但不关心她,反而嫌弃她不能挣钱。

为了增加收入,也为了在丈夫面前争一口气,聂冬仙选择去浙江玉环的一家工厂打工。原本以为可以改善目前的生活状况,也能让丈夫对自己的态度有所改观,然而天有不测风云,她在工厂里做工时,发生了意外事故,造成了严重的身体损伤:她的腹部被机器击伤,伤势严重。在玉山县人民医院住了整整42天,聂冬仙才拖着大病初愈的身体回到家乡江口村大坞场。然而这时的丈夫觉得她非但不能干活还得花钱,是个累赘,因此对遭遇不幸的她非但不宽慰和关爱,反而变本加厉,想要抛弃她。丈夫的冷漠和绝情,让聂冬仙感到无比的心寒与绝望。

后来,聂冬仙就到玉山县城一家服装厂打工挣钱,一做就是两年。她和黄添木之间的隔阂越来越深,感情更加淡漠。终于,在2009年1月,经双方同意,两人结束了17年的婚姻生活。

之后,在弟弟的资助下,聂冬仙在文成镇六村村知青场安了家,并与另一个男人重新组建了家庭。黄添木还是一个人住在江口村大坞场的山坡上。不幸的是,2015年左右,黄添木的脑部开始萎缩,记忆力和智商也严重下降,甚至到田里干农活都会经常忘记带工具。

得知前夫生活自理困难,聂冬仙还是抛弃前嫌,担负起了照顾黄添木的责任。在江口村第一书记郑仁明的帮助下,聂冬仙把黄添木送到了县福利院。但由于记忆力差,黄添木吃饭时连食堂都找不到,而且还经常走错房间,与那里的孤寡老人经常产生矛盾。无奈之下,聂冬仙把黄添木送回了大坞场的家里,每月付600元生活费,把他安顿在邻居黄茂丁家里吃饭。为了方便看望他,聂冬仙还特意买了一辆电瓶车,每隔三四天就买些肉、蔬菜送过去,时常帮他洗衣服、擦澡,连邻居都感慨"真的对得起他"。

随着脑萎缩的加剧,黄添木完全丧失了生活的自理能力,甚至完全丧失了记忆力,已经不知道吃饭和认人,也经常走失。为了方便照顾他,在2019年10月,聂冬仙和丈夫决定把他接到六村村的家里来。

因为这一善举,聂冬仙被评为2020年第二期"玉山好人"。

朴实、坚韧、善良、人好,这就是我们对今天的采写对象聂冬仙最初的印象,而我们今天要去的是她如今生活的地方——文成镇六村村知青场。

二

走进六村村知青场小超市,迎面所见的是一位忙碌地安排着茶水的女人。她平静而又不失热忱地招待着我们。我们观察着这个穿着短袄的黑色身影,让眼前的形象与脑海中的形象重叠。她的个子不高,头顶满是斑驳的白发,尽显岁月的沧桑。最让我们吃惊的是,这个年近50岁的女人,在经历那样的生活苦难后,始终面带微笑,只在偶尔对视的时候才让人发现平静温和的眼神底下藏着些许对生活的不安。

和我们谈话时,她总是平静而又耐心地将过去发生的事一遍又一遍地讲述。在讲述之前的心酸经历的时候,她的言语中已经听不出什么委屈、痛苦、怨恨,只有释怀和坦然。

从聂冬仙的口中,我们得知她的前夫黄添木被接到家中来照顾的时候,情况已经很不乐观。每天,她必须把饭菜准备好,端到他的手上,他才知道吃。他睡得少,晚上也经常需要人照顾。白天也要随时被人看紧,因为他一旦走出去便找不到回来的路。然而走失

依然在所难免,说到这里的时候,聂冬仙的眼里闪过一丝焦虑,仿佛触动了某些记忆。她说自己很感谢身边的人,每当他走失,村里的人都会自发地帮她寻找,有时候会找很久,找到很晚。对于别人的帮助和关心,她总是很感激,她总说"他们都对我很好"。

听到这样的话,我们在场的人都很动容,这何尝不是在用一片云去推动另一片云,用一棵树去撼动另一棵树?正是她的行为把善的种子种到了人们的心里,所以她才会赢得这么多的善意。

"如果我不照顾他,恐怕他早已不在人世了。""如果我不这样做,我的儿子怎么办?"她就是用这样质朴的话、这样质朴的举动,维系了两个家庭,用大爱赢得了所有人的尊重。

后来,她告诉我们黄添木因为病情加重已于2020年底去世。她在说这句话的时候,我们听得出语气里有些若有若无的叹息声,仿佛在为一位久病之人终于得到解脱而感到欣慰,又仿佛在为一个曾经受羁绊多年的生命的消逝而感慨。在这叹息声中,我们不得不重新审视眼前的这个女人。一个怎样善良坚韧的女人,才能熬过十多年的委屈和伤痛,最终以爱和平静拥抱生活。

离开的时候,望着窗外的雨滴,我们仍然深受触动,忘不掉那平静温和的眼神。她的眼神似乎来源于她的母亲,那是一位安静祥和的老人。这位母亲在年轻的时候一只脚便落下残疾,在丈夫去世后一手拉扯大了家中的四个孩子。也许正是母亲的坚韧带给了她坚韧,是母亲的和善影响了她的和善。

　　想起之前在客厅里看到的两幅十字绣。那是两幅很大的十字绣,一幅绣的是富贵吉祥,中间有一个大大的福字;一幅绣的是家和万事兴,鹤寿延年。两幅十字绣都图案精美,绣工精致。聂冬仙说那是自己在闲着的时候绣的,她还半开玩笑地说:"看我绣得这么好,别人结婚也会找我绣呢!"语气里有些许自豪,也全是对生活的美好注脚。

　　车窗外的雨依然淅淅沥沥地下着,模糊了视线。这应该是春雨吧。虽然过去的伤痛仍然留在身上,她还是没有办法干重活,但如今她在家人的帮助下在村里开了一个小超市,以后她的人生也将如这场雨一样吧,春雨过后,春回大地。

　　事迹点评:虽然历经一次不幸的婚姻,但是她得知前夫生病不能自理时仍然不计前嫌,对他悉心照顾,直至去世。在生活中,她是朴实坚韧的小女人;在众人眼中,她是心有大爱的大善人。

敬业民警只身入火场
——记"玉山好人"张磊

顾梦芽

人物档案:张磊,1989年1月出生,中共党员,玉山县公安局治安大队民警。
主要荣誉:2020年"玉山好人"获得者。

2020年8月24日,紫湖派出所民警张磊接到群众报警,两邻居因为宅基地的问题发生争执,其中的一方将另一方打伤了!因为土地纠纷产生的案件,民警张磊已经处理过不下几十件了,一切程序都已了然于心。他先带伤者去鉴定伤情,经过鉴定,为轻伤。于是伤者要求对方赔偿,却被对方拒绝。没办法,民警张磊只能联系司法所、村镇干部从中进行调解,但调解数月,两人仍然僵持不下。张磊正苦于无解纠纷之法,焦头烂额之际,一波未平一波又起,发生了一件始料未及的事。

"着火了!着火了!"

2020年10月22日凌晨3点左右,玉山县公安局紫湖派出所接到群众报警:有民房失火了!听到这个消息,正在值班室里值班的民警张磊脑中的一根弦瞬间绷紧了。他是一名有着7年从警经历的警察,大大小小的火警也出了不少,根据过去的经验判断,这正是天干物燥的季节,民房失火又在这个时间点,如果火势扩大,后果将难以想象。于是,他迅速集结几名队员,第一时间赶往火灾现场。

还没走到失火的民房跟前,他就远远地看到一栋民房三楼的窗户火舌长吐,一直向外延伸。原来这家中有一处小型的粉丝加工

坊,大概是作坊里烧火炉子中的炉火掉落引发了火灾。现在,熊熊的大火已经从一楼蔓延至三楼,由于三楼堆放的是干燥的柴火,因此火势最猛,正呈蔓延之势,情势非常危急。

虽然在接到报警之时,局指挥中心已经同时通知了消防救援部门,他们此刻也已经在赶来的路上,但现场的情况十分危急,刻不容缓。家中失火的居民正用家中的水管灭火,甚至有人跑进家中灭火,周边还有许多围观的群众。这一切民警张磊看在眼里,也急在心里,他和队员们立刻指挥疏散围观的人群、转移老弱人员,喊停楼上胡乱扑火的群众,劝阻仍然想要冲进火场取财物的家属。

"哎呀,不好!厨房里还有两个不久前才灌的煤气罐!"

这一声叫喊,惊得在场的众人一身冷汗。张磊一听,心里也咯噔了一下。一楼的厨房里早就已经烧起来了,如果高温导致罐体膨胀,或者煤气泄漏遇到明火,随时都有爆炸的危险!这里的民房都是连片的,煤气罐一旦炸开,后果不堪设想!

就在众人脸色煞白之际,一个身影冲了出去,正是民警张磊!他没有丝毫犹豫,迅速拿起毛巾,在水里浸湿,大叫一声"你们赶紧躲远点",而后直奔火场!

张磊刚进入作坊间,一股灼人的热气就扑面而来,稍往里走就看到里间厨房里存放煤气罐的木质柜子正在熊熊燃烧。他快速走近,迎着火焰拨开被烧坏的柜门,发现两个煤气罐的外漆和包裹阀门部位的塑料已经被高温全部融化。罐体表面的温度很高,如果空手去搬,肯定会被严重灼伤。幸好张磊早有准备,他将湿毛巾垫在煤气罐的拉手处,小心翼翼地将其中的一个煤气罐提出火场,后用同样的方法又将另一个煤气罐从火场转移了出来。最后那两个煤气罐都被安全转移,没有爆炸,也没有造成其他严重后果。

这一切都只发生在一瞬间,在场的所有人都对张磊肃然起敬。张磊虽然是一位年轻的民警,但在紫湖人的心中却是一位好民警。

很快,消防队员赶到,张磊和队员们又协助他们展开灭火救援,直至早上6点多才结束。

之后这件事被宣传报道,民警张磊受到关注,当选为2020年第三期"玉山好人"。

当被问及为什么在煤气罐随时会爆炸的情况下仍然敢只身前往火场时,张磊只是笑了笑说:"当时没想到危险什么的,就想着千万不要出事,如果不进去抱煤气罐出来,那就是一颗定时炸弹!"也许在那样危险的时刻,他是没有时间去想后果的,有的只是作为一名警察的本能反应,那就是一定要保护好群众的生命财产安全,这是那一身警服所赋予的使命和责任。

张磊也从来没有想过会因为这样一件事被评为"玉山好人",他说:"这太正常了!我并不认为自己做了什么了不起的事!"他觉得这件事太普通了,每年都会遇到一两次火警,这和自己过去所处理过的大大小小的案件并没有什么不同。"不过,既然有幸能当选,以后我将更好地为人民服务!"说着张磊又笑了一下。

后来,他又告诉我们:"做警察是很辛苦的,如今在县公安局治安大队,工作起来总是没日没夜,一值班就是24小时待命,只要接到电话就有警必出。工作压力很大。但只要吃着这碗饭,穿着这身衣,我们就要埋头苦干,全心全意为人民服务!"

他在说这些话的时候,"为人民服务"这五个字说了很多次。他说这些都是心里话,是真话,语气很轻松,但言语间却透露着某种坚定,正如他的名字一样,沉稳而富有张力。

张磊的右手上有一个长条形的疤,问是怎么来的,他只说一次出警不小心被抓伤的,没有再说什么。也许,对每一个警察来说,身上的每一道疤都是一枚耀眼的勋章;每一段经历都是一个辉煌的过去,普通却注定不平凡。

事迹点评:一身警服,一生责任。这是一位普通得不能再普通的民警,他没有轰轰烈烈的英雄事迹,有的只是人群中每一次苦口婆心的调解,有的只是深更半夜只身闯入火场的身影,有的只是工作到凌晨爱岗奉献、兢兢业业的每一天。他在平凡中彰显伟大。

大爱无垠
——记"玉山好人"祝莲艳

刘树桢

人物档案：祝莲艳，1994年7月出生，玉山县双明镇永久村三家店小组村民。

主要荣誉：2021年"玉山好人"获得者。

  三家店是个很不起眼的小地方，是玉山县双明镇永久村的一个村民小组，与浙江常山县红旗岗交界，边上就是浙江第三监狱。以前监狱都是建在交通不便、偏远的地方，从这一点便可知此地有多偏僻了。通常山高处也水多，可这里历来因为缺水，田地很难有收成，群众的生活很贫穷。当地曾有民谣：好男不留家，有女不嫁三家店。整个村庄十几户人家，都是破破烂烂的泥瓦房。改革开放以后，大家出去打工，生活才慢慢好起来，家家建了新房子。
  主人公的养父祝兴旺就出生在这个地方。他是老大，后面陆陆续续有了四个弟弟一个妹妹，在那个时候生活可想而知。到了谈婚论嫁的年龄，突然的一次事故，让他失去了一只眼、一只手，成为一个肢体严重残疾的人，娶妻成为空想。
  直到1987年养父祝兴旺才与养母江德娥结为夫妻（二次家庭组合），俩人因年龄及其他原因，没有生育。祝兴旺本人因肢体残疾，无法从事高强度的体力劳动。夫妻俩住在一间狭小的泥瓦房里，但祝兴旺身残志坚，除了种些粮食自给自足，还经营着一家小杂货店维持生计。随着生活的改善、年龄的增大，祝兴旺夫妻二人打算收养一个小孩，绕膝陪伴让家中少一些寂寞。
  1994年，夫妻二人收养了一个女婴，并请当地的老师取了个名字祝莲艳，希望她像莲花一样高洁美丽。夫妻两人对这个小小女婴视如己出，倾心照料。随着小孩一天天长大，开支也越来越大，虽然夫妻俩办理了低保，开了小杂货店，但村里人口少，经营惨淡入不敷出。考虑到以后孩子上学还需要更多的钱，夫妻俩商量后决定母亲出去帮人做事，父亲在家照顾孩子。他们也知道，孩子只有通过上学才能改变命运,不管家境如何艰难,都必须让女儿和别人家孩子一样接受教育。

就这样肢体残疾的祝兴旺,既当起了爹又当起了妈,每天天不亮就起来做饭,等孩子去学校了,就做一些零工攒些家用。祝莲艳也不负父母的期望,成绩一直很好,从小学、初中,一路考上了高中。她自小就很懂事,深知家中贫困,妈妈患有轻度老年痴呆,家中的房子破烂不堪,外面下大雨,屋里面下小雨。为了减轻爸爸妈妈的负担,她人生中第一次不听爸妈的劝阻,没有选择继续读高中,而是和村里人一起去杭州务工了。生活不会辜负勤奋的人,通过几年的努力,家里终于有了一点积蓄。2011年,祝莲艳决定把住了几十年的泥瓦房拆了重建,改变低矮潮湿、漏水透风的居住环境。因为父母年纪大,做不了什么事,也为了少雇人,减少开支,祝莲艳每天早起搬砖、搬沙、烧饭、洗衣,等做屋师傅来了又拌水泥,脸晒得黑黑的,手上都是老茧,根本就不像一个女孩子。为了早日把房子做好,她吃尽了苦,有时累得聊着聊着就睡过去了。苦尽甘来,几个月的努力,终于换来了一幢崭新的一层房子,住进去的那一晚,她抱着爸爸妈妈幸福地哭了。

2014年,对祝莲艳来说是最幸福的一年,因为这一年,她与自己心爱的人,在父母和亲朋好友的见证下,一起走进了婚姻的殿堂,开启人生新的篇章。

已经患病十几年的母亲健康每况愈下,每天胡言乱语,家中东西找不到就说祝莲艳偷走了,还时不时骂人、打人,记忆还不如三岁小孩,走出去就不知道回来,有时候要满村去找。此时尚有爸爸帮忙照顾,爱人也一起分担家庭的困难,虽然每天都要为大小便失禁的母亲擦洗,虽然生活艰苦、工作繁重,但祝莲艳仍然感觉到只要一家人在一起多苦的日子都能走下去。

天有不测风云,2015年,一纸诊断书让本就艰难的家庭雪上加霜。父亲祝兴旺天天咳嗽,当地的村医又没检查出什么原因,怕花钱也舍不得去医院看,自己采草药吃了也没见效。后来祝莲艳眼看父亲越来越严重了,就和老公拉着他去了医院,在乡镇卫生院做了检查,医生就建议去县医院再检查,县医院检查结果出来:多年积劳成疾,已是肺癌晚期。命运和这个原本贫穷却快乐的家庭开了一个残忍的玩笑,祝莲艳再也控制不住自己,一个人偷偷跑进厕所大声地哭了出来。这该怎么办?爸爸生了重病需要人照顾,妈妈老年痴呆也需要人照顾,自己又有身孕,想起这些,祝莲艳感觉天都要塌下来了。

擦干眼泪,还是必须坚强地面对。祝莲艳和老公把父亲拉回了家。每天为父亲熬药,陪他聊天,带他到处走走看看。后来父亲卧床不起,祝莲艳更是悉心照顾,换尿布、擦身体、喂药、喂饭,毫无怨言。临终前,爸爸拉着她的手说,这辈子有她这个女儿,已经很满足了,下辈子有机会,还愿意认她做女儿,现在最放心不下的就是她的妈妈,要她好好地照顾好妈妈。祝莲艳泪水涟涟地答应了爸爸的嘱托。

没有了父亲,就失去了庇护的天空,母亲也因为父亲的去世,病情加重了。祝莲艳一个人又要带小孩,又要照顾妈妈,自己又有了身孕,丈夫又在杭州工作,她根本没有办法生活下去。这时她的婆婆站了出来,让祝莲艳把妈妈带过来,一起帮她照顾。就这样女儿带着母亲一起住进了婆家,一家人悉心照料着。随着年龄的增长,母亲的病情越来越严重,犯病时见谁骂谁,到处乱跑乱走,这份委屈祝莲艳只有和老公倾诉。

从 2016 年开始,养母已经无法自理了,不会说话、不知道吃饭、不知道洗漱,就像一个没有思想的人。叫她站着,她站不住,还会摔倒,也不知道找个凳子坐下。祝莲艳要端屎端尿、要喂饭喝水、要帮她换衣服洗漱,还要看着她不能让她乱走。

后来婆婆也年纪大了,为了减轻她的负担,祝莲艳把七十多岁的养母带到了杭州。祝莲艳对我们说,现在家里有两个小孩,一个七岁,一个三岁,虽然有时候感觉很累,累到腰都直不起,但孩子懂事,丈夫支持,一家人在一起照顾养母,一起努力打拼,生活一天天在变好,每天都感觉很满足。

朴素的话语背后是十五年如一日的悉心照顾。祝莲艳用自己的双肩,扛下了命运一次又一次的重击,为垂垂老矣的母亲支撑起了安度晚年的重担,她用善良和坚韧书写了乌鸦反哺的现代诗篇,用真情和付出诠释了孝老爱亲的全新内涵!

事迹点评:十五年如一日,悉心照顾养母,诠释了感恩之德、善良之美,让我们看到了她乐观向上、毫无怨言的可贵精神,她是新时代女性的楷模。

退役不褪色　彰显军人风采
——记"玉山好人"罗来寿

陈新平

人物档案：罗来寿，1960年3月出生，1979年11月入伍，江西省玉山县怀玉乡玉峰村村民，怀玉山老兵食堂创建人。

主要荣誉：2020年被评为"玉山好人"；同年7月，被玉山县委退役军人事务工作领导小组、县人武部、县委宣传部授予首届十大"最美退役军人"称号；同年10月，被怀玉乡党委、怀玉乡人民政府授予"最美退役军人"称号。

一

1960年3月16日，罗来寿出生在江西省玉山县怀玉山垦殖场的一位老兵家中。他从小就喜欢听革命故事、看革命电影；那些英雄的名字，在罗来寿幼小的心灵就深深地扎了根。怀揣儿时的梦想，1979年11月，罗来寿应征入伍，成为景德镇市公安消防大队的一名战士。军旅生涯磨炼出他吃苦耐劳、乐于奉献的精神。

1982年11月13日晚上7点多，已是万家灯火。罗来寿执行公务回队途中路过一处不大不小、又脏又臭的池塘。边上围观的居民告知塘中一老人溺水正在打捞，他二话没说立即跳进池塘参与救援。经过近3个多小时的紧张救援，溺水老人被成功打捞上岸。遗憾的是，老人终因溺水时间过长已无生命体征。

在部队，罗来寿吃苦耐劳、乐于助人，受到过不少表彰和荣誉。1985年1月，他光荣退伍。

1987年冬，三清山发生一起森林火灾，严重危及三清山景区的安全。由于森林茂密，火苗随着森林的延伸不断流窜，加之冬天满地枯叶，火借风势，干柴烈火，形势极其危急。

当时，现场方圆几十公里浓烟滚滚，一片火海。一旦火势失控，后果不堪设想。

到了夜晚,受命参加灭火任务的罗来寿看在眼里,急在心上。他仔细观察大火的蔓延势头后,设定了一套迂回斩断火路、压返火头的灭火方案,被指挥部迅速采纳。

罗来寿立马向领导行了个军礼请战。因环境复杂,危险系数太大,领导担心队员安全未及时批准。情急之中他以"立正"的姿势向领导保证:"我是消防退伍兵,有丰富的应变能力,请领导放心!"

获准后,罗来寿简短宣布纪律:1.一切行动听指挥,任何人不得单独行动,必须紧跟小分队;2.安全第一! 遇见明火,要顶风上,千万不能顺风跑! 宣布完毕,他便带领6人小分队立马出发,进入火场。

罗来寿明知此行可能捐躯赴难,但他依然淡定,视死如归! 此时此刻,他必须义无反顾! 他面临的不仅仅是一次任务,而是责任和担当!

6名队员在夜晚走进伸手不见五指的黑暗环境,对抗着致命的浓烟侵袭,经过8个多小时的艰苦奋战,成功扑灭了十几公里的火源,避免了一场更大的灾难。凌晨时分,罗来寿带着队友一个不少地撤出火场。地区、县、乡领导一一和他们握手,连连夸奖:"怀玉山老兵真的了不起!"

二

罗来寿退伍回乡后,受聘担任怀玉山纺织器材厂办公室主任,在单位工作忠于职守,爱岗敬业,在平凡的工作中不断刷新着记录。他本着极端负责的态度认真细致地工作,做到有安排有回应、有结果有成绩,他的工作经历也造就了他"多面手"的绰号。他是同事中的楷模,也是领导的好助手。

1992年,罗来寿通过多种渠道前往公安部消防局,历经一个多月的时间,终于争取到化学泡沫灭火剂生产许可证项目,为单位新产品上市立下了汗马功劳。

就这样,单位里的货款一时回拢不了,他出面协商要回来;有些业务拿不下,他出马公关;客户产品出问题,也是他出面解决;申报新产品、跑项目,他更是马不停蹄;处置突发事件以及企业官司都有他的份……

这一干就是12年,直到1996年因农垦企业体制改革,他响应组织号召,辞职下海经商。

三

2016年农历正月,罗来寿父子走亲戚时,途经苏怀线田青棚的连续急转弯处,正巧遇上一辆载人三轮车因急转弯翻下十几米高的悬崖。此时,一名年轻人躺在地上,满身是血,昏迷不醒,伤情十分严重,生命危急。

罗来寿路过现场时,司机当时也不敢停车,离开现场已有百米多远。罗来寿见状立即命令司机停车倒回现场,他的态度就是无论如何也不能见死不救。罗来寿二话不说,健步如飞,也顾不上身上穿的新衣服。父子俩立即开展施救,上气不接下气地轮流将血人一般的伤员从十几米高的悬崖上迅速背上公路。全身沾满血迹的父子俩一直把伤员送到了医院,为抢救这个年轻的生命赢得了最佳时间。医生说,如果没有罗来寿父子快速施救,伤者后果将不堪设想!

2020年春节,疫情突发,武汉封城,罗来寿一度萌生去武汉当一名抗疫志愿者的想法。已经年逾花甲的他自觉不合时宜,便开始着手筹划在家乡参与抗疫之事。

为表明自己的决心,他在自己经济不宽裕的情况下,向抗疫指挥部捐资1000元,并向乡党委提交请战书:"疫情就是集结号,面对新型冠状病毒疫情防控战,我不论生死,不计报酬,全力以赴。虽然我不是一名党员,但是我当过兵。无论何时,只要国家和人民需要,我都要守

护我们的家园。现在国家有难,作为一名退伍老兵,我不能不到一线去,希望这点心意能支援一线,希望能早日战胜疫情。"从此,他成为筑牢怀玉乡第一道防线的"逆行者"当中的一员。

怀玉山葛岭头疫情防控点,地处高山风口,海拔800多米,是全县海拔最高的防疫点,长时间大雾弥漫,气温很低。罗来寿自告奋勇在这里整整坚守了一个多月。

2月6日晚上,天气突变,狂风大作,但执勤点始终灯火通明。大家吃完泡面,仔细检查了加固临时帐篷的绳索,在寒夜中坚守。

罗来寿和同事艰难地行走在路边上履行检查责任,并死死地按着头上戴的帽子;如果不按着,帽子就会被刮得无影无踪。

晚上九点多,风突然加大,竟然把帐篷吹翻了!罗来寿顾不上刺骨寒风,连忙拉住帐篷,在帐篷四个支架周围磊起多层石块,用地钉拉绳加固再加固,终于把帐篷支起。

到了凌晨,气温已至零下,寒风裹挟着冰冷的雨滴,往帐篷里钻。罗来寿和同事一边关注着是否有过往车辆和行人,一边围着烧旺的炭火跺脚取暖,相互鼓励。

凌晨4点多钟,葛岭头再次强风大作、降温降雨,情况万分危急。罗来寿见此情形,考虑到危险随时都有可能发生,迅速地做出了及时转移到同事的小车上的决定。

这一夜,帐篷被风吹翻了三次,罗来寿不惧风寒,始终坚守在岗位上,没有给病毒入境的可乘之机。等村干部们急匆匆赶到时,浑身湿透的罗来寿激动地发了个朋友圈:"昨晚此生难忘,中国必胜!"

四

怀玉山是方志敏烈士清贫故事的发生地,基于心中的红色情结,罗来寿毅然放弃浙江的商业项目返乡,于2020年5月,以军旅主题取名创办"老兵食堂"。餐厅内处处有军事元素的图案,杯子、打火机、酒瓶、写字笔都刻有"可爱的中国"字样以及军事元素的标志,桌布也是迷彩图案,满屋都是红色军旅气息。

老兵食堂不只是一个吃饭的地方,更是爱国主义教育基地。家长带着孩子来这里吃饭,可以让孩子在这里学习到革命史。只要是退伍兵就餐,他都会按照市场价的八折给予优惠,并以战友的身份热情接待。对于有些老兵,他还提供免费服务。老兵食堂得到了《江西日报》等主流媒体的纷纷点赞。

一杯热茶、一句战友,热情周到的接待服务,让慕名而来的战友们深表敬佩,感动不已:在领略神奇怀玉山美丽风景的同时,还能重温军旅生涯,真是一段美好的旅程,这里真不愧是我们老兵的"温馨驿站"!全国政协委员、中国作协副主席、著名军事作家徐贵祥亲自到老兵食堂采风,并为罗来寿赠书题字"可爱的中国,可爱的人"。

"八一"建军节,罗来寿邀请全村退伍军人及军属代表聚餐,并赠送了刻有方志敏手迹"可爱的中国"礼品笔,勉励大家用笔书写革命传统,用笔描绘美好未来,用笔抒发爱国情怀,用笔赞美可爱的中国!大家欢聚一堂,把酒言欢,共同回忆军旅岁月,尽情歌唱伟大的祖国。

五

抢险救灾、环境治理、扶贫济困、法制宣传等,总能看到罗来寿矫健的身影。

为配合景区建设,他不计报酬,毅然加入环境整治公益活动,头顶酷暑,上门宣传,清除垃圾,为村民整理柴堆,帮老人劈柴。因干活利落,极具号召力,他被村民推选为秀美乡村管护志愿队队长。

2020年,罗来寿着手整理发掘当地马灯戏,并将全套铜质乐器捐赠给村新时代文明实践站;他组建锣鼓队,丰富了山区群众的文化生活;他还为玉峰小学的小朋友们捐助棉袄、皮鞋、手套、电饭锅、电热水壶及学习用品,让小朋友们感受社会大家庭的温暖。

2020年冬天,怀玉山连续降雪,气温骤降,路面结冰,给人们出行带来了极大的不便。为了保证群众和游客的出行安全,罗来寿一马当先,会同村干部以及景区工作人员组织志愿者开展扫雪铲冰行动。零下13℃的极寒天气里,经过10多个小时的奋战,路面的积雪被清扫一空,恢复了出行秩序。

2020年12月14日,童先生和几个朋友一起驱车上怀玉山赏雪景,在转弯时一不小心出了车祸。罗来寿闻讯立马赶到事发现场,赶紧把童先生和朋友带回家里,并拿来了取暖器和膏药,为他们泡上了热茶,还张罗起晚饭招待他们。

童先生拿出钱来向他表示感谢,但是他坚决不收,罗来寿的行为让童先生和朋友非常感动。

六

罗来寿深爱家乡,宣传家乡。他说:"这里的生活习惯、地理环境、名人故事,我耳熟能详,我有义务把家乡的历史讲述给大家听。"他经常前往十八龙潭、三亩村、北上抗日纪念馆等景点为游客义务导游讲解,被人亲切地称为"编外导游"。

云盖峰是怀玉山的最高峰,海拔1538米,素来以奇、险著称,是一处尚未开发的旅游处女地。罗来寿为了亲自领略、探险、考察云盖峰的雄伟壮丽,自费邀请导游、摄影以及地质专家先后两次攀登云盖峰,拍照、记录,为怀玉山的旅游开发提供了第一手珍贵资料。

马铃薯是怀玉山的地标产品。2021年6月,罗来寿会同县文联文艺轻骑兵作协小分队开展新时代文明实践"我为群众办实事"志愿活动;作家们现场采风执笔,并把怀玉山马铃薯编成歌曲《高山怀金蛋》,由词曲家罗小明作曲,歌手何松梅演唱。

为了让世人通过他那散发着浓浓乡情的作品来认识和了解家乡,罗来寿加入市、县作家协会,用笔杆"素描"乡村物事,勾勒新时代乡村变革图,演绎了多样精彩。他先后在各级媒体发表数十篇讴歌家乡变迁的散文。其中《重返故乡》荣获"我身边的扶贫故事"主题征文三等奖、《老兵情怀》荣获"百年征程·大美玉山"征文大赛优秀奖。

事迹点评:危急时刻,你赴汤蹈火勇向前;公益路上,你乐于奉献做榜样;舍己救人,你奋不顾身冲在前。一朝为兵,终身爱国,更是你一生的情怀和恪守的承诺。

烈火之中见真情
——记"玉山好人"缪德贵

杨卫琴

人物档案:缪德贵,1973年10月出生,江西省玉山县文成街道仓溪村农民。
主要荣誉:2021年"玉山好人"获得者。

一

出玉山县城,沿320国道往西约3公里,右拐,即进入宽阔、美丽的仓溪村道。村道顺着仓溪蜿蜒,如少女柔软的腰肢。路的右边是一栋栋漂亮的楼房,左边是清澈的仓溪,溪水泛着粼粼的波光,就像少女明媚、多情的眼睛。溪岸边古树成荫,每一棵都面向溪水,侧耳倾听,听流水浅吟低唱,听清风流连徘徊,从春到夏,从古到今。

舍不得离开这样的仙境,但分别总等在前面的路口。几分钟后,我又一次右拐,驶向塘底。缪德贵家就住在这里。

缪德贵,1973年10月11日出生在玉山县文成街道仓溪村,家有兄弟姐妹九人,他排行第八,上有三个哥哥、四个姐姐,下有一个妹妹,父母都是地地道道的农民,家风淳朴。由于家里人口众多,家庭负担很重,所以,他家生活一直都不是很富裕。

都说穷人的孩子早当家,缪德贵从小就勤劳、懂事。他在家里是爸妈的好帮手,在外也是一个乐于助人的人。

有一年春天,缪德贵在送货的路上,看到一辆电动车翻倒在路边,连忙停车查看。这时他听到路边沟底传来"救命"的喊声,只见一个30岁左右的女子摔倒在沟底。缪德贵急忙

从旁边较平缓的地方下去,小心地将女子搀扶起来。幸好女子伤势不是太严重,搀扶着勉强能自己走。缪德贵半背着女子来到路上,用飞快的速度将她送往最近的医院。在整个医治过程中,缪德贵全程陪着,还垫付了医药费。在交谈过程中,缪德贵得知该女子在县城开了一个服装店,早上去上班的途中,因电动车刹车失灵,撞到路牙子,她才翻倒到沟底下。女子一再对缪德贵表示感谢,还拿出200元钱硬要塞给缪德贵,但被缪德贵拒绝了,他说:"谁都有需要帮忙的时候,只要人没事就好。"

初中毕业后,为了帮父母减轻负担,缪德贵去了深圳打工,从事线材、连接器方面的工作。由于工作踏实肯干、为人诚实热情,他深受老板赏识。六年后,工厂出钱送他外出培训。培训结束后,他走上了管理岗位。这时,他个人的生活也发生了很大的变化,从单身一人变成了四个孩子的父亲。当80岁的父亲去世后,他担心同样年迈的母亲没人照顾,于是离开深圳回了老家,与母亲生活在一起,照料母亲的生活起居。

二

我们都知道,水在不断加热的过程中会变成水蒸气。我们人也一样,没有天生的英雄,都是平常小善的累积,才在紧要的关头,迸发出光芒四射的壮举。

2021年3月27日下午4点多,缪德贵在经过仓溪村民周从良家时,看到他家门口围了很多的人。大家惊慌失措,迭声喊着:"救火,救火。"缪德贵抬头,看到周从良的房顶冒出了滚滚浓烟。

周从良家是一栋三层小楼,顶层阁楼盖着琉璃瓦。这时,滚滚浓烟下火苗借着风势呼呼地往上蹿,房顶已被烧穿,琉璃瓦和烧断的瓦椽"噼噼啪啪"往下掉,情况十分危急。围观的几十个人只在那里干着急,没有一个人敢进去救火,也没有人知道该如何救这样的大火。房子里面有没有人被困呢?缪德贵急忙拨开人群往里面挤,一面挤一面叫人去打水。他则飞快地跑进房去,找到电闸,关闭电源。这时,附近加工厂的老板徐柏松在听到人们喊"救火"后,也急急忙忙地拿着灭火器赶来了。他们凭借自己掌握的消防知识,科学有效地进行灭火。在发现没有人员被困时,他们果断地冲上三楼,一面勇敢地用灭火器灭火,一面指导郑兵兵等人接力提水。他们机警地躲避着不断往下掉的琉璃瓦和椽头,在消防员到来之前,把火扑灭了。

不远处的烟花爆竹经营点的老板郑海霞在得知发生火灾后,赶紧拨打了119火警电话。当消防车到来后,为防"死灰复燃",消防员们又进行了第二次灭火。就这样,在缪德贵等人与消防员的通力合作下,经过近一个小时的奋力抢救,大火终于被扑灭了。累瘫了的缪德贵这时才发现自己的衣服被烧破了,手臂上有多处烫伤,右边头发也全部烧掉了。

"真的太感谢你们了,如果不是你们及时出手相救,后果不堪设想。"得知自己家发生火灾,急忙赶回家的周从良女儿连连道谢。

"不必谢。这种事谁遇上了都会帮忙的,只要人没事就好。"缪德贵说。

经过排查,原来是因为阁楼的电线老化才引发了这场火灾。为了预防悲剧的再次发生,缪德贵利用自己掌握的电路和消防知识,给周从良家人以及周围群众进行了一次科普,大家纷纷对他竖起了拇指。

水火无情人有情,大难面前显精神。

三

古人云"父母在,不远游",如今的缪德贵主要是陪伴和照顾老母亲。他的四个孩子跟随他们的妈妈在遥远的贵州生活,不用缪德贵费心。

回到老家的缪德贵开过粮油店,因为缺乏帮手,开不多久就关了。为了方便照顾老母亲,现在,缪德贵在附近村庄打零工,帮泥水匠人打下手,有时也做电工,生活不好不坏。看到老母亲的笑脸,缪德贵就感到幸福。

当缪德贵奋力救火的事迹被广泛传播以后,他成了人们心中见义勇为的英雄。政府也给了他奖励和表彰。

缪德贵是平凡的,但他却给了人们感动。每一个人的内心,都有对美、对善、对爱的呼唤,也许这美、这善、这爱是微弱的,但汇聚起来,却可以成为人类的信仰,就像星光,灿烂了夜空,照亮人们前行的路。

祝愿好人一生平安。

事迹点评:星光是微弱的,但只要有,就会给夜行人以温暖,照亮他们前行的路。缪德贵,一个普通的农民,在危及关头挺身而出,避免了更大悲剧的发生,拔高了俗世审美的高度。

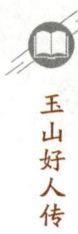

党徽警徽耀光辉
——记"玉山好人"胡安飞

胡利水

人物档案：胡安飞，1990年10月出生，玉山县岩瑞镇横塘村人，中共党员，玉山县投资控股有限公司资产管理部副经理，玉山县建筑工程公司支部副书记。

主要荣誉：2020年第二期"玉山好人"获得者。

一

胡安飞，1990年10月出生在玉山县岩瑞镇横塘村，2011年9月进入江西警察学院开始大学生活，在校期间担任班长兼体育委员，在警校任中队长兼军体委员。在大学期间，胡安飞同学负责很多事情，比如带班军训，还曾参加过学校组织的春运安保工作，这是一项繁重复杂的工作；学校的许多大型活动，也都离不开胡安飞同学阳光健朗的身影。

在大学时代，胡安飞就参加了很多和公安警察相关的活动。他说，很多事情，做就做了，我只是把它们当成日常生活的一部分。记得一次在南昌市徐坊客运站，一个小男孩和父母走散了，我就将孩子抱在怀里，先安抚他的情绪，问小孩自己和父母的名字，他都能说出来。可是他太小了，不知道父母的电话，我们就通过客运站广播反复播放认领小孩启事。最后，焦急万分的父母赶过来，对我们感激不尽。

胡安飞同学还参加过抓盗贼的活动。那是在南昌火车站，当时车站秩序比较乱，他还是一个学警。为了维护车站秩序，保护人民安全，他积极参加反盗贼、反扒窃的活动。那天，在同学的帮助下，他们成功制服抓住了一个猖狂的盗贼，交给车站警务室。胡安飞说，我是警校大学生，我有责任、有义务制服盗贼，维护社会治安。

在校期间，胡安飞同学荣获过"优秀标兵""三好学生""优秀班干"等荣誉称号，也多次受到校级嘉奖，还在全国公安院校及培训基地师生文艺大赛上荣获金奖（团队）。

二

大学最后一年，胡安飞进入玉山县公安局治安大队实习，毕业之后就在县公安局担任辅警。因为工作出色，在 2015 年，年仅 25 岁的胡安飞就加入了中国共产党，成为一名光荣的党员。2019 年胡安飞应聘到玉山投资控股有限公司（以下简称"玉投公司"）。在做辅警期间，他做了很多"人民警察为人民"的工作，在治安大队轮换过多个岗位，比如机动中队、反扒中队、民爆中队等。

2017 年，胡安飞参加反扒窃工作，他们几个人正在布阵蹲点时，突然发生了意外，打乱了布局：一个骑踏板摩托车的四五十岁中年人正在骑行，一个人冷不丁地从人行道冲出来；中年人猛踩刹车，以致车尾都翘了起来，人摔倒在地。可能是碰到小石子什么

的，眉骨破了，血流如注。情况危急，胡安飞赶紧从车上拿出急救包、碘附，给他清洗、包扎伤口，让他将摩托车就地停放，并马上开车送他去中医院；之后医生给他清洗、缝伤口。一切完毕，他正想感谢胡安飞，胡安飞却公事公办，检查起他的驾驶证、行车证来。他证照齐全，胡安飞就教育他骑车要注意安全，他连连称是。

胡安飞说，桥归桥，路归路，公私是要分开的。

那天，胡安飞在玉山汽车站附近处理事情。车子刚拐个弯，他看到一个中年妇女焦急万分，原来她的孩子将脚伸进挡泥板，卡在里面出不来了。因为孩子的脚卡在挡泥板里，电动车那么重，她往前走、往后推都不行，只能干着急。当时也找不到螺丝刀、扳手等工具，车流量又大，胡安飞怕阻碍交通，只能强行用手一点一点地掰开挡泥板，"手也受了轻伤，不过不要紧"。胡安飞不会夸大

自己做过的好事,他觉得这是分内的事,不然对不起这一份工资。

2018年夏天,玉山县城涨大水,灾情严重,很多车辆被淹,道路受阻,胡安飞主动去积水严重的西商苑疏导交通,"尽点义务"。当时街上积水快到膝盖,雨靴都不管用,他就去帮助行人推车,搀扶老人过街,引导司机通行。

对于上面这些"举手之劳",胡安飞非常朴实真诚地说:"我只是玉山县治安大队的一名普通协警,这是我为人民服务的基本工作。"

工作之余,胡安飞也将"助人为乐"当成自己的"举手之劳""应尽职责"。

一天晚饭后,胡安飞外出散步,在"鱼味肴"饭店附近,看到一个醉汉卧在地上呼呼大睡,可以说是烂醉如泥,不省人事了。胡安飞将醉汉扶起来,背到安全地带,然后打110让玉山县公安局处警队通知家属。在公安局工作过的胡安飞知道,公安局是有人脸识别技术的,找到家属并不难。

轮换到公安局民爆中队后,胡安飞从事的工作就具有一定的危险性,甚至是很大的危险性。记得有群众在临湖发现一枚废弃的手雷,报警让公安局处理。到达现场后,胡安飞他们找了一个盆,装满沙子,将手雷放进沙子里,运到指定地点引爆。胡安飞说,在仙岩镇也曾发生过类似的危险情况。

还有一次,玉山县建设银行广场支行附近网吧隔壁的一家卖管子的店失火,路过此处的胡安飞当机立断地投入救火行动。具有一定救火经验、安全意识的胡安飞处变不惊、临危不乱,他先安排人员打110报警,然后找灭火器、找毯子。灭火器没找到,他决定找毯子淋上水冲进火场灭火。刚冲到店门口,只听见"嘭"的一声,里面有什么东西爆炸了,他才没有冲进去。他知道,让专业的消防员来处理效果会更好。

三

2019年,胡安飞应聘到玉投集团工作,从此踏入了投融资领域。胡安飞说:"在玉投集团,我也秉承了以前的好习惯,我觉得自己能帮忙、别人又需要帮忙的时候就必须帮!"

2020年5月20日上午10时许,胡安飞与部门同事跟往常一样外出查看资产,刚出集团大门,眼前的一幕让他惊呆了:有一名30多岁的男子倒在三轮车下,只见他仰面朝天,口吐白沫。当时边上有好多人在围观,但大家都不知道该怎么办,只能干着急。此时他脑海中只有一个念头:不能多耽误一分钟,不然这位大哥可能就没命了。于是,他走上前询问围观者发生什么事了,这时一位年轻的女子告诉他:这男的发病了,刚从他自己的电动三轮车上摔下来,已无力挣扎。他以前曾学过"各类紧急情况的避险与抢救措施",根据这种情况来看,他初步判断该男子估计是患有癫痫病。他立即让同事帮忙打120急救电话,并让同事去买一瓶矿泉水。他察看该男子的具体情况后,发现该男子并无骨折等情况,只是呼吸急促、口吐白沫。在这命悬一线的危急时刻,他立即出手,将该男子平缓地从三轮车下挪到相对空旷的路面,接着缓慢地移动其头部与身子,自己半跪着,让该男子靠在自己身上、腿上,并戴上随身携带的一次性手套,清理患者口内的白沫。十几分钟过去了,男子逐渐恢复平稳的呼吸,他将矿泉水打开让该男子喝上一小口润润喉。直到该男子母亲从民政局办事出来赶到现场,他才与部门同事接着去工作。

四

如今,胡安飞担任玉投公司资产管理部副经理,兼任派驻江西省玉山县建筑工程公司支部副书记,主要负责党建、办公室工作。

胡安飞工作兢兢业业,任劳任怨,加班也是常态,工作之余不忘学习充电。他和我谈起"有效沟通"的问题。胡安飞理解的有效沟通是既要达到自己想要的目的,也要让对方觉得此事可行。这种解释,比专业术语上的"有效沟通"通俗多了。从交谈中,从举手投足间,我能感受到胡安飞处事干练,讲究实效。

有一次,胡安飞去县行政服务中心办理不动产权证。当时他手头只有政府的抄告单和一份红头文件,工作人员责备他什么材料也没带。胡安飞诚恳地说:"正因为我不懂,才来向你们咨询呀。我知道你们的工作也很忙,每天要办理很多业务,很不容易。我办这个不动产权证需要什么东西,方便告诉我吗?我会一样样去准备的。窗口工作人员愉快地告诉我要走的程序,哪个程序到哪个窗口办理。我回去一梳理,发现居然有18道程序。我就按部就班地准备材

料,签字盖章,逐项落实。

"工作中的事情要靠自己,自己想办法解决不了的,要向领导汇报,敢汇报,同时也要为领导分担责任。

"做一件事我要么不答应去做,答应了我就必须想方设法、竭尽全力去做好!"

这是胡安飞的工作态度和方法。大学学习锻炼,工作磨砺历练,成就了现在阳光、清朗、干练、直爽的胡安飞。

青春几何时,黄鸟鸣不歇。心飞九天云,脚踏关山月。

是啊,党徽警徽耀光辉,胸怀人民心最美。

事迹点评:警校毕业,正义在胸;警徽闪烁,使命所钟;职责所系,初心恒红;秉性使然,干练如风。助人为乐于你是习惯,该出手时你从不推脱。你说过,你将不负时代,不负职责。

涵管洞中的生死交锋
——记"玉山好人"周仓富

胡利水

人物档案:周仓富,1969年2月出生,玉山县仙岩镇桑园村村民。
主要荣誉:2020年第二期"玉山好人"获得者。

龙井幽幽凝翠,狮峰显显端朝。锁烟层峡缀琼瑶,信是桑园景妙。
池上虬樟如画,影围鉴匣纤腰。月窥疑度鹊仙桥,占喜一声天晓。

这是清朝嘉庆年间周元礼题写的《西江月·咏桑园》。桑园村坐落在仙岩镇。古老清秀的桑园村,崇文尚教,民风淳朴。"吟声不断书声续,早惹诗人下笔论",这里诞生了唐朝的上将军杨潭,宋朝的郡马杨经,近代的地理学家杨文洵,当代的心理学家杨尔衢、企业家杨以勇、留美医学专家杨吉勇,更多的则是勤劳朴实、善良勇敢的村民。周仓富就是其中一个代表,他因见义勇为被玉山县文明办评为2020年度第二期"玉山好人"。

据悉,本次评选活动经广大群众推荐、评议和投票,公平、公开、公正。

一

2020年6月30日,连续几日的强降雨,淹没了仙岩镇桑园村的道路、稻田。据当时路人拍摄的视频,绿野田畴几乎成为泽国。在稻田水渠边,有两个小男孩在戏耍,其中一个小男孩不慎脚底一滑掉入一米多深的水渠,恰好路过的周仓富听到有人喊:这里有人掉下去了,快来人!在这危急时刻,他来不及多想,扔下手机,奋不顾身,直接跳进洪水里。因上头水库在放水泄洪,稻田的水渠口形成一个漩涡,水流湍急,周仓富想要去抓男孩的手,但是男孩被吸进长五十多米的地下排水弯道(弯道里布满了下水管道、电缆、垃圾),可谓险象环生。

此时的周仓富也被漩涡卷进地下排水弯道,经过漫长的一分多钟,才被冲出百米外的农田。当时在岸上已经有很多闻讯赶来的派出所民警、村委干部以

及其他村民。情势危险,大家都比较着急,其中一个村民在岸上引着竹竿,有几个又扑通跳入水中。

周仓富顺着水势来到地下排水道的另一个出口,有惊无险,男孩也被冲出排水道。周仓富对笔者说,尽管当时他憋在水渠涵洞里长达一分多钟,意识还是清醒的。他顾不上自己有没有受伤,也顾不上自己年过半百体力衰退,只想抢救这个小男孩。他奋力游过去,一把抓住男孩。在大家的帮助下,男孩获救了。一旁围观的村民绷紧的弦松下来了,村民们欢呼呐喊,无不拍手称快。"真的是被吓到了,好在有我们村的这些热心人。"获救男孩的父亲噙着感动的泪水说道。

"我没觉得是什么了不起的事,我做了大家都会做的事。我们都有子女,看到小孩掉下水,谁会见死不救?这是人的本能反应。"周仓富受访时说道。

后来得知,这个小男孩是下镇渎口人,来桑园走亲戚。

二

周仓富,生于1969年2月,原官溪中学1986届毕业生。初中毕业后,他和大多数农村孩子一样,外出打工。吃苦耐劳是农村孩子的本性,尤其是20世纪六七十年代出生的山里娃。周仓富从事的是又苦又累的泥水匠工作,风吹日晒,高空作业,长期加班,都是常事;吃咸菜、住窝棚、啃馒头,也是常事。

周仓富说,他年轻的时候在杭州从事土建工作。这我是知道的,官溪人说江山话,1952年5月以前隶属浙江省,骨子里有浙江情结,年轻人绝大多数奔赴浙江打拼,当然和浙江经济发达、去杭州等地交通方便也有很大关系。

周仓富一开始从事的是又苦又累的土建工作,砌砖、刷墙、贴瓷砖,可以说是披星戴月,风吹雨淋。后来,随着人脉的增多、技术的提高,他也做过包工头,承包过几百万的工程,不过却没赚到钱。我比较吃惊,周仓富解释说,工程款结不清,难以拿到钱,农民工的工资又不能拖欠;我是从农村走出来的,怎么能拖欠农民工的血汗钱呢?不过虽然说没赚到钱,但也没有亏本。周仓富就是这么一个实诚的人,秉持官溪人特有的质朴、直爽和热情。

三

生活中的周仓富是一个助人为乐的人。在他看来,危难之时尽自己的义务和能力,这是天经地义的事情——

十几年前,本村女孩杨淑珍不小心掉入水塘,周仓富毫不犹豫跳入水中将她救起,并运用基本医疗知识将她救活;隔壁老人杨元清早上蹲茅厕摔倒,周仓富不顾脏臭将老人背回家;八九年前邻居杨则泽的侄子不小心摔成重伤,周仓富也积极参与救助,尽管没有救活;广丰区社后村的老人带孙子出行没钱买票回家,周仓富二话没说掏钱买票:这样的事情对周仓富来说是家常便饭。

周仓富还是一个救火英雄。2013年5月,桑园村狮头山因小孩玩耍起火,周仓富闻讯后,立即带领几个村民冲上山去参与灭火;2017年五六月份,本村蜈蚣山尖又起火,周仓富也是冲锋在前,在他的影响下,邻居杨翔也积极参加救火。至于报酬,周仓富说,毛巾肥皂也没有拿到一块,纯粹是凭着良心和责任参加的,他也没想那么多。

四

周仓富从2021年上半年开始被推举担任桑园村四个片区的官塘顶片的村民小组长,收入不高(500元/年),平常误工也会补贴点费用(100元/天),远低于打零工的工资。村民小组长做一些上传下达,上报困难家庭资助等琐粹却最接地气的工作,比如去年年末因疫情影响,政府规定不能举行酒宴,不能聚会,不能聚餐,周仓富就挨家挨户地去发传单并口头告知,为此耽误了自己替雇主做师傅工的工期。周仓富有一手过硬的泥瓦匠手艺,人缘又好,在本地和邻近村庄甚至在邻近的江山市、广丰区一带还是很抢手的。去年年底,周

仓富在广丰区的龙溪村受邀参与当地古建筑、古民居的修复工作,他说其中一栋民居的匾额上"紫气东来"四个大字是用小砖块烧制、拼装而成的,为这四个字的拼贴耗时半天时间,宛如姑娘绣花一样要细致和耐心。做这些技术工的收入是误工补贴的两三倍,周仓富却乐此不疲,无怨无悔。

去年 11 月 14 日至 12 月 1 日,18 天时间,周仓富和村镇工作人员一起参加草纸棚防疫卡点的值守工作,检查来往人员的防疫健康码、行程码以及 48 小时的核酸检测记录。时已深秋,朔风渐紧,寒冷入骨,整天蹲守,风雨无阻,辛苦乏味,可是责任如山,松懈不得。

周仓富是一个朴实平凡的人,可是,伟大的灵魂常常寓于平凡的躯体。水滴的平凡造就了大海的浩瀚,野花的平凡成就了花海的灿烂,生活因平凡而精彩,人生因平凡才丰富,"对于平凡人来说,平凡就是幸福"(尼采)。

你我皆凡人,生在人世间。

助人亦助己,得失亦淡然。

周仓富就是这样一个平凡的"玉山好人"。

事迹点评: 阴雨连日,水田成泽国。水库泄洪,水渠更急险。懵懂小孩,不慎坠沟渠。勇敢一跃,宛若游龙显。你不顾年过半百,体力渐衰,不顾危险身入涵洞,险象环生,奋力抱住小孩,也抱住了一家人的希望和未来。而生活中的你,助人为乐,急人所难。

用行动践行善与爱
——记"玉山好人"何群

杨业大

人物档案：何群，1978年12月出生，玉山县樟村镇樟村社区人，大风车幼儿园园长。

主要荣誉：2020年第三期"玉山好人"获得者。

一

受玉山作家协会委托，对玉山县2020年第三期"玉山好人"进行采访，2月15日早晨，我拨通了何群的电话，她当即拒绝了我的采访要求，理由是：她所做的事很平凡，其他人碰到照样也会这样做；她觉得自己没有可圈可点之处，不想过多地宣扬。无奈完不成任务的我，只有将情况向有关领导汇报。后来经过有关领导再三恳求，她才答应了我的采访。

我驱车来到玉山樟村镇，在镇工作人员的带领之下，直闯何群的领地——大风车幼儿园。临近开学，只见她正耐心地对一个刚进幼儿园的孩子进行学前引导。发现我们的到来，她将小朋友交给家长，把我们领进了二楼办公室，示意我们坐下，又重申那句话：我做的事很平凡，没有什么亮点，没有什么可圈可点之处。最后在我们劝勉之下，她才道出了那不平凡的经历。

二

那是2020年年初，新冠肺炎疫情在全国肆无忌惮漫延，作为志愿者的她，挺身而出，与镇村干部一道，守卡点，下居民区，劝群众不要聚会与扎堆。

2月20日下午，她像往常一样，与社区干部一道在居民区里巡逻。每次巡逻她总是走在队伍的最前面。这时，她突然发现前面居民经常洗菜、洗衣服的小水坑里，有一个人整个头部已被坑里的水浸没，只有一双手在水坑边沿胡乱地抓,脚在路边一动不动。这时,他靠自己已无力爬起来。当时何群心里一惊"不好",她不假思索飞快地跑过去,毫不犹豫地一把将那个人的双脚抱起来,使尽全身力气往上拉,硬将落水者拖离了水面。

这时何群已经气喘吁吁,抱着落水者的双脚,瘫软在地上,不敢有丝毫松懈:假如她一松手,落水者的头会重新浸泡在水里。此时何群早已使完全身的力气,她明白,此时她正与死神争夺一个生命。她拼尽力气呼吁同伴快上来帮忙,关键时刻,跑在最前面的樟村社区民兵营长徐丽君冲了上来,两个人合力将落水者抱了上来。放下落水者的何群,终于松了一口气,瘫在地上,许久才喘了一口气。

这时,缓过来的何群顾不了自己,马上过去看落水者,发现他两鬓如霜,头部渗着鲜血,由于呛入水中,心跳呼吸微弱,身体冰凉,还好意识清醒。原来他是56岁贫困户王世友,一生没有结过婚,无儿无女,孤苦伶仃,独居在附近。那天中午他喝了点酒,看到外面明媚的阳光,想出来晒晒太阳,没想到刚走出家门不久,就意外地摔倒在小水坑里,当时气温不到10摄氏度,王世友衣着单薄。庆幸的是,恰好碰到何群他们这些到社区宣传的志愿者队伍,要不然后果不堪设想。

当我询问何群当时有什么感想时,她动情地说:"什么也没想,什么也来不及想,稍有犹豫人就会被淹死,我第一反应就是把人救起来。这事发生得太突然了,前前后后仅有五六分钟时间,容不得我多想。"

这时周围的群众越聚越多,何群没有遗忘自己的使命,她一边紧急劝导群众并疏散群众,安排人员去找王世友亲戚,一边仔细观察王世友的生命体征,一直守护在王世友身边,直到他的亲戚到来,才悄无声息地离开。她用实际行动诠释了社会的温情与责任,演绎了一曲见义勇为的赞歌!

三

对于乐于奉献的人来说,人生的意义在于奉献。何群何尝不是如此,她常将自己比作一支蜡烛,既然点亮了它,有一分热,就发一分光。她这样想,也是这样做的。

幸福的家庭都是相似的,不幸的家庭各有各的不幸。樟村镇进士村有一对小朋友——程智磊、程梓钰,父母当年没有结婚就生下了兄妹俩,由于家庭生活贫困,没几年母亲因为忍受不了贫困生活,就离家出走,至今也没有来看望他们。父亲被生活折磨得患上肝癌,也于2018年年底去世,接着爷爷也随父亲而去,只有年迈的奶奶与他们相依为命,这样的家庭可想而知。

2019年年初,程智磊、程梓钰两兄妹到了上幼儿园的年龄,可他们生活都成了难题,更不用说去上幼儿园了。知道这个消息后,她亲自上门做程智磊奶奶的工作,让兄妹俩一起到她的大风车幼儿园里上学。她告诉程智磊奶奶,她不仅减免两兄妹每个学期各750元学费,而且幼儿园伙食费与校车接送费全免。程智磊奶奶听到何群表态时,紧紧握住她的手,感动得热泪盈眶。

不仅仅是程智磊家里,每一年年底,何群都要带着幼儿园全体老师,带着精制的礼物到精准扶贫的学生家走访,所有走访物品全部由她支付。

2018年,何群做了一名志愿者。每个学期她都要带着幼儿园全体老师和小朋友,到敬老院,为老人们打扫卫生,洗衣做饭,并献上她们最美丽的舞姿。每年九九重阳节,她都要带上幼儿园所有师生,携上礼物,去慰问老人,为他们敲背、唱歌、跳舞,给他们送上最美丽的祝福。这些都成了大风车幼儿园的一种常态化活动。

何群有时还会带上幼儿园全体师生,出去做一些公益活动,去帮助一些需要帮助的人,做一些力所能及的事,将这些活动作为幼儿园每个学期的必修课,从小就把孩子们培养成甘做好人好事、乐于助人的好苗子。

说到此,何群动情地说:"每当看见老人与得到帮助的人脸上露出笑容,感觉到这个社会的温暖时,我心里会升起一种幸福与满足感。无论昨天、今天和明天,我都会尽自己所能,去帮助该帮助的人。"

事迹点评:樟村有个小何群,一生默默献爱心。你是花园里美丽的园丁,精心培育着祖国的花朵,你把你的善与爱,当成春天的雨露,洒在每一朵花蕾上。

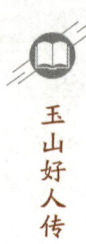

二十年塑就一颗善良之心
——记"玉山好人"刘仙芹

杨业大

人物档案：刘仙芹，1936年11月出生，玉山县怀玉乡东社村村民。
主要荣誉：2021年第一季度"玉山好人"获得者。

一

洋洋洒洒，细细如丝，早春的雨下了一场又一场，根本没有停下来的意思，湿漉漉的烟雾，没有形状，也不出响声，轻柔地滋润着大地。然而今天天空中却突然出现了久违的太阳，和煦的阳光闪耀在心头，温暖了潮湿的心。此刻的我像树上跳跃的小鸟一样开心，在同伴的陪同下，去怀玉乡东社村采访"玉山好人"刘仙芹。

一栋普通得不能再普通的农家小屋，一个普通得不能再普通的农家妇女，短短的一个小时，我仿佛是在聆听一个只有在传说中才会有的故事。眼前这位八十七岁的老人，目不识丁，也不知什么叫远大理想，更不会高谈阔论，但她用自己平凡的经历，让我不轻易流泪的双眼模糊了，一滴滴点缀在采访笔记上，是同情？是感动？我也说不清此刻的心情。

往事如烟，旋即不见，谈笑间，多少往事付诸东流。然而刘仙芹却永远记住了那两个日子：一个是2001年农历八月十八，她老伴张元兴去世；另一个是2002年农历八月初五，最小的儿媳妇、时年二十八岁的邓美凤，在浙江省萧山市（现为萧山区）去野外打板栗时从树上摔了下来，腰骨被折断。在住院期间，邓美凤不小心站立起来又重重摔倒在地上，腰骨第二次遭到伤害，骨头扎伤了神经系统，导致大腿以下部位全部失去了知觉。据当时医院方面给的说法，这个手术费至少要五十万元，而且成功率还达不到百分之五。在当时，五十万元对于她这个贫困的家庭来说,是个天文数字,加上这次住院已花费了十多万元医疗费,而这些医疗费都是全家人东借西挪才凑齐,无奈的小儿子张积武只好带着面临瘫痪的妻子与年仅三岁的女儿回到故乡。

回到家中,儿媳邓美凤生活完全不能自理,吃喝拉撒全靠儿子张积武料理。面对巨额债务与未来生计,张积武犯了愁:一边是病痛交加的爱妻,一边是泰山压顶的债务;上有年近古稀的老母亲,下有蹒跚学步的女儿。时年六十八岁的刘仙芹,看在眼里,急在心里。她权衡再三,毅然决定替儿子张积武照顾瘫痪儿媳与不满三岁的孙女,让张积武出去打工还债。

那一天,张积武背着行囊,辞别病榻上的妻子与牙牙学语的女儿,在要跨出家门那一刻,特地送给了母亲刘仙芹一个期待的眼神。刘仙芹明白了儿子的意思,安慰着小儿子张积武:"儿啊,你就安心去打工挣钱还债吧,美凤与小孙女我一定会精心照料好的。"

想不到刘仙芹这一承诺竟信守了二十年,而且还将无休止地继续履行下去。

二

送走了儿子张积武,刘仙芹面临的是一道又一道难题。这时儿媳邓美凤下身完全失去知觉,只能躺在床上。为了防止她身体溃烂,每天需要用温开水帮她擦身体。由于邓美凤不能自主翻身,要翻身全靠外力帮助,儿子张积武身强力壮,照料妻子都有点吃力,现在让她一个年近古稀的人来完成,那艰难困苦是无法用语言来描述的,但是她硬是咬紧牙关使尽浑身力气把这些做完。

她既要照看好孙女,又要生火做饭,饭熟之后,先喂饱孙女,再把饭送到儿媳邓美凤面前,一点一点地喂儿媳吃饭,然后自己才草草填饱肚子;吃完饭接着洗衣服,做完这一切,又要哄孙女睡觉;当孙女睡下之后,还要去菜地种点菜,以尽可能给家里节省点钱。

每隔一段时间,刘仙芹就要来到邓美凤面前,询问是否要大小便。邓美凤每天大小便都是刘仙芹一次一次地接,而后一点一点地往外倒。特别是邓美凤生理期间,刘仙芹无微不至地悉心照料着。刚开始邓美凤觉得有点不好意思,但刘仙芹总是耐心地开导她,让她放下心理包袱。

邓美凤下身完全瘫痪,时间久了双腿以下开始出现腐烂,而且还会不断渗血。每天刘仙芹都要在邓美凤身体下与腿部下面垫上医用白纱布与卫生纸,将药店买来的药丸压成粉末,洒在邓美凤腐烂的双腿上,每隔一段时间就要去看白纱布与卫生纸是否全湿了,湿了就要换新的,然后再次洒下药粉。就这样反反复复,一天至少要换上四五次,有时候要换上十次之多。由于常年瘫痪在床,吃喝拉撒都在那个房间,房间的臭味是难免的。每次掀开被子,给邓美凤腐烂的双腿换纱布洒药之时,那气味直冲到她肺部,有时还没有换好,刘仙芹就要到外面呕吐换气。那时候没有实行垃圾集中处理,每一次换下来的医用纱布与卫生纸,都要拿到空场地上焚烧,焚烧的缕缕气息,熏得她大口大口地直呕吐。

三

肉体上的折磨早已超出了邓美凤的承受能力,精神上的痛苦更是让她雪上加霜。她整天躺在床上,痴呆的目光只能对着天花板,整天不言不语,也不敢有一丝的怨言。然而细心的刘仙芹早已揣摩出儿媳的心思,再苦再累也不在邓美凤面前叹息一声,只是到她看不见的角落里,默默地抹着泪水,叹息一声,以缓解一下自己身体上的痛苦与精神上的压力。

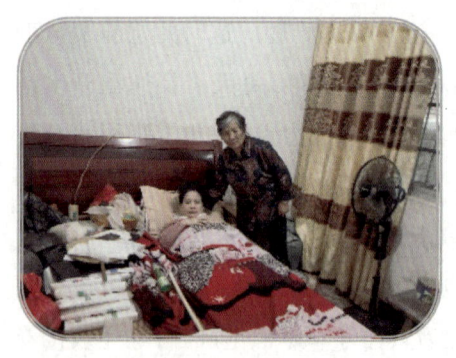

有时刘仙芹自己身体有点不适,她反复告诉自己,我不能倒下,我倒下了,儿媳邓美凤怎么办?还没有长大成人的孙女怎么办?儿子张积武怎么办?这个家怎么办?她顽强支撑着,不敢将自己身体不好的信息透露给第二个人,更不敢透露给儿媳邓美凤,有时实在受不了,就到小诊所打一针或买点药了事,更不敢去住院。

孙女到了上学年龄,每天无论风霜雨雪,她都要去学校接送。每当夜幕降临,她都要教导孙女好好读书,才对得起躺在床上的母亲与远在他乡打工的父亲。当孙女把学校奖状拿回家时,刘仙芹会第一时间拿到病榻上的邓美凤面前,让她知道女儿很优秀,安慰她,不断将希望传送给她,让她不断生起活下去的勇气。2020年,孙女考上了大学,在南昌读书。说到这,刘仙芹脸上突然泛起了灿烂的笑容。

本该颐养天年的她,生活却与她开了个玩笑,让她历尽人间疾苦,将一个与她没有血缘关系的人视如己出,几十年如一日地用她平凡的举动点亮一盏明灯,照亮一颗失去生活希望的心。

此时我凝望着面前的刘仙芹:一对凝眸,透着对生活的执着;一双干瘪的手,抚慰着鲜活的生命;渐渐弯曲的躯体,撑起摇摇欲坠的世界;两鬓白发,谱写着感动天地的故事。

事迹点评:怀玉群峰传风韵,玉琊溪水颂仙芹。你虽目不识丁,但慈眉善目;你虽平凡,但高尚无瑕,用二十年时光,将人性的善良发挥得淋漓尽致。

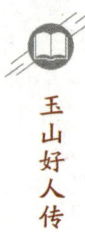

不离不弃,谱写爱的赞歌
——记"玉山好人"杨金旺

邱晓兰

人物档案:杨金旺,1950年12月出生,现住玉山县文成街道莲湖社区。
主要荣誉:2021年"玉山好人"获得者。

一

这个73岁的男人,用责任与使命叙写了平凡人不平凡的故事,用坚韧和执着,抒写了人间最美的真情。

1978年的春天莺飞燕舞,杨金旺在亲朋好友的祝福声中与卢水梅喜结连理。婚后儿子呱呱坠地,为这个残缺的家庭增添了无限欢乐。

杨金旺的妻子患有小儿麻痹症,脚不能走路,却是个爱干净的人,他每天都要帮妻子洗澡。帮助妻子如厕是个体力活,但他从不厌烦,每天把妻子拾掇得干干净净,身上没有一点异味。妻子的一日三餐,他一点也不马虎。为了省钱且不让妻子觉得无聊,杨金旺特地买了一个收音机并学会了讲故事。家里家外都靠他一人操持,妻子也会干些手工活,还会帮忙冲泡奶粉照顾孩子。杨金旺望着渐渐长大的孩子,倍感温馨和幸福。

二十年如一日,他不怕苦不怕累。每逢春耕,他帮人耕田近百亩,拼命攒钱盖起了两层毛坯房。儿子初中毕业后就辍学,在外学油漆装潢数年,已到可以结婚的年龄。

天突降祥云,那天,他正在田里割油菜,儿子兴高采烈地跑来告诉他:"爸,快回家,我女朋友来了!"他惊愕,放下镰刀就往回赶,心里忐忑又有说不出的期盼。跨入门槛,只见一娇小女孩拘谨地坐在八仙桌旁边,他进厨房把手洗干净,看她脸庞稚嫩,就试探地问:"你今年几岁了?"她低着头回答:"18岁。"他释然了。

四季兜转,金黄的油菜花谢了又开。没领结婚证的儿媳产下一个可爱的小孙女,快乐顿时包围着他家。未料宝宝三个月时,儿媳竟悄悄地独自离家而去,且一去不复返。几经打听,才知她仅有15岁,自己还是个孩子呀!百味掺杂,他觉得儿子对不起她,毅然决定把积攒好几年的准备给儿子讨媳妇的钱一股脑送去她家,以聊表心中的歉意。从此,他又当妈又当爷地照顾着襁褓中的宝宝,有时分不清是泪还是雨。

时光匆匆,转眼而逝,孙女12岁了。他知道儿子没忘记儿媳,尽管她已另嫁他人,依旧孑然一身,拼命挣钱,和杨金旺共同支撑起这个家。然而平淡幸福的生活没有延续太久,灾难又突然而至。2017年的一天,他的妻子脑梗死(即中风),突如其来的噩耗,犹如晴天霹雳,那一刻,他蒙了。面对不幸,他没有退却,而是选择了坚守。望着年幼天真的孙女,他想他不能倒下,他要守候这个苦难深重的家,给家人温暖的港湾。

每天,天刚蒙蒙亮,杨金旺就起床煮饭,然后帮妻子洗漱、喂饭,接着下地干活,午饭、晚饭得按时回来准备好。曾有一段时间,卢水梅情绪低落,不忍拖累丈夫和儿子,几次寻死,但在杨金旺耐心的劝导下,重拾生活信心。他无怨无悔地端屎端尿,护理妻子,每天坚持帮她擦身。在他精心的料理下,妻子身上没有一个暗疮。

妻子无法自理,需要他一口一口喂饭。除了下雨,他还要来回两趟推着妻子到集贸市场去热闹热闹。在他的眼里,这没啥值得宣扬,妻子开心就好。

"她离不开我。"面对这种困境,作为一个男人,杨金旺没有选择逃避和放弃,他勇敢面对生活的种种磨难,拼尽全力守护着全家人。"只要她活一天,我就会照顾她一天。"没有惊天动地的誓言,只有相濡以沫的每一天,这是杨金旺对妻子的承诺。

二

拨开乌云终见日,儿子的油漆装潢生意频频接单,政府每月低保补贴700多元,家庭状况终于有了改善。

"上帝是公平的,他关闭了一扇门,就会为我打开一扇窗。"这些年来,杨金旺面对生活的艰辛,心情已经变得平静。"不知道是哪辈子修来的福分,让我得到这样一个好丈夫。如果没有他的精心照顾,我早就不在了。"妻子卢水梅经常

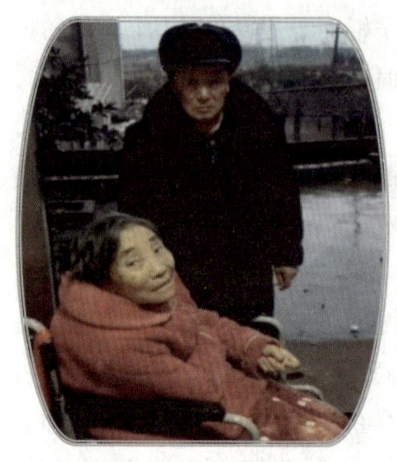

念叨这句话。杨金旺照顾瘫痪妻子的事迹，让村里的老少爷们佩服万分。提起杨金旺，大家都交口称赞："妻子瘫痪，他不离不弃，全心全意地照顾，真是难得的好人啊！"

功夫不负有心人，在他的悉心照料下，妻子从不会说话到开口说话。谁能想象这20多年来他付出了多少辛劳，伴随了多少辛酸，承载了多大压力？然而面对这一切，他没有半句怨言，经常对妻子说："相信我，一切都会好起来的。"

"久病床前见真情。"爱让杨金旺坚持到了今天，"不抛弃、不放弃、不离弃"的信念让他走到了现在。问及今后的打算，杨金旺说他还要年复一年、日复一日地照顾好妻子。"她是我的妻子，我是她的丈夫，我有责任照顾好她。"他的话如此朴实而令人动容。

中风瘫痪，让妻子失去健康和自由；至情至真，丈夫悉心照料二十余载，这个普通家庭的真情演绎一直被文成街道莲湖社区的百姓传颂。杨金旺额头的皱纹、头顶的白发，写满了人生的沧桑，他坦然而淡定地接受着一切，每天为妻子做饭煎药、端屎端尿、擦身洗换……面对邻居们的称赞，少言寡谈的杨金旺说："照顾生病的妻子，这是一个丈夫和一个男人该承担的责任。""夫妻本是同林鸟，大难来时各自飞"，杨金旺用自己的实际行动颠覆了这句老话。

事迹点评：他对妻子的爱，揭示了婚姻的真谛：结婚不仅仅是搭伙过日子，更是在苦难面前相互坚守，相濡以沫，这是世间最美的交响乐。杨金旺的可贵之处在于，20年来，他用无微不至的照顾诠释着"丈夫"二字的含义；20年来，他用不离不弃的守候，谱写了一曲爱的赞歌。

代跋

好人之风山高水长　好人之德泽被四方

德润玉山,情暖冰溪。经过全体编纂人员的努力,首部《玉山好人传》正式出版发行。这是一部讲述好人故事、弘扬好人精神、传递好人能量的社会主义精神文明建设教科书,是激励全县干部群众敬好人、讲好人、学好人、做好人,实施德善文化宣传教育、推崇"真、善、美"的生动实践,可喜可贺!

一方水土养育一方人民,一方人民创造一方文化,一方文化铸就一方文明。千年的人文历史积淀,铸就了了玉山人民质朴善良、助人为乐、急公好义、崇德向善的优秀品格,泽润了无数精神模范。《玉山好人传》全书有9个方面内容,主要介绍近年来我县涌现出来的"全国道德模范""全国文明家庭""时代楷模""全国好警嫂""中国好人""江西好人""上饶道德模范""上饶好人""玉山好人"等49名人物事迹,全书共18万字。编撰过程中,力求在文字上浅显简练,通俗易懂,是全县人民、广大学生良好的乡土文化教育读本。

好人之风,山高水长;好人之德,泽被四方。"中国好人""江西好人""上饶好人""玉山好人",这一个个响亮的称号,是美德新风代表,他们的感人事迹就像冰溪之水绵延流长,见证着玉山成功创建全国文明城市的步履,目睹着玉山社会主义精神文明建设的历程,正是这些来自基层、甘于付出、植根于时代的平凡人物、平凡事迹,弘扬了好人精神,为全县上下践行社会主义核心价值观,厚植了丰沃的土壤、注入了强大的生命力。

一德立而百善从之。为了编撰全县好人事迹,玉山县文艺轻骑兵深入一线挖掘身边的凡人善举、道德模范和文明典型,浓墨重彩演绎他们的感人故事,引领全县上下践行文明、感悟道德、崇尚新风,感召更多的人捧出一颗真心、奉献一腔热血,使"爱国守法、明礼诚信、团结友善、勤俭自强、敬业奉献"公民基本道德规范内化于心,外化于行,彰显玉山人民新担当、新使命、新气象。

好人,虽然平凡、却不平淡。他们的身上,洋溢着感动社会的道德力量,彰

显着凡人善举的人性光辉,凝聚着大爱无疆的精神魅力;他们的故事,生动演绎了什么是核心价值观;他们的善举,见证着良好的社会风尚。全县上下要向"好人"致敬、向"好人"看齐,弘扬"好人"、争当"好人",以"好人"为镜、与"好人"同行,把榜样的力量转化为玉山精神文明建设的生动实践,为打造创新开放东大门,建设现代化美好玉山抒写精彩华章!

中共玉山县委常委、宣传部部长:汪英玉

二〇二二年五月